Dagmar Fenner
Das gute Leben

Grundthemen Philosophie

Herausgegeben von
Dieter Birnbacher
Pirmin Stekeler-Weithofer
Holm Tetens

Walter de Gruyter · Berlin · New York

Dagmar Fenner

Das gute Leben

Walter de Gruyter · Berlin · New York

∞ Gedruckt auf säurefreiem Papier,
das die US-ANSI-Norm über Haltbarkeit erfüllt.

ISBN 978-3-11-019562-0

Bibliografische Information der Deutschen Bibliothek

Die Deutsche Bibliothek verzeichnet diese Publikation in der Deutschen Nationalbibliographie; detaillierte bibliografische Daten sind im Internet über http://dnb.ddb.de abrufbar

© Copyright 2007 by Walter de Gruyter GmbH & Co. KG, D-10785 Berlin
Dieses Werk einschließlich aller seiner Teile ist urheberrechtlich geschützt. Jede Verwertung außerhalb der engen Grenzen des Urheberrechtsgesetzes ist ohne Zustimmung des Verlages unzulässig und strafbar. Das gilt insbesondere für Vervielfältigungen, Übersetzungen, Mikroverfilmungen und die Einspeicherung und Verarbeitung in elektronischen Systemen.

Printed in Germany

Umschlaggestaltung: +malsy, kommunikation und gestaltung, Willich
Satzherstellung: Fotosatz-Service Köhler GmbH, Würzburg
Druck und buchbinderische Verarbeitung: Druckhaus Thomas Müntzer, Bad Langensalza

für Horst Hermas

Inhalt

1 Einleitung	1
2 Die Renaissance des guten Lebens	7
2.1 Individual- und Sozialethik	8
2.2 Antike Individualethik: gutes = glückliches = gerechtes Leben	14
2.3 Neuzeitliche Sozialethik: Widerstreit zwischen gutem/glücklichem und gerechtem Leben	22
2.4 Gründe für die Renaissance des guten Lebens	28
3 Hedonistische Theorie	31
3.1 Psychologischer Hedonismus	32
3.2 Ethischer Hedonismus der Antike: Epikureismus	39
3.3 Ethischer Hedonismus der Neuzeit: Utilitarismus	44
3.4 Kritik am ethischen Hedonismus	51
4 Wunsch- und Zieltheorie	59
4.1 Kritische Analyse der Wunschtheorie	61
4.2 Kritische Analyse der Zieltheorie	69
4.3 Lebensplan: sinnvolles Leben	80
4.4 Lebensentwurf: Selbstverwirklichung	91
5 Gütertheorie	103
5.1 Lebensstandard: materielle Güter	105
5.2 Menschliche Grundbedürfnisse: Grundgüter	116
5.3 Menschliche Grundfähigkeiten: konstitutive Güter	123
5.4 Psychologische Forschung: psychische Gesundheit	133
6 Das Verhältnis von Glück und Moral	141
6.1 Was ist Glück?	144
6.2 Kollektivismus: kollektiver Orientierungshorizont	147
6.3 Anerkennungstheorien: gegenseitige Rücksichtnahme	158
6.4 Ethik des Wohlwollens: Identität von Glück und Moral	167
7 Fazit	173

Anmerkungen 179

Literatur. 191

Sachregister 197

Namenregister 200

1 Einleitung

Das menschliche Leben vollzieht sich in einer fortgesetzten Reihe von Handlungen oder Verhaltensweisen. Während „Handeln" in einem engeren Sinn eine bewusste Zielsetzung und -verfolgung zur Voraussetzung hat, zählen zum „Verhalten" auch „Gewohnheiten", d. h. dank unzähliger Wiederholungen weitgehend automatisch ablaufende Handlungsmuster, sowie Tätigkeiten ohne Handlungsziele wie Niesen oder Stolpern. Weil alle Menschen immer wieder vor einem Spektrum von Handlungs- und Lebensmöglichkeiten stehen und zur Reflexion begabte Lebewesen sind, gelangen sie von einer Entscheidungssituation zur nächsten. In jeder Entscheidungssituation hat man die Wahl zwischen verschiedenen Handlungsalternativen, die uns offen stehen. Wir stellen uns dann etwa die Fragen: „Sollen wir dieses Buch weiterlesen, mit einem Freund ins Kino gehen oder uns lieber für die bevorstehende Klausur vorbereiten?" „Sollten wir nicht auf ein begehrtes Objekt verzichten, nachdem aufflog, dass es in einem Drittwelt-Land durch Kinderarbeit erzeugt wurde?" „Wenn ich einen Ruf an eine amerikanische Universität bekomme, der mir berufliche Erfüllung verspricht, soll ich dann meine in Deutschland fest verankerte geliebte Familie verlassen?" Wir können in solchen Fällen zwar auswählen zwischen verschiedenen Handlungsmöglichkeiten, können aber nicht wählen, ob wir überhaupt wählen wollen. Denn auch wenn wir meinen, keine Entscheidung gefällt zu haben, indem wir eine Handlung unterlassen, haben wir uns immer schon entschieden: nämlich dafür, nichts zu unternehmen und den Dingen ihren freien Lauf zu lassen.[1]

Fragen der genannten Art lassen sich auf die allgemeine Form bringen: „Wie soll ich handeln?" Es ist dies die Grundfrage der praktischen Philosophie schlechthin, zu der neben der philosophischen Ethik auch die politische Philosophie gehört. Sie entspricht dem Typus einer normativen Frage. Im Unterschied zur theoretischen Philosophie zielt die praktische Philosophie nicht auf *theoretisches Wissen* und dessen Ideal der *Wahrheit* ab, sondern auf *praktische Orientierung* und die Idee des *Guten*. Statt um das *Sein*, die faktischen Gegebenheiten, geht es um das *Sollen*, um normative Geltung. Da die praktischen Entscheidungen wie diejenige, ob ich ins Kino gehen oder die Klausur vorbereiten soll, eine Menge theoretisches Wissen bezüglich des Kinoprogramms sowie der Menge und des Schwierigkeitsgrades des Prüfungsstoffes erfordern, sind praktische Überlegungen vielfältig verwiesen auf theoretische.[2] Auch wenn die Wissensfragen in praktischer Absicht geklärt und die bestehenden Verhältnisse bekannt sind, ist aber die praktische Frage damit noch nicht beantwortet. Während sich die theoretische Philosophie nicht für die Handlungskonsequenzen des Wissens interessiert, ist es Funktion und Aufgabe der praktischen Philosophie, die Menschen im Handeln zu orientieren, ihnen Entscheidungshilfen für die Praxis an die Hand zu geben. Bereits Aristoteles stellte in seiner *Nikomachischen Ethik* klar, dass wir nicht ethische Reflexionen anstellen, um zu wissen, wie man handeln *sollte*, sondern um bessere Menschen zu *werden*.[3]

Viele praktische Grundfragen in alltäglichen Entscheidungssituationen lassen sich vertiefen, bis die individuelle Lebenssituation als Ganze in den Blick rückt. Die begrenzte praktische Entscheidungsfrage zwischen Klausurvorbereitung und Kinobesuch beispielsweise kann weitergetrieben werden zur grundlegenderen Frage, ob ich vielleicht nicht das falsche Studienfach gewählt habe, wenn ich offenkundig große Schwierigkeiten habe, mich zum Lernen des verlangten Prüfungsstoffes zu motivieren. Denn möglicherweise habe ich mir schon gestern und vorgestern dieselbe Frage gestellt und mich gegen die Prüfungsvorbereitungen entschieden, obgleich die verbleibende Zeit bis zur Klausur langsam knapp wird. Sobald wir weiterführende praktische Überlegungen über die Wahl des Studienfaches anstellen, drängen sich bald auch die prinzipiellen Fragen auf, welche beruflichen Ziele wir in unserem Leben überhaupt anstreben und wie viel Gewicht wir grundsätzlich Studium und Beruf beimessen wollen. Sollen wir Ausbildung und Berufstätigkeit so wählen, dass sie all unsere Fähigkeiten fordern und nur mit 100-prozentigem Einsatz realisiert werden können; oder vielmehr so, dass sie uns bei geringem Zeitaufwand möglichst leicht fallen, damit wir uns schwerpunktmäßig den Freizeitaktivitäten, der Partnerschaft oder Familie zuwenden können?[4] Ausgehend von alltäglichen Entscheidungssituationen und der begrenzten praktischen Grundfrage „Wie soll ich handeln?" (A) stoßen wir auf diese Weise vor zur umfassenden praktischen Grundfrage „Wie soll ich leben?" (B). Diese zweite philosophische Grundfrage beschränkt sich nicht mehr auf einzelne kontingente Handlungssituationen, sondern bezieht sich auf unser Leben als Ganzes. Sie fordert uns auf zur Entscheidung darüber, wie wir unser gesamtes weiteres Leben gestalten und einrichten wollen. Zur Diskussion stehen nicht einzelne Handlungsweisen, sondern die Qualität des Lebens insgesamt.

Betreffs der eingeschränkten praktischen Frage „Wie soll ich handeln?"(A) haben wir oben postuliert, sie sei für Menschen schlechterdings unumgänglich, weil wir mit Überlegung befähigte Wesen sind und ständig mit einer Vielzahl von Handlungsmöglichkeiten konfrontiert werden. Doch gilt eine solche Unausweichlichkeit auch für die umfassendere praktische Frage „Wie soll ich leben?" (B)? Aufgrund verschiedener anthropologischer Erkenntnisse scheint man auch dies bejahen zu müssen: Der Mensch als ein selbstbewusstes und zeitstiftendes Wesen geht nie auf im Augenblick einzelner konkreter Entscheidungssituationen, sondern steht immer schon in einem Zeithorizont gemachter Erfahrungen und vorauseilender Erwartungen. Nur wenige gänzlich triviale Fragen wie diejenige, ob ich in der Mensa Menü 1 oder Menü 2 wählen soll, lassen sich aus diesem Zeithorizont ganz herauslösen. – Wobei diese Isolation möglicherweise bereits dann scheitert, wenn das eine Menü mit Fleisch, das andere vegetarisch ist, weil dies eine prinzipielle Entscheidung erforderte. Wir leben immer schon mit dem Wissen um eine Vergangenheit, die unser gegenwärtiges und zukünftiges Leben in vielfältiger Weise prägt, und wir haben immer eine offene Zukunft vor unseren Augen liegen. Wir leben daher niemals „in den Grenzen einer engen, sich sukzessive verschiebenden Gegenwart".[5] Da der Mensch ein Bewusstsein der Zeitlichkeit seines Lebens hat und wesensmäßig „sich vorweg" ist,[6] muss er sich immer auch an übergreifenden Zielen, Projekten oder Sinnentwürfen orientieren. Er entscheidet sich für bestimmte Grundsätze, Leitvorstellungen, Ideale oder Lebensziele, die all sein zukünftiges Handeln prägen werden und sich unter dem Begriff „Lebensform" zusammenfassen lassen.[7] Schließlich wissen wir um unsere Endlichkeit und den bevorstehenden Tod. Es steht uns also nicht unendlich viel Zeit zur Verfügung, um beliebig viele Ziele oder Projekte zu realisieren. Vielmehr fordert uns die begrenzte Lebenszeit zur Reflexion dazu auf, welche Lebensmöglichkeiten von allen uns zur Verfügung stehenden wir leben möchten. Denn wie bei den situativen Handlungsmöglichkeiten gibt es in der Regel mehr Lebensmöglichkeiten, als wir realisieren können, so dass wir eine Entscheidung treffen müssen.

Die nicht auf einzelne Handlungen, sondern auf das Leben als solches bezogene praktische Grundfrage „Wie soll ich leben?" (B) scheint also geradezu in der Struktur der menschlichen Existenz angelegt zu sein.[8] Sie dürfte jedem erwachsenen Menschen vertraut sein, dessen Tage nicht damit ausgefüllt sind, um das schiere Überleben zu kämpfen, sondern der vor sich genügend Zeit und Spielraum sieht, mit seinem Leben etwas anzufangen. Es ist dazu weder ein Philosophiestudium noch eine exzessive Neigung zum Reflektieren vorausgesetzt. Allerdings stellt die kulturelle Gemeinschaft, in die man hineingeboren wird, bereits zahlreiche Antworten auf die Frage bereit, wie man leben soll. So kommt es, dass viele Menschen sich gar nie bewusst mit dieser Frage auseinandersetzen, sondern die vorherrschenden religiösen oder traditionellen Lebensmuster unreflektiert übernehmen. Solche Leit- und Vorbilder, wie zu leben gut ist, können bereits während der Sozialisation weitgehend verinnerlicht werden und gelten dann für die Betroffenen als unumstößliche Orientierungsstandards. Für einen religiös erzogenen Menschen etwa steht außer Frage, dass das gute Leben ein gottesfürchtiges Leben ist. Allerdings bleiben einerseits auch hier noch Definitionsfreiräume offen bezüglich dessen, was es genau heißt, ein guter Christ zu sein. Der Einzelne wäre also gleichwohl zu wenigstens minimalen Reflexionen auf sein je eigenes konkretes Leben gezwungen. Andererseits könnte man in aufgeklärten Zeiten auf das sokratische Diktum pochen, dass „ein Leben ohne Selbstprüfung gar nicht verdient gelebt zu werden"[9]. Sokrates, der als Vater der praktischen Philosophie gilt, hat die allgemeine Grundfrage der Philosophie sich selbst und seinen Zeitgenossen mit penetranter Hartnäckigkeit gestellt.[10] Im Gegensatz zum hohen sokratischen Vorbild ist allerdings eine permanente Reflexion über die Frage, wie man leben soll, weder wünschenswert noch praktikabel. Vielmehr müssen die wichtigsten einmal gefassten Grundhaltungen und Grundentscheidungen in die Tiefe des Unbewussten hinabgeübt werden, auf dass viele situative Einzelentscheide den Charakter des Selbstverständlichen erlangen.

Wer nicht unreflektiert irgendwelche Lebensentwürfe kopiert, sieht sich also nicht nur konfrontiert mit der Frage, wie er in einzelnen Situationen handeln soll, sondern auch mit der umfassenderen, wie er leben, wie er sein Leben führen soll. Einer Klärung bedarf das hierbei verwendete „Sollen". Auf den ersten Blick könnte man nämlich meinen, dieses „Sollen" bedeute eine Gehorsamspflicht gegenüber Befehlen von irgendwelchen Autoritäten oder gegenüber moralischen Geboten oder Verboten. Beides ist aber nicht damit gemeint. Denn es handelt sich nicht um ein spezifisches, sondern vielmehr um ein ganz allgemeines praktisches „Sollen", das umschrieben werden könnte mit: „Was ist für mich alles in allem ratsam oder vernünftig, zu tun bzw. als Lebensform zu wählen?".[11] Es handelt sich also um ein „prämoralisches" oder „vormoralisches Sollen", das die Art der Beziehung zwischen persönlichen Interessen und Zielen und den moralischen Forderungen der Gemeinschaft noch völlig offen lässt (vgl. Kapitel 2.1). Will man die Frage allgemein beantworten, muss man in einem hohen Maße formalisieren und gelangt zur folgenden trivial klingenden Antwort: „Tu das, was für Dich zu tun gut ist!" oder „Tu das, was für Dich zu tun das Beste ist!" bzw. „Wähle dasjenige Leben, das gut für Dich ist!" oder „Wähle unter allen Dir offen stehenden Lebeweisen diejenige aus, die für Dich die beste ist!". Man kann sich folglich als praktisch überlegende Person entweder bewusst mit dem zufrieden geben, was für einen „gut" im Sinne von „gut genug" ist, oder man versucht mit Blick auf alle guten Lebensmöglichkeiten das Optimum herauszuschlagen.[12] Die Ethik als Teil der praktischen Philosophie konzentriert sich auf die Frage nach dem „Guten" (und seiner Steigerungsformen); dem „guten Handeln" und dem „guten Leben". Das Adjektiv „gut" und „das Gute" fungieren als zentrale Grundbegriffe in der Ethik.

1 Einleitung

Bezüglich des „guten Lebens" hat man in der Philosophiegeschichte immer wieder versucht, über diese formalen Aussagen hinaus inhaltliche Angaben zu machen. So wurde etwa postuliert, es gebe nur genau eine einzige Lebensform, welche die Kriterien eines „guten Lebens" erfüllt bzw. nur eine bestimmte Lebensform könne das „bestmögliche Leben" sein. Welche Lebensform ganz konkret die beste sei, darüber gingen dann die Meinungen freilich auseinander. Nachdem die Skepsis gegenüber einer solchen dogmatischen Monopolisierung einer einzigen Lebensform in der Neuzeit stetig zunahm, lehnt man heute bisweilen die Rede von „dem guten Leben" überhaupt ab. Denn sie setze – willentlich oder unwillentlich – implizit schon voraus, dass es nur *eine* richtige Lebensform statt einer Pluralität guter Lebensformen geben könne.[13] Demgegenüber geht man heute in der Regel davon aus, dass inhaltliche Spezifizierungen des „guten Lebens" immer nur in Bezug auf konkrete Personen mit ihren individuellen Interessen, Wünschen und Zielen möglich sind. Doch ist dann die Grundfrage, wie zu leben sei, nicht gänzlich dem Belieben des Einzelnen anheimgestellt? Brauchen wir dann überhaupt eine Philosophie oder Ethik des guten Lebens?

Nicht nur im Kontext philosophischer Reflexionen, sondern auch im Alltag geben sich die meisten Menschen nicht mit irgendwelchen beliebigen Antworten auf die Fragen, was zu tun oder wie zu leben sei, zufrieden. Man sucht nicht nur nach einer Antwort auf die praktischen Grundfragen der Philosophie, sondern auch nach einer *Begründung* solcher Antworten. Unausweichlich ist die Angabe von Gründen vor allem in Konfliktsituationen, in denen wir unser Tun vor anderen Menschen rechtfertigen müssen, oder dann, wenn wir von Freunden um Rat gebeten werden, weil sie Schwierigkeiten haben, sich zu entscheiden. Aber auch wer nur für sich selbst überlegt, wie er handeln oder sein Leben führen soll, überlegt in der Regel, was zu tun oder wie zu leben *wirklich* für ihn am besten sei. Er möchte sich nicht an einem bloß vermeintlichen „Guten" orientieren, das nur scheinbar „gut" ist.[14] Die dabei anvisierte „Objektivität" darf aber nicht mit „Universalität" verwechselt werden. Das, was für mich zu tun objektiv gut ist, muss nicht für alle anderen Menschen gleichfalls gut sein. Besonders die umfassende, auf das ganze Leben bezogene Grundfrage „Wie soll ich leben?" ist stark an die Perspektive einer unverwechselbaren Persönlichkeit mit ihrer unvergleichlichen Lebensgeschichte gebunden. Daher bleibt das, was „objektiv gut" für mich ist, in gewisser Weise etwas „Subjektives". Auf der Suche nach dem „objektiv" guten Leben öffnet man sich aber zum einen gegenüber der Kritik von Mitmenschen und setzt sich mit ihren Gegenargumenten auseinander. Zum anderen müssen bestimmte allgemeine Gesichtspunkte berücksichtigt werden, welche von der philosophischen Ethik erarbeitet wurden. So haben Philosophen in der

Nachfolge von Aristoteles immer wieder abstrakte Typen von menschlichen Lebensformen konstruiert, bei denen jeweils ein bestimmtes Lebensziel wie beispielsweise das Streben nach Lust oder nach Ruhm dominiert. Auf einem hohen Abstraktionsniveau wurde dann versucht, immanente Fehler oder nicht wünschenswerte Konsequenzen dieser typisierten Lebenskonzepte aufzudecken. In diesem Sinn kann auch die vorliegende Studie nicht als konkreter Lebensratgeber für den einzelnen Leser fungieren, sondern diesen mittels einer allgemeinen Analyse und Kritik menschlicher Existenzweisen zu Entscheidungen anzuleiten suchen, die sich – vor sich selbst und anderen – rechtfertigen und verantworten lassen.

2 Die Renaissance des guten Lebens

Nach jahrhundertelanger Verbannung aus dem philosophischen Diskurs erleben Fragen nach dem „guten Leben" seit jüngerer Zeit eine Renaissance. Problemstellungen und Debatten rund um die individuelle Lebensführung waren fast vollständig abgedrängt worden entweder in die empirische Psychologie oder in die populäre Lebensberatung, die Wellnessagenturen, die Werbewelt. Angesichts der Hochflut aufschießender paraphilosophischer Literatur und vielfältigster Angebote zu den Themen Lebenskunst, Glück und gutes Leben kann man leicht den Eindruck gewinnen, die Grundfragen der Ethik seien „auf die Gasse geraten".[15] Wenn heute von einer „Wiederkehr der Ethik des guten Lebens" gesprochen wird,[16] hat diese Rehabilitierung sowohl innerphilosophische als auch außerphilosophische Gründe. Außerphilosophisch betrachtet ist das Bedürfnis nach praktischer Orientierung trotz dieser blühenden Lebenshilfe-Kultur in unseren westlichen Gesellschaften keineswegs befriedigt worden. Seit die Reklame verheißt, mit welcher Zahnpasta oder Zigarettenmarke sich die Lebensfreude steigern lässt, und die Sexindustrie aufzeigt, wie jeder täglich den Höhepunkt gelingenden Lebens erreichen kann, greifen Lebensunsicherheit und Lebensverdrossenheit nicht minder um sich.[17] Infolge dieses Dilemmas wächst der Druck auf die Philosophie, die ihre Orientierungskompetenz bezüglich der Grundfrage „Wie soll ich leben?" leichtsinnig abgegeben hat. Wenn die Philosophie vor den Erwartungen, den zunehmenden Irrelevanzvorwürfen und kritischen Stimmen seitens der Öffentlichkeit nicht kapitulieren will, scheint eine Rückbesinnung auf die Kernaufgaben der Ethik unausweichlich.[18] Immer mehr Philosophen fordern daher in den eigenen Reihen, dass man die Zuständigkeit für die Frage nach dem guten Leben endlich zurückerobern soll. Um die spezifischeren innerphilosophischen Gründe für die gegenwärtige Renaissance des guten Lebens ans Licht zu bringen (Kapitel 2.4), müssen zuallererst die Gründe für ihre Ausgrenzung zutage gefördert werden. In diesem Kapitel wollen wir daher den Blick zurückwenden in die Antike, in der die Erörterung des guten Lebens zum Kerngeschäft der Philosophie gehörte (Kapitel 2.2), um daraufhin die neuzeitliche Verbannung nachzuzeichnen (Kapitel 2.3). Da man die Gegenüberstellung von antiker und neuzeitlicher Ethik gerne an den Begriffsdualismus von „Strebensethik" und „Sollensethik" koppelt, will ich eine präliminarische terminologische Klärung voranstellen (Kapitel 2.1).

2.1 Individual- und Sozialethik

Gemäß einem Bonmot bringt man zwei Philosophen eher dazu, dieselbe Zahnbürste zu benutzen, als die gleichen Begriffe zu verwenden! Auf den Bereich der philosophischen Ethik trifft dies leider nur allzu gut zu, wie in diesem Kapitel zum Vorschein kommen soll. Wenn ich hier von „philosophischer" Ethik spreche, beschränke ich mich grundsätzlich auf die „normative" im Unterschied zur „deskriptiven Ethik". „Deskriptive Ethik" stellt nämlich streng genommen eine *Contradictio in adjecto* dar, weil im Zentrum der Ethik *per definitionem* normative Aussagen des Sollens stehen.[19] Da die „deskriptive Ethik" nur beschreibt, welche Handlungsregeln, Gebote und Verbote in einer Gemeinschaft tatsächlich gelten, etwa das Suizidverbot in einer christlichen Gemeinschaft, handelt es sich eigentlich um eine empirische Disziplin (sei es Ethnologie oder Soziologie). Bei der „normativen Ethik" dreht sich jedoch alles um Geltungsansprüche, d. h. entweder um normative Behauptungen darüber, wie man handeln soll, die man zu begründen sucht, oder um das kritische Analysieren und Infragestellen solcher (unbegründeten) Ansprüche. In einer weiteren ethischen Disziplin, der „Metaethik", werden nicht faktische Normensysteme beschrieben wie im Rahmen der „deskriptiven Ethik", sondern die Grundbegriffe und Begründungsformen normativ-ethischer Aussagen untersucht. Weil auch eine Studie zur Frage nach dem „guten Leben" zur theoretischen Durchdringung der Problematik immer wieder auf eine Sprachanalyse etwa der Begriffe „gut" oder „Sollen" angewiesen ist, werden metaethische Klärungen in meiner Studie zur normativen Ethik integriert sein.

Innerhalb der philosophischen Ethik, die also wesentlich „normative Ethik" ist und um philosophische Begründungen – im Unterschied etwa zu theologischen Begründungen – bemüht ist, wird traditionellerweise eine weitere Begriffsunterscheidung vorgenommen. Erforderlich wird sie durch die unterschiedlichen Blickwinkel, unter welchen die situationsspezifische ethische Grundfrage „Wie soll ich handeln?" (A) gestellt werden kann. Die Frage kann nämlich zum einen bezogen werden auf die persönlichen Interessen des Einzelnen. Ihre Konkretisierung lautete dann: „Warum ist es gut für mich, x zu tun"? (1). Das „Gute", von dem hier die Rede ist, beschränkt sich auf das für das handelnde Individuum „Gute". Die zweite Perspektive verlangt demgegenüber die unparteiliche Berücksichtigung der Interessen aller anderen an der Handlung beteiligten Personen. Die Umformulierung der Grundfrage lautete hier: „Warum bin ich kategorisch verpflichtet, x zu tun?" (2). Als Beurteilungskriterium meines Handelns fungiert entsprechend nicht das *für mich Gute*, sondern das *für eine betreffende Gemeinschaft Gute*. Wir wollen versuchen, die beiden ethischen Perspektiven noch etwas genauer zu beleuchten:

2.1 Individual- und Sozialethik

Jürgen Habermas plädiert für den Kontrast zwischen einer „vertikalen" (1) und „horizontalen" (2) Perspektive.[20] Die Frage, was das Beste für uns sei (1), wäre insofern als „vertikal" ausgerichtet zu betrachten, als es hier um das Selbstverhältnis, also das Sichverhalten des Einzelnen zu sich selbst geht. Weil sich die richtige Lebensführung nicht gleichsam von selbst ergibt, erfordert sie eine Reflexion auf langfristige Ziele und Interessen von einer höheren Warte innerhalb des „Selbst" aus. Friedrich Nietzsche erkannte eine gewisse „Selbsterteilung des Individuums" richtig als Voraussetzung für ethische Selbstbestimmung und Selbstgesetzgebung.[21] Gegenstand der vertikalen Selbstreflexion sind dabei die Selbstinteressen, Wünsche, Ziele und Grundhaltungen des Individuums, die es vom Standpunkt der Vernünftigkeit zu prüfen gilt. Auch wenn jeder Mensch ganz unterschiedliche Handlungsziele anvisiert, hofft doch jeder, auf diese Weise glücklich zu werden, wie bereits Aristoteles in der *Nikomachischen Ethik* aufwies. Das Glück scheint damit im Brennpunkt der vertikalen Fragerichtung zu stehen. Wenn die normative Ethik hier als eine „Ethik der ersten Person"[22] Aufklärungsarbeit leistet und schließlich zur Umsetzung Ratschläge formuliert, verzichtet sie auf allgemeingültige Anweisungen. Ihre Antworten auf die praktischen Grundfragen sind immer nur von relativer Geltung; relativ zu den Interessen des Einzelnen, kantisch gesprochen „hypothetisch". Die „hypothetischen Imperative der Klugheit"[23] sind lediglich „evaluativ" und empfehlend: Es ist im Sinne des vernünftigen Eigeninteresses oder der Klugheit des Betroffenen ratsam, so zu handeln.

Bei der „horizontalen Perspektive" (2) geht es hingegen nicht um das Verhältnis des Einzelnen zu sich selbst, sondern um die zwischenmenschlichen Beziehungen. Kerngehalt des für die Gemeinschaft „Guten" ist die „Gerechtigkeit", das gerechte Zusammenleben vergesellschafteter Individuen. „Gerechtigkeit" bildet damit gleichsam das Pendant zum „Glück". Das „Gerechte" ist grundsätzlich nicht gerecht, weil die gerechten Handlungen im Interesse der handelnden Person liegen, sondern weil sie die berechtigten Ansprüche oder Interessen der Mitmenschen unparteilich berücksichtigen oder fördern. Die Menschen besitzen die Fähigkeit, sich aufgrund der Ähnlichkeit aller Individuen in die anderen hineinzuversetzen und sich mit ihnen zu identifizieren. Wie bei Kants Konzept des „Kategorischen Imperativs der Sittlichkeit" manifest wird, führt die Horizontalität dieser ethischen Fragestellung notwendig zu einer stärkeren Verbindlichkeit und einem größeren Allgemeinheitsanspruch als die prudentiellen Ratschläge der vertikalen: „Die Maxime der Selbstliebe (Klugheit) *rät* bloß an; das Gesetz der Sittlichkeit *gebietet*."[24] Die Normen gegenseitiger Rücksichtnahme und gerechter Verteilung sollen von einer klar definierten Handlungsgemeinschaft oder sogar von der ganzen Menschheit beachtet werden. Das entsprechende Handeln empfiehlt sich nicht in meinem eigenen

Namen, sondern es ist um der anderen willen geboten – gleichgültig, wie viel mir diese anderen bedeuten. Es liegt hier statt eines *Eigen-Wollens* ein *moralisches Sollen* vor.

Obwohl sich die meisten gegenwärtigen Ethiker darüber einig sind, dass es sich bei den soeben skizzierten Perspektiven (1) und (2) um unterschiedliche ethische Ansprüche handelt, zeichnet sich keinerlei Einigkeit ab bezüglich der dafür einzusetzenden Termini. Im Anschluss an Habermas[25] spricht man gerne vom „ethischen" (1) und „moralischen" (2) Gesichtspunkt, von „Ethik" (1) und „Moral" (2). Dieser Begriffsdualismus stiftet aber mehr Verwirrung, als dass er zur Klärung beitrüge, weil „Ethik" und „Moral" auch in anderer Bedeutung gebraucht werden. Eine breite Fraktion von Ethikern versteht nämlich unter „Moral" das Insgesamt von tatsächlich geltenden Normen und Wertmaßstäben einer historischen Handlungsgemeinschaft, die das Zusammenleben regeln. „Ethik" jedoch stelle die Wissenschaft von solchen moralischen Normen dar. Ich nenne als einige prominente Vertreter dieser Position Annemarie Pieper, Otfried Höffe, Günther Patzig und Norbert Hoerster.[26] Nun ist zwar gegen diese Definition von „Moral" nichts einzuwenden. Auch haben wir als Aufgabenfeld der „normativen" im Unterschied zur „deskriptiven" Ethik die kritische Analyse und philosophische Begründung von geltenden Normen oder normativen Behauptungen herausgestellt, so dass es sich hier klarerweise um eine höhere Reflexionsstufe handelt. Die Ethik beschränkt sich aber nicht auf die Reflexion über horizontale Fragen der Moral (2), sondern umfasst auch die vertikale Fragerichtung nach dem persönlichen Guten oder dem Glück (1). Es müsste also eine Begriffsdifferenzierung innerhalb der Ethik-als-Wissenschaft selbst gefunden werden. Von den zahlreichen von Philosophen in die Debatte geworfenen Vorschlägen solcher Begriffspaare werde ich nur einige wenige herausgreifen und kommentieren.

Martin Seel spricht in seinen neueren Studien zur Ethik alternativ von „evaluativer Ethik" (1) und „normativer Ethik" (2), vom „ethisch" oder „evaluativ Guten" (1) und dem „moralischen" oder „normativen Guten" (2).[27] Da auch evaluative Aussagen über das individuelle Gute „normativ" sind, wenngleich in einem schwächeren Sinn und mit geringerem Geltungshorizont, ist die Entgegensetzung „evaluativ"/ „normativ" in meinen Augen irreführend. Das Gleiche gilt für diejenige von „ethisch" und „moralisch" aus den oben genannten Gründen. Bemerkenswerter sind seine beiden Formeln der „Ethik der Existenz" (1) und der „Ethik der Anerkennung" (2),[28] weil damit sehr schön die vertikale und horizontale Ausrichtung ins Bild gesetzt wird. Noch ausdrucksstärker erscheint mir Hans Krämers Typologisierung von „Strebensethik" (1) und „Sollensethik" (2), wobei er „Sollensethik" austauschbar verwendet mit „Moralphilosophie".[29] Mit „Streben" meint er

2.1 Individual- und Sozialethik

elementar jedes Verhalten, bei dem man strategisch bestimmte Lebensziele verfolgt und durchzusetzen trachtet.[30] Von Krämer, nicht aber Seel[31] abgelehnt werden die traditionellen Bezeichnungen „Individualethik" (1) und „Sozialethik" (2).[32] Während die „Individualethik" von den Bedürfnissen und Interessen des Einzelnen ausgeht und seine Selbstverwirklichung und seine persönliche Glückserfüllung zu optimieren sucht, will die „Sozialethik" eine angemessene, gerechte Grundordnung der Gesellschaft bestimmen. Aus dem alleinigen Grund, weil mir diese herkömmliche Begrifflichkeit am besten für einen wünschenswerten Konsens unter Ethikern geeignet scheint, werde ich ihr im Folgenden den Vorzug geben. Doch wie verhalten sich die beiden ethischen Anliegen oder Ansprüche zueinander? Kann die ethische Grundfrage „Wie soll ich handeln?" (A) immer nur entweder individualethisch oder sozialethisch beantwortet werden, so dass ein Handeln individualethisch betrachtet gut, aber sozialethisch beurteilt falsch (oder umgekehrt) sein kann? Ist die allgemeine praktische Grundfrage „Wie soll ich leben?" (B) eindeutig im Bereich der Individualethik zu verorten und damit möglicherweise *per se* unmoralisch?

Außer Zweifel steht zunächst, dass gemäß unseren Erläuterungen in der Einleitung die Frage, wie zu leben sei, vom Standpunkt der ersten Person Singular aus gestellt wird: Man überlegt sich mit Blick auf die je individuelle Lebenssituation und eigenen Lebensmöglichkeiten, welche Lebensform von allen offen stehenden für sich persönlich die beste sei. Im Zentrum steht also das Selbstverhältnis, die kritische Prüfung des Eigen-Wollens nach Maßstäben der Klugheit. Das beste Leben, so lässt sich jetzt präzisieren, scheint dabei dasjenige zu sein, das am meisten Glück verspricht. Die allgemeine praktische Grundfrage „Wie soll ich leben?" (B) ist also tatsächlich dem Bereich der Individualethik zuzuschlagen, weil sie von den Selbstinteressen, Wünschen oder Bedürfnissen des Individuums ausgeht. Aus dieser Perspektive wird gefragt: Wie soll *ich* handeln, damit es *mir* gut geht? Wie sich am Beispiel der antiken Ethik zeigen wird (vgl. Kapitel 2.2), darf das in Rede stehende „Selbstinteresse" als Quelle menschlichen Handelns aber weder rein subjektiv und kontingent noch egoistisch sein. Nur im modernen Verständnis ist es mit diesen Attributen konnotiert, wodurch eine Versöhnung mit dem sozialethischen Standpunkt der Moral von vornherein in weite Ferne rückt.[33] Die Frage nach der bestmöglichen Lebensform kann aber durchaus mit der Rücksichtnahme auf die Interessen anderer, also mit einer moralischen Grundhaltung, beantwortet werden.

Gleichzeitig soll nicht darüber hinweggetäuscht werden, dass die beiden Standpunkte der Individual- und Sozialethik einen Perspektivenwechsel erfordern. Zur Verdeutlichung kann man diesen mit Krämer zu einer „Perspektivenumkehr" radikalisieren: „von der Selbstlosigkeit zur Selbstsorge, von der Fremd- zur Selbstorientierung, vom

Interesse der Sozietät zur Interessenlage des Individuums."[34] Einmal tritt das „Gute für die Gemeinschaft" in den Vordergrund, dann das „Gute für mich", und das jeweils andere Moment verblasst im Hintergrund. Ethische Konflikte sind im Alltag daher unvermeidlich, ja geradezu vorprogrammiert. So kann ich beispielsweise vorhaben, aus beruflichen Gründen oder zwecks persönlicher Weiterbildung einen Ausflug zur Frankfurter Buchmesse zu machen. In der gleichen Zeit erkrankt aber mein Partner schwer und ist auf vollumfängliche Pflege angewiesen, welche der überlastete Pflegedienst unseres Wohnkreises nicht übernehmen kann. Wir werden anlässlich der ethischen Grundfrage „Wie soll ich handeln?" (A) zwischen beiden Perspektiven hin- und hergerissen. Nicht nur fallen uns spontan unzählige solche ethischen Dilemmata aus dem alltäglichen Leben ein. Vielmehr findet sich der Verdacht, dass sozialethisch richtiges Handeln auf Kosten des individuellen guten oder glücklichen Lebens geht, bereits im Auftakt der Geschichte philosophischer Ethik.[35] Die griechischen „Sophisten" im fünften vorchristlichen Jahrhundert entdeckten zum einen den Konventionalitätscharakter menschlicher Moralvorstellungen und Gebote, die damit nicht länger sakrosankt waren, sondern begründungsbedürftig und korrigierbar. Zum anderen stellten sie zum ersten Mal die bis heute unerhörte Frage, ob sich denn das moralische Handeln im Sinne des von der Gesellschaft Gewünschten aus individualethischer Perspektive, d. h. mit Blick auf das persönliche Streben nach einem guten Leben, überhaupt lohne. Diese Knacknuss hat den philosophischen Ethikern bis heute keine Ruhe gelassen.

Obgleich die individual- und sozialethischen Perspektiven unbedingt voneinander unterschieden werden sollten, ist doch die von vielen Ethikern heraufbeschworene Opposition zwischen *individualethischem Streben* (1) und *sozialethischem Sollen* (2) irreführend. Man reißt unzulässigerweise eine Kluft auf zwischen dem egoistischen „Guten für mich" und dem moralischen „Guten für die Gemeinschaft", zwischen „Glück" und „Moral". Trotz der unbestreitbaren unterschiedlichen theoretischen Begründungsrichtungen und den vielfältigen Erfahrungen unliebsamer Kollisionen gilt doch festzuhalten: Dass die individual- und sozialethischen Bewertungen *in praxi* konkurrieren *können*, bedeutet noch lange nicht, dass sie jederzeit konkurrieren *müssen*.[36] Es besteht nicht *per definitionem* ein Widerspruch zwischen ihnen, sondern ein Handeln kann sowohl aus individual- als auch aus sozialethischer Perspektive gutgeheißen werden. Zum Ersten kann die Verfolgung persönlicher Interessen und Ziele durchaus moralisch erlaubt sein: Sie kann die Interessen oder Ansprüche anderer entweder überhaupt nicht tangieren oder diese indirekt sogar befördern. Wenn ich beispielsweise meine wissenschaftlichen oder musikalischen Begabungen und Neigungen aus reinem Eigeninteresse zur Entfaltung

2.1 Individual- und Sozialethik

bringe, kann dies indirekt der Forschungsgemeinschaft bzw. den Musikliebhabern meiner Konzertaufführungen großen Gewinn bringen. Solange nämlich ein Denken und Handeln lediglich auf persönliche Ziele fokussiert ist, wäre es zwar als „egozentrisch" zu deklarieren, ohne aber „egoistisch" und „amoralisch" sein zu müssen. Erst egoistisches Denken und Handeln, bei dem man die eigenen Ziele ohne Rücksicht auf die möglicherweise widerstreitenden Interessen der Mitmenschen verfolgt, darf als amoralisch oder unmoralisch gegeißelt werden. Jeder Mensch hat nicht nur egoistische Interessen, die sich allein mittels rücksichtsloser Verletzung fremder Anliegen durchsetzen lassen, sondern auch viele soziale, moralkompatible Wünsche. Zum Zweiten kann – von der anderen Warte aus – sozialethisch gutes Handeln durchaus dem eigenen guten oder glücklichen Leben förderlich sein. Falls jemand einer alten, bettlägerigen Person mit Freude hilft, oder die Altenpflege ihm sogar berufliche Erfüllung bringt, können moralische Forderungen Teil des individuellen Glücksstrebens werden.[37] Wenngleich die Individualethik als Ethik der ersten Person von der Interessenlage des Einzelnen ausgeht, bedeutet dies somit keineswegs, dass dieser als asoziales Wesen in Erscheinung treten muss.

Halten wir vorerst Folgendes fest: Die Frage nach dem „guten Leben", die allgemeine praktische Grundfrage „Wie soll ich leben?" ist dem Bereich der „Individualethik" (oder „Strebensethik"/„Ethik der Existenz") zuzuordnen. Man stellt sich die Frage vor dem Horizont der je eigenen Anlagen, Fähigkeiten, Wünsche und Interessen. Der individualethische Begriff des „Guten" definiert sich aber nicht über den Gegensatz zum moralischen „Guten für die Gemeinschaft", sondern liegt gleichsam vor der Differenz von egoistischem Amoralismus und sozialethischer Rücksichtnahme. Entsprechend haben wir auch das „Sollen" der allgemeinen praktischen Grundfrage als ein „vormoralisches" (nicht „außermoralisches"!) deklariert: Über das Verhältnis von persönlichem Glück oder gutem Leben zur gemeinschaftskonstitutiven Moral oder zur Gerechtigkeit ist inhaltlich noch nichts präjudiziert. Was im wohlverstandenen Eigeninteresse liegt, kann sich sowohl decken mit dem moralisch Gebotenen als auch zu diesem in Widerspruch treten. „Gut" für unser Leben kann es genauso sein, tagein tagaus nach Lust und Laune auf Hawaii zu surfen, wie unser Leben für die Verhinderung des Nuklearkrieges, also für einen gemeinnützigen Zweck, einzusetzen. Die beliebte Redeweise, das eine sei eben individualethisch „gut", das andere sozialethisch „gut" wäre hier gänzlich verfehlt, weil beides Antworten auf die individualethische Frage „Wie soll ich leben?" darstellen. Die Erkundung, inwieweit und warum moralisches Handeln für ein gutes Leben ratsam ist, gehört aber zweifellos in das Untersuchungsfeld der Individualethik. Denn es kann sich aus der Vorteilsperspektive als vernünftig oder klug erweisen, eine Annäherung zwischen dem für mich Guten (1) und dem für die Gemeinschaft Guten (2) anzupeilen. Diese Problematik steht in den nachfolgenden Kapiteln 2.2 und 2.3 zur Diskussion und soll systematisch erst im Schlusskapitel 6 angegangen werden. Außerhalb des Blickfeldes jedoch liegen genuin sozialethische Aufgabenstellungen wie die Begründung moralischer Pflichten und Gebote oder die Kontroverse um eine angemessene Konzeptualisierung der „Gerechtigkeit".

2.2 Antike Individualethik: gutes = glückliches = gerechtes Leben

In diesem Kapitel wollen wir uns der Verifikation bzw. Falsifikation von Krämers These widmen, die Grundposition der antiken (und mittelalterlichen) Ethik sei generell „Strebensethik" gewesen.[38] Die antike Ethik, so Krämer, kannte kein kategorisches oder moralisches Sollen, keine „Sollensethik" oder „Moralphilosophie",[39] in unserer Terminologie keine *Sozialethik*. Seit der Aufklärung der Sophisten soll sich die ganze philosophische Ethik ausschließlich um die Frage nach dem guten oder glücklichen Leben des Einzelnen gedreht haben. Alles Weitere hätte seine Rechtfertigung nur dadurch erhalten, dass es in den Dienst dieses Letztziels gestellt wurde.[40] Anstatt auf eine Ethik der unbedingten Verpflichtungen und der kategorischen Imperative treffe man praktisch bis zum 18. Jahrhundert nur auf den Typus der „Strebensethik" bzw. *Individualethik*. Inwieweit ist diese globale Einschätzung zutreffend und anhand neuerer historischer Forschungsergebnisse belegbar? Wir wollen zunächst einen Blick werfen auf den Charakter der lebenspraktisch ausgerichteten Philosophie der Antike insgesamt. In einem zweiten Schritt soll die markante Position von Platon in exemplarischer Weise zur Darstellung gelangen.

Von vielen Antikeforschern wird bestätigt, dass anders als bei neuzeitlichen Ethikkonzeptionen in antiken Texten in auffälliger Weise die handelnde Person, die Orientierung sucht, im Mittelpunkt des philosophischen Interesses steht. Während die antike Ethik „akteurzentriert" oder „adressatenorientiert" verfahre, also eben vom einzelnen Akteur oder Adressaten ausgehe, sei die moderne Ethik „handlungszentriert".[41] Sie bewerte auf einer abstrakten Ebene und mit einem hohen Anspruch auf Objektivität und Allgemeinheit bestimmte Handlungsweisen, unabhängig vom tatsächlichen Handeln konkreter Menschen. Ethische Texte aus der Antike hingegen sind offenkundig meist von empfehlendem und beratendem Charakter und zielen ganz direkt auf die Veränderung der Lebenspraxis ihrer Adressaten ab. Zentrales Anliegen der Philosophen des Altertums war die Erforschung und Aufzeichnung des Überganges von den philosophischen Laien oder „Toren" bis zum phi-

2.2 Antike Individualethik: gutes = glückliches = gerechtes Leben 15

losophischen Lebenskönner oder „Weisen". Es ging ihnen also weniger um Anweisungen für das Handeln in konkreten Handlungssituationen oder in bestimmten Handlungstypen, sondern um die richtige Lebensweise mit spezifischen höchsten Lebenszielen. Mittels philosophischer Einsicht, entsprechender Einstellungsänderungen und therapeutisch-praktischer Übungen hoffte man, den Menschen zu einem besseren Leben oder einer wertvolleren Lebensform verhelfen zu können. Ausgangspunkt bildete also bei allen verschiedenen philosophischen Konzeptionen der Antike die Frage nach dem „Leben als einem Ganzen", danach, wie ich mein Leben als Ganzes leben soll.[42] Statt „handlungszentriert" sind ihre Reflexionen damit dezidiert „handlungsleitend". Dabei schlug sich die „Adressatenorientiertheit" auch darin nieder, dass man sich häufig nach dem Fassungsvermögen, dem Kenntnisstand und der aktuellen Lebenssituation der Adressaten richtete.[43] Es ging also darum, nach sokratischer Manier die Leute da abzuholen, wo sie gerade stehen.

Dieser Optimismus bezüglich des Wertes von philosophischer Bildung für das persönliche gute Leben existierte aber nicht nur in den Köpfen der Philosophen. Denn auf der anderen Seite scheint die Nachfrage nach dem Erwerb solcher philosophischen Techniken der richtigen Lebensführung groß gewesen zu sein. Im 5. vorchristlichen Jahrhundert verschaffte sich nicht zuletzt dank des Wirkens der sophistischen Wanderlehrer die Idee philosophischer Persönlichkeits- und Lebensschulung wie ein Lauffeuer. Insbesondere bezüglich der neu gegründeten Philosophenschulen verschiedenster Richtungen versprach man sich große Chancen auf die Aneignung einer idealen Lebensform. Denn in diesem geschlossenen Rahmen einer philosophischen Lebens- und Arbeitsgemeinschaft konnten unter der Leitung der Philosophenprofis und über einen längeren Zeitraum geistige und praktische Übungen absolviert werden. Auf diese Weise konnte sich eine geeignete feste Grundhaltung herausbilden. Im Zeitalter des Hellenismus wurde die Philosophie schließlich popularisiert und soll in ihrer allgemein verständlichen Form den breitesten Wirkungskreis entfaltet haben. Philosophische Bildung gehörte geradezu zum guten Ton der Angehörigen aristokratischer Kreise, und wer es sich leisten konnte, hielt sich einen philosophischen Ratgeber und Seelenführer.[44] Gemäß den zahlreichen Forschungsberichten von Rabbow über Hadot bis Foucault vollzog sich im dritten Jahrhundert v. Chr. eine Innenwendung und Intensivierung der Selbstbeziehung (d.h. der „vertikalen" Beziehungen) im Wesen des griechischen Menschentums. Der Hellenismus gilt daher als „Epoche methodischer Seelenleitung", in welcher die Formel „techne tou biou" („Lebenskunst") hoch im Kurs stand.[45] „Philosophie" wurde dabei immer zugleich die fachmännische Anleitung zur Selbstsorge oder Lebenskunst genannt wie auch die auf philosophischer Reflexion und Einübung basierende Lebensform selbst. Ja, es lässt sich mit Hadot resümieren, dass die Philosophie der Antike „vor allem eine Art zu leben darstellt, die aber sehr eng mit dem philosophischen Diskurs verbunden ist"[46]. Krämers These, eine solche handlungsleitende, akteurzentrierte Philosophie lebenspraktischer Orientierung sei unter „Strebensethik" bzw. „Individualethik" zu rubrizieren, erscheint vor diesen gut belegten Hintergrundannahmen sehr plausibel. Doch wie lässt sich das individualethische Konzept des dabei anvisierten „guten Lebens" genauer spezifizieren?

Als oberster Zielpunkt philosophischer Bildung und Anleitung fungiert in den griechischen Überlieferungen zumeist der griechische Ausdruck „eudaimonia". Mit den Reflexionen und Übungsprogrammen zum guten Leben verspricht man den Menschen nichts Geringeres als das Höchst- oder Letztziel eines solchen Lebens: „eudaimonia", im Deutschen meist mit „Glück" wiedergegeben. Zerlegt man die Wortverbindung „eudaimonia", deuten seine beiden Bestandteile „eu" („gut") und „daimon" („Dämon") zunächst darauf hin, dass jemand einen guten Dämon oder göttlichen Geist habe. Das griechische Urwort bringt damit zum Ausdruck, dass der sterbliche Mensch über das Gelingen seines Lebens nicht selbst verfügt, sondern dass er von der Huld der Götter abhängig ist.[47] Dieser starke Glaube an die totale Abhängigkeit von der Gunst der Götter oder des Schicksals verlor sich an der Schwelle des Übergangs vom „Mythos" zum „Logos" im sechsten vorchristlichen Jahrhundert. Mit der Abkehr vom mythisch-autoritären, eng mit religiösen Ritualen verbundenen anschaulichen Denken zu einem selbständigen, systematischen und diskursiven Denken wuchs das Vertrauen auf das eigene Können, auf den persönlichen Einfluss auf das eigene Leben. Dass jemand einen „guten Dämon" hat, bedeutet jetzt nicht mehr, jemand werde zufällig und unverdient von den Göttern mit einem günstigen Geschick beschenkt. Vielmehr ging man davon aus, dass die Götter für ihre Geneigtheit oder Zurückstellung stets Gründe haben wie etwa menschliche Überheblichkeit oder einen generationenübergreifenden Fluch. Mit einem gottesfürchtigen Leben scheint man sich das Beseeltsein von einem guten göttlichen Geist gleichsam verdienen zu können.

Wenn „eudaimonia" vorschnell mit „Glück" oder „happiness" übersetzt wird, zeitigt dies viele Missverständnisse, weil der Glücksbegriff sich von der Antike bis zur Neuzeit stark gewandelt hat. Als Übersetzungsalternativen hat man daher in der Folgezeit verschiedene Vorschläge gemacht wie „Glückseligkeit", „Wohlbefinden", „Wohlergehen" oder „Wohl". Mangels einer geeigneten Übersetzung für das griechische „eudaimonia" führte man in der Philosophie – vermutlich zuerst in der englischsprachigen Literatur – einen künstlichen Terminus ein: das „gute Leben".[48] Gegenüber ihren eben genannten Konkurrenten hat die Wortverbindung „gutes Leben" zum einen den Vorteil, dass sie jeden

2.2 Antike Individualethik: gutes = glückliches = gerechtes Leben

Anschein verliert, einen rein passiven Zustand darzustellen.⁴⁹ Denn mit „eudaimonia" sind nicht primär Gefühlszustände angesprochen, sondern Arten des Tätigseins. So gesehen müsste man dann allerdings auch die Rede vom „gelingenden Leben" als Synonym zum „guten Leben" gelten lassen.⁵⁰ Zum Zweiten haben die antiken Philosophen selbst wechselweise vom „guten" und „glücklichen" Leben gesprochen.⁵¹ Aristoteles etwa beginnt seine *Nikomachische Ethik* mit der strebensethischen These, dass jedes theoretische Erkennen und jede praktische Entscheidung der Menschen nach einem Ziel strebt, das man positiv einschätzt. Es wird aufgrund dieser positiven Bewertung auch ein „Gut" oder etwas „Gutes" genannt. Aristoteles fragt dann weiter, ob es nicht ein höchstes und letztes Gutes gebe, das alle anderen Ziele, nach denen die Menschen in ihrem Leben streben, gleichsam umgreift und zwischen ihnen Sinn stiftet. Seine eigene Antwort lautet: „Im Namen stimmen wohl die meisten überein. Glückseligkeit („eudaimonia") nennen es die Leute ebenso wie die Gebildeten, und sie setzen das gute Leben („eu zen") und das Sich-gut-Verhalten („eu prattein") gleich mit dem Glückseligsein."⁵² Aufgrund dieser Synonymie von „eudaimonia" und „eu zen" werde ich in diesem Kapitel entweder den griechischen Begriff „eudaimonia" weiterverwenden oder die eindeutig zu favorisierende Übersetzung „gutes Leben". Beiden zugrunde liegt die basalste und unmissverständliche Formulierung, die sich in den antiken Texten finden lässt: Es ist die allgemeine praktische Grundfrage, „wie zu leben ist".⁵³

Sowohl für den Alltagsverstand wie auch für die Philosophie der Griechen war in einem *formalen* Sinn durchaus klar, was unter der „eudaimonia" des Menschen zu verstehen sei: in Maximilian Forschners Worten „die Menge der notwendigen und zureichenden Eigenschaften, die uns ein menschliches Leben als gelungen, als artspezifisch vollendet beurteilen lassen."⁵⁴ Uneins war man sich hingegen bezüglich der näheren Bestimmung dieser für menschliche „eudaimonia" notwendigen Eigenschaften oder „Güter". Im vorphilosophischen Eudaimonieverständnis dachte man in erster Linie an äußere oder körperliche Güter wie Ruhm, Macht, Besitz, erfolgreiche Nachkommen oder Gesundheit.⁵⁵ Von diesen älteren und populären Glücksauffassungen setzten sich die Philosophen bewusst ab, indem sie statt für ein äußeres für ein verinnerlichtes Eudaimonieverständnis plädierten. Ausschlaggebend für „eudaimonia" sollen nicht äußere Faktoren sein, sondern innere Güter wie seelische Ausgeglichenheit und Zufriedenheit.⁵⁶ Diese inneren Güter wurden nicht durch irgendwelche günstigen Lebensumstände garantiert, sondern vielmehr durch den richtigen Umgang mit den äußeren oder körperlichen Gütern und die Ausübung typisch menschlicher Tätigkeiten. Anlässlich dieser Verinnerlichung des Eudaimonieverständnisses gewann der Begriff der „Tugend" („arete") immer mehr an Gewicht. Dieser heute etwas verstaubt wirkende Terminus ist eng verwandt mit der „Tüchtigkeit" oder „Tauglichkeit": Tugenden sind feste, durch Übung erworbene Charaktereigenschaften oder Haltungen, die den Träger in die Lage versetzen, sich in allen gleichartigen Situationen habituell richtig zu verhalten. Die verschiedenen Tugenden garantieren also, dass man bestimmte Tätigkeiten vortrefflich ausführt. Die für die „eudaimonia" notwendigen und hinreichenden Eigenschaften erblicken die griechischen Philosophen in solchen durch Erkenntnis und Gewöhnung angeeigneten Tugenden, die von den einzelnen Philosophenschulen wiederum inhaltlich unterschiedlich bestimmt wurden.

Mit dieser philosophischen „eudamonia"-Auslegung stand es nun in der Macht der Philosophen, den Menschen ein entsprechendes Wissen und die geeigneten praktischen Techniken zu vermitteln. Denn nur der Weg der Philosophie soll angeblich zur Einsicht in die richtige Lebensführung, in das bestmögliche tugendhafte Leben führen. So stellt etwa Seneca unmissverständlich klar: „Ohne gesunden Verstand ist niemand glücklich, und gesunden Verstand besitzt der nicht, der Schlechtes erstrebt statt Gutes. Glücklich ist daher, wer ein richtiges Urteil hat."[57] Übereinstimmend liest man bei Aristoteles, nur die Philosophie führe zur „eudaimonia", weil „allein sie das richtige Urteil und die unfehlbare, handlungsleitende Einsicht einschließt."[58] Offenkundig gehen die antiken Philosophen davon aus, dass es objektive Kriterien für ein „gutes Leben" gibt und man also anhand eines verbindlichen Kriterienkatalogs feststellen kann, ob jemand „eudaimon" sei oder nicht. Man braucht nur zu bestimmen, welche spezifischen Tugenden dem Menschen zu seinem Optimum, d. h. seiner optimalen Selbstentfaltung verhelfen, und quasi aus der Außenperspektive zu überprüfen, ob jemand diese tatsächlich besitzt. Auch der innerliche Zustand seelischer Ausgewogenheit oder des Wohlbefindens wurde ja auf einen objektiv beschreibbaren Einstellungswandel zurückgeführt. Es war also noch kein Zweifel daran geweckt wie in der Moderne, dass allgemeingültige normative Aussagen über die „eudaimonia" und den Weg zu diesem höchsten Lebensziel möglich sind. Diese objektivierende Betrachtungsweise der individualethischen Frage nach der „eudaimonia" oder dem „guten Leben" mag uns heute irritieren. Durch die Festsetzung einer einzigen oder einiger weniger Tugenden wird gleichzeitig die Fülle möglicher Lebensformen reduziert auf eine einzige bestmögliche, was uns ebenfalls befremdet.

Doch versuchen wir, diese philosophiehistorischen Thesen anhand der exemplarisch ausgewählten Philosophie Platons zu illustrieren: Der Ausgangspunkt von Platons ethischen Reflexionen bildet die vom platonischen Sokrates unablässig an seine Unterredner herangetragene Frage, wie man leben soll. Es handelt sich somit um einen individual-

2.2 Antike Individualethik: gutes = glückliches = gerechtes Leben

oder strebensethischen Ansatz, der den einzelnen Menschen zu einem guten, gelingenden und glücklichen Leben anzuleiten sucht. Im Kontrast zur Neuzeit (vgl. Kapitel 2.3) stehen dabei aber nicht kontingente subjektive Bedürfnisse, Wünsche oder Ziele zur Diskussion, sondern vielmehr artspezifische, objektive Selbstinteressen oder Strebenstendenzen. Diese kommen allen Menschen gleichermaßen zu und werden als die „eigentlichen" oder „wahren" Interessen vor allen anderen ausgezeichnet. Für sämtliche Menschen sei dasjenige Leben das beste, bei dem man das im Wesen des Menschen verankerte „ergon", die ihm eigentümliche Funktion oder Leistung bestmöglich erfülle.[59] Indem er für die Verwirklichung allgemeiner artspezifischer Fähigkeiten oder Anlagen plädiert, vertritt Platon einen „Perfektionismus", den sein Schüler Aristoteles später systematisch entfaltete (vgl. Kapitel 4.4).

Da nach Platon die menschliche Seele aus drei Teilen zusammengesetzt ist, kommt jedem Seelenteil ein anderes funktionales Optimum zu: dem vernünftigen (rationalen) Seelenteil die *Weisheit*, dem mutigen (emotionalen) die *Tapferkeit* und dem begehrenden (triebhaften) *Maß* und *Besonnenheit*. Auf der Ebene des Staates entsprechen diese individuellen Seelenteile drei verschiedenen Ständen, nämlich dem Herrscherstand mit den Philosophenkönigen, dem Wehrstand mit den Wächtern und dem Nährstand mit Bauern und Handwerkern. Die höchste der vier Kardinaltugenden aber ist die *Gerechtigkeit*. Sie sorgt für das richtige Verhältnis oder das perfekte Zusammenspiel der drei Seelenteile bzw. für die angemessene Ordnung zwischen den Ständen.[60] Laut Platon kann das „gute Leben" nur über die Tugend der Gerechtigkeit erlangt werden: „Die gerechte Seele also und der gerechte Mensch wird gut leben, der ungerechte aber schlecht."[61] Der seelische Habitus der Gerechtigkeit erfordert in Platons Augen nicht nur die beflissene Einübung in eine bestimmte Lebensform wie diejenige des Bauern oder Wächters, sondern die Einsicht in die Idee der gerechten Ordnung. Letztlich bleibt diese Einsicht den Philosophen vorbehalten, weil nur sie dank ihrem ausgebildeten vernünftigen Seelenteil die Ideen und ihr wohlgeordnetes Zusammenspiel im Ideenhimmel zu erschauen und in ihrem eigenen Leben nachzuahmen vermögen.[62] Allein die Philosophenkönige – dies ist zweifellos ein weiterer Stein des Anstoßes – sind in Wahrheit eines guten Lebens fähig. Wer aber gerecht lebt, der lebt nicht nur gut, sondern auch „eudaimon": „Der Gute aber wird schön und wohl in allem leben, wie er lebt, wer aber wohl lebt, wird auch zufrieden („eudaimon") und glückselig („makarios") sein, der Böse hingegen und der schlecht lebt, elend."[63] Um ein gutes und glückliches Leben zu führen, wird man also vom platonischen Sokrates zu gerechtem Handeln aufgefordert.

Die große Crux für die Interpreten besteht nun in der Beurteilung, ob Platons ethische Reflexionen rein aus individualethischer Perspektive vollzogen werden, wie es Krämers Globalthese besagt, oder ob Platon daneben nicht auch ein sozialethisches Anliegen verfolgt. Obwohl Platons Ethik wie diejenigen der antiken Philosophen insgesamt eindeutig „aus der Kundenperspektive" formuliert ist, lässt sich von diesem Darstellungskontext nicht zwingend auf den Inhalt schließen. Christoph Horn vermutet vielmehr, dass sich Platon von den Sophisten herausfordern ließ, die wie bereits angemerkt die unerhörte Frage wagten, ob sich moralisches Handeln für das Individuum überhaupt bezahlt mache.[64] So hätten Platon und Aristoteles durchaus daran festgehalten, dass sich Moral und Gerechtigkeit philosophisch bzw. sozialethisch rechtfertigen lassen und einen „Wert an sich" bilden. Nur aufgrund der sophistischen Provokation wären sie dazu gezwungen gewesen, den Vorteil sozialethischen Handelns für den Einzelnen auszuweisen. Für diese Interpretation spricht Platons berühmtes Gedankenexperiment vom „Ring des Gyges":[65] Beim Drehen dieses speziellen Ringes wird nämlich der Besitzer unsichtbar, so dass er beliebige Ungerechtigkeiten begehen könnte, ohne fürchten zu müssen, ertappt und bestraft zu werden. Wenn die allgemein verbreitete Meinung zuträfe, die Menschen würden unter gewöhnlichen Umständen nur tugendhaft handeln aus Furcht vor sozialen oder rechtlichen Sanktionen und damit aus Eigeninteresse, würden alle Träger des Ringes ungestört zu ihrem eigenen Vorteil Unrecht tun. Der platonische Sokrates wird nun von seinen Gesprächspartnern dazu aufgefordert, entgegen dieser Annahme die Gerechtigkeit als „Gut an sich" herauszustellen. Dies ist aber ohne Frage eine Aufforderung zu einem Perspektivenwechsel vom individualethischen egozentrischen Interessenstandpunkt hin zur sozialethischen Betrachtung des gerechten Zusammenlebens: von der Frage nach dem „für uns" Guten zu dem „an sich" oder vom objektiven unparteilichen Standpunkt aus betrachteten Guten. Eine Zwischenbilanz des Gesprächspartners von Sokrates bringt die mutmaßliche platonische Position zum Ausdruck: Das menschliche Leben sei vor allem dann nicht mehr lebenswert, wenn die Seele verderbt und in Unordnung geraten sei. Eine gerechte innere Haltung der Seele und ein entsprechendes gerechtes Handeln im äußeren Umgang scheint an sich gut zu sein, ungeachtet dessen, ob es verborgen bleibt oder nicht, ob es Lust bereitet oder nicht.[66]

Fassen wir zusammen: Auf den ersten Blick ist das platonische wie die anderen antiken Ethikmodelle entsprechend Krämers Postulat „als reine Strebensethik aufgemacht"[67]. Es nimmt seinen Ausgang von der individualethischen Frage, „wie man leben soll", und der Zielpunkt menschlichen Strebens wird übereinstimmend als „eudaimonia" charakterisiert. Im Hintergrund steht das gesellschaftliche Angebot der Philosophenschulen, diejenigen zu einem „guten Leben" hinzuleiten, die sich ihrem Lehrprogramm anvertrauen. Auf die prudentielle indivi-

2.2 Antike Individualethik: gutes = glückliches = gerechtes Leben

dualethische Frage „Wie soll ich leben?" gibt Platon aber überraschenderweise eine moralische sozialethische Antwort: „Lebe gerecht!". Durch den in der antiken Ethik insgesamt zentralen Begriff der „Tugend" oder „Tüchtigkeit" kommt eine Dimension ins Spiel, welche die individualethische Perspektive sprengt. Zum einen sind bei Platon genauso wie bei Aristoteles und den Stoikern zentrale Tugenden des Menschen durchaus nicht nur selbstbezogen, sondern auch fremdbezogen. Neben der Gerechtigkeit sind dies etwa Tapferkeit, Großzügigkeit oder Freundlichkeit.[68] Zum Zweiten dient die auf philosophischem Weg zu erwerbende Bestform oder tugendhafte Lebensform nicht nur der persönlichen Vervollkommnung und der als höchst positiv erlebten „eudaimonia". Vielmehr soll der Mensch auch von einem objektiven Standpunkt aus betrachtet möglichst häufig und intensiv die bestmögliche in der menschlichen Natur angelegte Tätigkeit ausüben. Denn nur so kann ein optimales Zusammenspiel und die bestmögliche Ordnung zwischen den Menschen erreicht werden, wie beispielsweise im platonischen Idealstaat mit der gerechten Ständeordnung zwischen Philosophenkönigen, Wächtern, Handwerkern und Bauern. Die Tugend der Gerechtigkeit setzt aber die intellektuelle Einsicht in diese ideelle Ordnung und damit die Einnahme des unparteilichen Standpunktes voraus. Nach Platon kann es dabei gar nicht anders sein, als dass man diese regelhaft geordnete Struktur der Welt, wenn man sie erkannt hat, auch im realen Umgang „nachzuahmen" sucht.[69] Wer die höchste Tugend der Gerechtigkeit „erschaut" hat, wird also auch ein gerechter Mensch sein. Diese Vorstellung des „sokratischen Tugendwissens", d. h. der notwendigen Verbindung von der Einsicht in die Tugend mit der realen Tugendhaftigkeit erscheint uns heute alles andere als zwingend. Sie basiert auf der in der Antike allgemein verbreiteten Überzeugung, die Vernunft sei zugleich Orientierungsvermögen und Strebenstendenz.[70] Man wäre dann tatsächlich immer dazu motiviert, danach zu streben, was man als vernünftig erkannt hat.

Krämers These, die antike Ethik sei generell als Individual- oder Strebensethik konzipiert worden, trifft also insofern zu, als man von der Frage nach dem guten Leben des Einzelnen ausging und den Akzent auf die richtige menschliche Lebensform legte. Es ist aber der weitergehenden These eindeutig entgegenzutreten, der zufolge die Antike kein kategorisches oder moralisches Sollen gekannt haben soll. Die Idee der Gerechtigkeit und die Einnahme des sozialethischen Standpunktes waren einem antiken Philosophen wie Platon keineswegs fremd. Es lässt sich vielmehr mit Horn resümieren, die „funktionale Teleologie" sei bei Platon letztlich in einer „metaphysischen Teleologie" aufgehoben.[71] Denn zwar strebt der Einzelne nach dem funktionalen Optimum seiner Seele. Dieses scheinbar selbstbezogene Streben wird aber nur ermöglicht durch die umfassende Einsicht in das, was für das Ganze,

d. h. die Verhältnisse der Menschen und Dinge untereinander das Beste ist oder am meisten „in Übereinstimmung mit der Natur" steht.[72] Weil sich die individual- und sozialethische Perspektive nicht widersprechen, könnte man die Relation zwischen ihnen hier folgendermaßen bestimmen: Der metaphysischen Teleologie, dem tugendhaften Verhalten oder der gerechten Ordnung kommt ein *normativer* und *rationaler Vorrang* in dem Sinne zu, dass sie die eigentliche Antwort auf die Frage „Wie soll ich leben?" bilden. Diese lautet also kurz und knapp: „Lebe tugendhaft!". Die „eudaimonia" mit den positiven inneren Zuständen der Ausgewogenheit und Zufriedenheit kann demgegenüber in *motivationaler* und *emotionaler Hinsicht* zu einem solchen gerechten Handeln stimulieren – obgleich nach Platon die richtige Einsicht in die wahren ideellen Verhältnisse bereits ausreichender Grund zu ihrer Realisierung darstellen soll.[73] Auch bei Aristoteles liest man, die Tugenden würden teils um ihrer selbst willen gewählt, also „auch wenn wir keinen weiteren Gewinn von ihnen hätten", teils weil man sich Hoffnungen macht auf die „eudaimonia".[74] Krämer selbst ist es freilich nicht entgangen und es ist ihm ein Dorn im Auge, dass „in der gesamten älteren Ethik (…) der Konflikt zwischen Gemeinwohl und Individuum harmonistisch überspielt und durch das Postulat ihrer Kongruenz ersetzt" wurde.[75] Unstreitig hat man sich bei der Einnahme des sozialethischen Standpunktes am Ideal der griechischen „Polis", dem Stadtstaat (Platon/Aristoteles) bzw. an der metaphysischen Vorstellung eines logoshaften Kosmos (Stoa) orientiert, das jedem Individuum seinen Platz in der Welt und die zu perfektionierenden „wahren" Selbstinteressen bzw. arttypischen Tätigkeitsweisen vorgibt. Mit dem Übergang zur Neuzeit hat sich mit dem Glauben an solche vorgegebenen einheitsstiftenden moralischen Ordnungen oder traditionellen Orientierungssysteme auch derjenige an eine Kongruenz des guten und gerechten Lebens irreversibel verloren.

2.3 Neuzeitliche Sozialethik: Widerstreit zwischen gutem/glücklichem und gerechtem Leben

Im Verein mit vielen anderen namhaften zeitgenössischen Philosophen verfolgt Krämer die philosophiegeschichtliche These: „Moralphilosophie im heutigen Verstande gibt es streng genommen erst seit dem achtzehnten Jahrhundert."[76] Hier werde von der Textbasis her gesehen geradezu ein „Wendepunkt der neueren Ethikgeschichte greifbar".[77] Zudem soll diese ganz neue moralphilosophisch-*sozialethische* Perspektive in der Ethik die strebensethisch-*individualethische* Fragestellung fast vollständig und über zwei Jahrhunderte hinweg aus der Philo-

2.3 Neuzeitliche Sozialethik

sophie verbannt haben. Statt sich länger mit der Thematik des guten Lebens und praktischen Fragen der individuellen Lebensführung zu beschäftigen, hätte sich die Philosophie weitgehend gewandelt zu einer eng verstandenen, universalistischen Moralphilosophie. Angesichts dieser „Ausbürgerung der Strebensethik" spricht Krämer hochdramatisch von einem „Sündenfall der Monopolisierung von Moralphilosophie".[78] Zweifellos wäre eine solche Monopolisierung verbunden mit einer erheblichen Kompetenzreduktion der praktischen Philosophie. Fragen des guten Lebens würden abgedrängt in andere (Natur-)Wissenschaften oder in die Popularphilosophie. Die entscheidende Zäsur wird im Allgemeinen bei Immanuel Kant angesetzt. Er hat in Krämers Worten „nicht nur die methodische Inferiorität der Strebensethik moniert, sondern – noch gravierender – ihr den Status *Praktischer Philosophie und Ethik* ganz abgesprochen und sie der Theoretischen Philosophie und den Naturwissenschaften als deren anwendungsbezogenes Korollar zugeschlagen."[79] Analog zu Platon im vorangegangenen Kapitel soll Kant im vorliegenden Kapitel als Initiator und exemplarischer Vertreter dieses neuen philosophischen Paradigmas figurieren. Dabei soll nicht der veränderte, verschärfte Begründungsanspruch in der Moralphilosophie nach der unglaubwürdig gewordenen Bezugnahme auf metaphysische oder göttliche Ordnungen im Zentrum stehen. Vielmehr geht es mir im Rahmen dieser Studie primär um die neue Art und Weise, wie die Frage nach dem guten Leben in der Neuzeit gestellt wird. Denn die Abkoppelung der individualethischen Frage nach dem „für mich Guten" von der sozialethischen Frage nach dem „für die Gemeinschaft Guten" verdankt sich genauso der geistesgeschichtlichen Veränderung in den Vorstellungen vom „guten Leben" wie dem moralphilosophischen Neuansatz.

Zur fraglichen Fokussierung auf die horizontale sozialethische Perspektive dürfte zum Ersten entscheidend beigetragen haben, dass die Beschäftigung mit der Frage nach dem guten Leben in der Neuzeit eine einschneidende *Subjektivierung* erfahren hat.[80] Während die antiken Philosophen objektive Kriterien für ein „gutes Leben" aufstellten und verallgemeinerbare Aussagen aus anthropologischen oder kosmologischen Wesensbestimmungen ableiten zu können wähnten, wächst im Zuge der Neuzeit die Skepsis gegenüber solchen allgemeinen und stark normativen Forderungen. Die an klar benennbare spezifische Tugenden gebundene „eudaimonia" der Griechen als individualethisches Letztziel wird transformiert in ein gänzlich privatisiertes Glück, über das nur der jeweilige Glückskandidat selbst befinden kann: Ob jemand ein gutes oder glückliches Leben lebt, lasse sich nicht aus der Außenperspektive anhand eines klaren Kriterienkatalogs feststellen, sondern sei der ausschließlichen Autorität der betreffenden Person anheimgestellt. Wie Kants Definition der „Glückseligkeit" deutlich macht, hängt jetzt alles ausschließlich vom subjektiven Wünschen und Wollen des Einzelnen ab: „Glückseligkeit ist der Zustand eines vernünftigen Wesens in der Welt, dem es, im Ganzen seiner Existenz, alles nach Wunsch und Willen geht."[81] Das Problem liegt nach Kant dabei nicht allein darin, dass sämtliche hypothetischen „Imperative der Klugheit" nicht verallgemeinerungsfähig sind und damit keine sichere Orientierung bieten, sondern dass die Menschen sich auch über ihr eigenes Wünschen und Wollen selten im Klaren sind: „Allein es ist ein Unglück, dass der Begriff der Glückseligkeit ein so unbestimmter Begriff ist, dass, obgleich jeder Mensch zu dieser zu gelangen wünscht, er doch niemals bestimmt und mit sich selbst einstimmig sagen kann, was er eigentlich wünsche und wolle."[82]

Der zweite Hauptgrund für die Ausgrenzung der vertikalen individualethischen Problemstellung, wie für den Einzelnen zu leben gut sei, liegt neben der Subjektivierung in ihrer *Empirisierung*. Eine subjektivistische Konzeption vom guten Leben behauptet wie gesehen im Kern, dass es von den jeweiligen Interessen, Wünschen, Neigungen oder Vorlieben des Einzelnen abhänge, was „für ihn zu tun" bzw. „wie zu leben für ihn am besten" sei. Kant definiert in einer ebenfalls vielzitierten Formel die Glückseligkeit als „die Befriedigung aller unserer Neigungen (sowohl extensive, der Mannigfaltigkeit derselben, als intensive, dem Grade, als auch protensive, der Dauer nach)."[83] Aufgrund dieser Abhängigkeit von den faktischen Bedürfnissen und Neigungen des Subjekts mutiert die Frage nach dem guten Leben scheinbar zu einer rein empirischen Angelegenheit. Denn alle Elemente, die für ein gutes Leben notwendig sind, scheinen dann der Erfahrung entlehnt werden zu müssen. Sowohl die Kenntnis der vorhandenen Neigungen als auch das Wissen darüber, wie sie am besten befriedigt werden, kann nicht reflexiv, sondern nur empirisch gewonnen werden.[84] Das individualethische Streben nach Glück ist Kant zufolge grundsätzlich durch die sinnliche Natur des Menschen determiniert: Die Glückseligkeit als Strebensziel ist des Menschen „eigener letzter Naturzweck (nicht Zweck der Freiheit)"[85]. Sie stellt also gleichsam ein Naturgesetz des empirischen Willens dar, d. h. des naturwüchsigen Begehrens, dem sich der Mensch gar nicht entziehen kann. Wählen kann er nur, ob er sein Verlangen befriedigen will oder nicht, und wenn ja, auf welche Art. Er kann aber nicht wählen, nicht nach Glück streben zu wollen.[86] Wie in den Kapiteln 3 und 4 zutage treten wird, ist die mit dem neuzeitlichen Paradigmenwechsel unumgängliche Subjektivierung der Frage nach dem guten Leben allerdings nicht notwendig mit der von Kant vorgenommenen Empirisierung verknüpft. Indem er die individualethischen Eigeninteressen auf sinnliche, naturwüchsige, unreflektierte Bedürfnisse oder Neigungen reduziert, verkürzt er das menschliche Glück offenkundig auf ein hedonistisches Empfindungsglück. Nur unter dieser streitbaren

2.3 Neuzeitliche Sozialethik

Prämisse ist die Verbannung der Frage, wie der Einzelne zu seinem privaten Glück findet, als eine empirische und nur individuell zu beantwortende Frage aus der praktischen Philosophie legitim.

Auch wenn gemäß Kant das empirische Verlangen nach der naturalen Befriedigung der faktischen Neigungen und Wünsche dem Menschen durch seine sinnliche Natur gleichsam einprogrammiert ist, bedeutet dies nicht, dass er diesem Naturgesetz Folge leisten muss. Dem letzten „Zweck der Natur" setzt Kant vielmehr den höchsten „Zweck der Freiheit" gegenüber, der statt des Triebhaft-Animalischen im Menschen dessen Vernunftnatur hervorkehrt: Es ist die Fähigkeit des Menschen, sich unabhängig von den tatsächlich vorhandenen subjektiven Neigungen mittels der praktischen Vernunft eigene Zwecke setzen zu können. Der Mensch gehört nämlich nicht nur als bedürftiges Wesen der Sinnenwelt an, sondern kann sich kraft seiner Vernunft über die Tierwelt der Instinkte erheben.[87] Solange sich der Mensch durch seine faktischen sinnlichen Neigungen bestimmen lässt, ist sein Handeln heteronom oder fremdbestimmt. Autonom oder selbstbestimmt handelt er erst, wenn er die Fesseln der Natur abwirft und sich selbst zum Gesetzgeber seines Wollens macht. Wenn sich die praktische Vernunft aber nicht an materialen Bestimmungsgründen orientieren darf, kann sie sich nur an der bloßen *Form* einer Gesetzmäßigkeit ausrichten.[88] Der Betroffene verhält sich dann so, wie er es von allen anderen Vernunftwesen unabhängig von ihren zufälligen Neigungen auch erwarten würde. Es gilt entsprechend Kants berühmtem „Kategorischem Imperativ" daher so zu handeln, dass die persönliche Handlungsregel zugleich als allgemeines Gesetz der Menschheit dienen könnte. In Kants eigenen Worten: „Handle nur nach derjenigen Maxime, durch die du zugleich wollen kannst, dass sie ein allgemeines Gesetz werde."[89] Offenkundig nimmt der Mensch dabei die sozialethische Perspektive und den unparteilichen Standpunkt der Moral ein. Obgleich der Mensch diesem Vernunftprinzip der Verallgemeinerung nicht automatisch folgt, besitzt er laut Kant ein Bewusstsein von unbedingter Verbindlichkeit.[90] Sofern er sich statt der empirischen Neigungen dem „Kategorischen Imperativ" unterwirft, folgt er seiner Pflicht und erlangt menschliche Würde. Denn Würde kommt jedem vernünftigen Wesen zu, „das keinem Gesetze gehorcht, als dem, das es zugleich sich selbst gibt."[91]

Im Zeichen des aufklärerischen Autonomie- und Vernunftprinzips wird der Mensch also von Kant zur sozialethischen Orientierung am „Kategorischen Imperativ" aufgefordert. Kant appelliert an Autonomie und Würde, weil der Mensch sie nach dem Ausgang aus der Unmündigkeit gegenüber überkommenen metaphysischen oder religiösen Autoritäten nur verteidigen könne, wenn er sich auch vom Joch seiner natürlichen Strebenstendenzen zu befreien vermöge. Um der Freiheit willen soll sich der mündige Mensch für das sozialethische Prinzip der Verallgemeinerung entscheiden: für ein selbstgegebenes Gesetz der Vernunft, durch welches vom unparteilichen moralischen Standpunkt aus die Freiheit aller Menschen respektiert wird. Gleichzeitig schlägt Kant das individualethische Streben nach persönlichem Glück dem rein sinnlich-naturalen Bereich zu und degradiert damit den „Zweck der Natur" gegenüber dem „Zweck der Freiheit". Die Orientierung an dem „für die Gemeinschaft Guten" verlangt in Kants Augen, die (naturalen) Ansprüche auf ein glückliches Leben gänzlich hintanzustellen.[92] Das kantische „Faktum der Vernunft", das Bewusstsein aller Menschen von der kategorischen Verbindlichkeit sozialethischer Prinzipien, begründet damit ein absolutes Primat des moralischen Sollens vor dem Eigenwollen. Wer ein moralisches, pflichtgemäßes oder tugendhaftes Leben führen will, muss auf die Befriedigung seiner persönlichen Neigungen verzichten können. Der Widerstreit zwischen den beiden höchst unterschiedlichen Ansprüchen nach Glück oder Freiheit (bzw. Moral) ist erfahrungsgemäß unvermeidlich, so dass manch ein tugendhafter Bürger recht armselig leben muss.[93] Sittliches Handeln ist aber auch nach Kant nicht *zwangsläufig* und fortwährend mit Glücksverzicht verbunden. Entgegen anderweitiger Unterstellungen seiner Interpreten hat Kant Pflicht und Neigung nicht als Gegensätze konzipiert, sondern als Rangfolge verstanden: Nur da, wo der sozialethische Standpunkt nicht mit dem egozentrischen Streben vereinbar ist, muss Letzteres ignoriert werden.[94]

Für die von den antiken Philosophen postulierte Identität zwischen Glücksstreben und Tugendhaftigkeit zeigt Kant allerdings keinerlei Verständnis, sondern hält am prinzipiellen Unterschied – nicht ihrer Entgegensetzung – fest: „Man muss bedauern, dass die Scharfsinnigkeit dieser Männer (…) unglücklich angewandt war, zwischen äußerst ungleichartigen Begriffen, dem der Glückseligkeit und dem der Tugend, Identität zu ergrübeln."[95] Wer gerecht lebt, ist also nicht wie im platonischen Modell allein deswegen auch schon glücklich. Das absolute Primat des sozialethischen Standpunktes und der möglicherweise lebenslange Glücksverzicht angesichts der großen Gefahr eines Auseinanderklaffens der individualethischen und sozialethischen Zielsetzungen war jedoch nicht Kants letztes Wort. Er verspricht vielmehr demjenigen, der sich sein ganzes Leben lang tugendhaft im Sinne des Gehorsams gegenüber dem „Kategorischen Imperativ" verhält, die Erfüllung seines Glücksstrebens im Jenseits. Wer im Diesseits ein moralisch gutes, aber glückloses Leben geführt hat, weil seine Eigeninteressen zugunsten des „für die Gemeinschaft Guten" auf der Strecke blieben, wird also nicht leer ausgehen. Denn glücks*würdig* ist jeder, der das Verlangen der praktischen Vernunft nach Sittlichkeit zur Gänze, dasjenige der Sinnlichkeit nach Bedürfnisbefriedigung aber nur unvollständig erfüllen konnte. Freilich kann es sich hier nicht mehr um ein sinnliches Empfindungs-

2.3 Neuzeitliche Sozialethik

glück vor dem Hintergrund eines naturalen Strebens handeln, wenn die unsterbliche Seele nach der Trennung vom Körper für ihre sittlichen Dienste „proportional" belohnt wird. Wie Annemarie Pieper richtig moniert, verändert Kant bei dieser merkwürdigen Konstruktion unter der Hand seinen Glücksbegriff.[96] Die in Aussicht gestellte jenseitige ewige Glückseligkeit ist offenkundig ein unsinnliches, unkörperliches, und damit qualitativ völlig anderes Glück als im oben erläuterten subjektiv-empirischen Glücksverständnis.

Ungeachtet dieser Unstimmigkeiten erblickte Kant augenscheinlich in ganz ähnlicher Weise wie die antiken Philosophen das höchste durch ethisches Handeln zu realisierende Gut nicht ausschließlich in der sozialethischen Rücksichtnahme auf das für alle Menschen Gute. Das angeblich von sämtlichen vernünftigen Lebewesen empfundene Gefühl der „Achtung fürs moralische Gesetz"[97] scheint als Triebfeder oder Motivationsgrund menschlichen Handelns nicht auszureichen. Nach Kant ist es vielmehr „moralisch notwendig", ein Jenseits zu postulieren und einen Gott, der jedem Menschen das ihm zustehende Glück garantiere.[98] Als übergeordnetes Letztziel menschlichen Handelns entpuppt sich also die Auflösung des Widerstreits zwischen dem Streben nach Glück und der Gehorsamspflicht gegenüber dem Universalisierungsprinzip. Während in der antiken Ethik diese Harmonie der Perspektiven dank einer metaphysischen Teleologie bereits im Diesseits möglich war, besteht nach Kant lediglich eine berechtigte Hoffnung auf eine nachträgliche göttliche Belohnung der Glückswürdigkeit im Jenseits. Mit diesem Ausblick auf jenseitige Erfüllung der Eigeninteressen scheint Kant den Rahmen einer ausschließlichen Moralphilosophie im Zeichen der Gerechtigkeit zu sprengen. Denn der individualethische Anspruch auf Glückseligkeit muss nicht aufgegeben, sondern nur aufgeschoben werden. Um sowohl den im Menschen angelegten „Zweck der Natur" (Glück) als auch den „Zweck der Freiheit" (Moral) erfüllen zu können, muss man ein Leben lang die Pflicht um ihrer selbst willen tun. Analog zum antiken strebensethischen Modell käme dem sozialethischen tugendhaften Handeln ein *normativer* und *rationaler Vorrang* zu, der Versöhnung von Pflicht und Neigung ein *motivationaler* und *emotionaler*. Obgleich der Mensch schon um der Freiheit und Würde willen sich nicht seinen augenblicklichen naturalen Neigungen unterwerfen soll und jeder eine Achtung vor der Fähigkeit seiner Vernunft zur Verallgemeinerung besitzt, scheint sich moralisches Handeln letztlich auch für das Subjekt selbst aus der Perspektive der ersten Person auszuzahlen.

Da Kant neben dem sinnlichen Glücksverlangen auch ein Streben der praktischen Vernunft nach sozialethisch gutem Handeln annimmt, wird deutlich, dass Kants „rigorose Kündigung der Ehe zwischen Glück und Moral"[99] nur der kantischen Empirisierung des Glücksbegriffs zuzuschreiben ist. Kant sucht nämlich selbst nach einem Begriff für das positive Gefühl, das ein pflichtgemäßes, tugendhaftes, selbstbestimmtes Handeln begleitet. Nicht nur bei der Befriedigung des naturalen Strebens, sondern auch bei der Selbstverwirklichung der Vernunft als dem eigentlichen Spezifikum des Menschen wäre ein solches zu erwarten. Allerdings müsste sich dieses vom empirisch-subjektiven Glück sklavischer Erfüllung natürlichen Strebens stark abheben:[100] „Hat man aber nicht ein Wort, welches nicht einen Genuss, wie das der Glückseligkeit, bezeichnete, aber doch ein Wohlgefallen an seiner Existenz, ein Analogon der Glückseligkeit, welche das Bewusstsein der Tugend notwendig begleiten muss, anzeigt? Ja! Diese Wort ist *Selbstzufriedenheit...*"[101] Wer das moralische Gesetz aus Pflicht befolgt, befriedigt damit zwar keine sinnlichen Bedürfnisse, aber das Verlangen der Vernunft nach Sittlichkeit. Kant selbst bleibt es augenscheinlich verborgen, dass er sich bei der Schilderung von „Selbstzufriedenheit" der griechischen Vorstellung von „eudaimonia" annähert (vgl. Kapitel 2.2). Im Kontrast zum „geraden Widerspiel" von Pflicht und Neigung ist die Einheit von Pflicht und Selbstzufriedenheit, sozialethischer und individualethischer Perspektive hier unproblematisch. Ob es vom individualethischen Standpunkt aus dem Einzelnen eher ratsam sei, ein sinnliches Glück im Diesseits, die ewige Glückseligkeit im Jenseits oder eine antikisierende Selbstzufriedenheit anzupeilen, wird sich teilweise in den folgenden Kapiteln erweisen. Fest steht zunächst, dass einerseits die Selbstzufriedenheit in Kants Ethik keine bedeutsame Rolle spielte. Andererseits wurde Kant von der Nachwelt primär als Moralphilosoph mit seiner verdienstvollen Neubegründung der sozialethischen Prinzipien rein mit Mitteln menschlicher Vernunft rezipiert. Die neuzeitliche Ethik hat sich tatsächlich gemäß Krämers These vorwiegend von Kants Sozialethik herausgefordert gefühlt und vernachlässigte damit die individualethische Frage nach dem guten Leben. Kants „Monopolisierung der Moralphilosophie" verdankte sich allerdings einer neuzeitlichen subjektivistischen und empiristischen Verkürzung der Thematik individueller Lebensführung.

2.4 Gründe für die Renaissance des guten Lebens

Zu Beginn dieses Kapitels haben wir die außerphilosophischen Gründe für die Renaissance der Fragen nach der persönlichen Lebensgestaltung ins Feld geführt: Es ist das allgemein gewachsene Bedürfnis nach Handlungsorientierung seitens der Öffentlichkeit zum einen, die direkten Irrelevanzvorwürfe an die Adresse der Philosophen bzw. die Abwehrmanöver solcher Vorwürfe seitens der akademischen Philosophie zum

2.4 Gründe für die Renaissance des guten Lebens 29

anderen. Laut Steinfaths Diagnose verdankt sich die neuerliche philosophische Beschäftigung mit der Thematik des guten Lebens aber „nicht einer allgemeinen Orientierungskrise, sondern speziell der Krise der modernen aufgeklärt-liberalen Moral, die durch die Trennung von Moral und Glück gerade gesichert werden sollte"[102]. Die Kritiker einer universalistischen aufklärerischen Moralphilosophie kantischen Typs fordern in der Tat seit jüngster Zeit eine Wiederbelebung der individual- oder strebensethischen Diskussion. Mit Steinfath lassen sich dabei drei unterschiedliche Klassen von Argumenten unterscheiden:[103]

1. Eine erste Fraktion behauptet, dass sozialethische Prinzipien nicht rein „prozedural" in einem formalen Verfahren wie dem kantischen Universalisierungsgesetz begründet werden können. Eine moralphilosophische „Neutralität" gegenüber den Vorstellungen vom guten Leben sei nicht möglich. Meines Erachtens müsste man diesbezüglich aber zwischen verschiedenen Funktionen moralischer Prinzipien unterscheiden, wie es Anton Hügli getan hat. In Frage steht die Unterscheidung zwischen einer „konfliktverhindernden" und einer „konfliktlösenden" Moral:[104] Eine „konfliktverhindernde Moral" wie die metaphysische Ordnung der Antike bestimmt, was jeder Einzelne zu tun und zu lassen hat. Das Resultat ist ein konfliktfreies Zusammenleben. Im Gegensatz dazu überlässt eine „konfliktlösende Moral" dem Einzelnen die Wahl eines guten Lebens, leitet aber im Konfliktfall zur gemeinsamen Lösungsfindung an. Es handelt sich bei solchen Konfliktlösungsmodellen um Prinzipien zweiter Ordnung. Gleichzeitig mit der Monopolisierung der Moralphilosophie fand in der Neuzeit eine Akzentverschiebung zu einer konfliktlösenden „öffentlichen Verkehrsmoral" oder einer liberalistischen „Moral des freien Marktes" statt.[105] Geschützt werden soll hier nicht eine bestimmte Form des guten Lebens, sondern die Freiheit, sich sein Leben nach eigenem Belieben wählen und gestalten zu können. Unter der Berücksichtigung dieser veränderten Funktion scheinen sich moralische Prinzipien durchaus rein prozedural begründen zu lassen.

2. Auch wenn man eine konfliktlösende Moral auf das Prinzip Freiheit bzw. auf die Berücksichtigung der Freiheit aller von einer Handlung Betroffenen begründet, kommt man in den Augen vieler Kritiker um inhaltliche Bezugspunkte nicht herum: Wo (im Konfliktfall) Gerechtigkeit hergestellt werden soll, müsse klar sein, welche Güter oder Rechte überhaupt zu schützen seien. Damit stellt sich aber die Frage, welche allgemeinen Bedingungen oder Voraussetzungen für ein frei gestaltbares, gutes menschliches Leben gegeben sein müssen.[106] So hat beispielsweise Martha Nussbaum gegen John Rawls eingewendet, er gründe seine liberalistische *Theorie der Gerechtigkeit* auf eine Liste von Grundgütern als Orientierungspunkte einer gerechten Gesellschaftsordnung. Damit werde manifest, dass jeder sozialethischen Theorie

letztlich wenigstens eine „vage" Theorie des guten Lebens vorausgehen müsse. Gegenüber Rawls fordert sie eine wesentlich „stärkere" Konzeption des Guten und die Einräumung der Priorität des guten Lebens vor der Gerechtigkeit.[107] Außer Frage scheint mir zu stehen, dass man auch vom unparteilichen Standpunkt der Moral aus nicht sämtliche Interessen und Neigungen aller Mitmenschen in Rechnung stellen kann, sondern mindestens unterscheiden müsste zwischen berechtigten und illegitimen Ansprüchen. Eine formalistische Moralbegründung entpuppt sich deswegen als irrtümlich oder zirkulär, weil sie eine Begründung dessen voraussetzt, worauf man moralische Rücksicht nehmen soll.[108] Das „für die Gemeinschaft Gute" ist damit verwiesen auf das „für die Menschen dieser Gemeinschaft Gute" und erfordert eine inhaltliche Bestimmung entsprechender materialer Güter oder Chancen eines guten Lebens.[109]

3. Der dritte Kritikpunkt richtete sich auf die bereits mehrfach angesprochene Problematik der Motivation für sozialethisches Handeln. Eine solche Kritik kann natürlich immer nur vom individualethischen Standpunkt persönlicher Eigeninteressen formuliert werden. Die Frage „Warum moralisch sein?" tangiert streng genommen weder den Begründungs- noch den Unbedingtheitsanspruch der Moral. Vielmehr geht es um den Status moralischer Regeln im Rahmen der individuellen Lebensführung.[110] Diese Diskussion, ob und inwiefern eine Theorie des guten Lebens sozialethische Handlungsorientierungen einbeziehen muss, soll erst in Kapitel 6 in Angriff genommen werden. Nicht weiter beschäftigen wird uns demgegenüber die in den beiden ersten Kritikpunkten ans Licht gebrachte Problematik, ob und inwiefern die Moralphilosophie auf eine Theorie vom guten Leben angewiesen ist.

3 Hedonistische Theorie

Die philosophischen Theorien des guten Lebens lassen sich in drei Grundpositionen gliedern: die „hedonistische Theorie" (Kapitel 3), die „Wunsch- oder Zieltheorie" (Kapitel 4) und die „Gütertheorie" (Kapitel 5). Die in diesem Kapitel zu erörternde *hedonistische Theorie des guten Lebens* verdankt ihren Namen dem griechischen Wort „hedone", zu übersetzen mit „Lust". Die Grundthese des hedonistischen individualethischen Standpunktes lautet negativ ausgedrückt: Ein gutes Leben ist ein solches, bei dem Unlust und Schmerz weitgehend vermieden werden. Positiv gefasst heißt ihre Maxime: „Lebe dasjenige Leben, das dir am meisten Lust verspricht!". Nun waren sich die Philosophen niemals einig, was unter „Lust" genau zu verstehen sei. Man beklagt verschiedentlich, „Lust" sei kein univoker, sondern ein mehrdeutiger Begriff.[111] Zieht man in der Not ein Psychologielexikon zu Rate, wird mit „Lust" einerseits das sinnliche und triebhafte Verlangen nach der Befriedigung eines als stark empfundenen Bedürfnisses oder Mangels bezeichnet. Andererseits kann „Lust" auch die mit einer solchen Bedürfnisbefriedigung verbundene, zeitlich begrenzte, aber höchst intensive und positiv erlebte Gefühlsqualität bedeuten.[112] „Lust" ist in dieser zweiten, für die hedonistische Theorie einschlägigen Bedeutung identisch mit „sinnlichem Genuss", mit einem starken und unmittelbaren Erleben von positiven Eindrücken.[113] Sie stellt ein angenehmes subjektives Empfinden oder Erleben von Reizungen der menschlichen Sinnesorgane oder inneren Organen entweder durch äußere oder innere Reize dar. Solche sinnlichen Genüsse empfinden wir beispielsweise bei einer heißen Dusche am kalten Wintermorgen, bei einem kühlen Bier in durstiger Sommerhitze oder bei der Befriedigung der sexuellen Triebe. Wie unterschiedlich auch die Reize sein mögen, so scheinen die im Hirn über nervliche Erregungsleitungen ausgelösten Wohlgefühle immer identisch zu sein. Laut neurophysiologischen Forschungen sollen dabei primär Opioide eine wichtige Rolle spielen, das sind körperähnliche Substanzen, die dem Opium gleichen.[114] Das Gegenteil von einer derart bestimmten Lust wäre der (körperliche) Schmerz. Das lustvolle Leben wird von den Hedonisten mit einem glücklichen identifiziert.

3.1 Psychologischer Hedonismus

In der Philosophie tritt der Hedonismus in zwei Formen auf: als psychologischer und ethischer Hedonismus. Der *psychologische Hedonismus* vertritt die anthropologische These, alles menschliche Tun ziele letztlich auf die Erfahrung von Lust ab und sei einzig und allein durch den Lustgewinn motiviert. Obgleich sich nur der ethische Hedonismus mit der normativen Frage beschäftigt, ob der Mensch auch nach Lust streben *soll*, bildet der psychologische Hedonismus häufig das anthropologische Fundament normativer hedonistischer Theorien. Dies ist etwa der Fall beim klassischen Utilitarismus in seiner hedonistischen Form, wie wir ihn weiter unten erörtern wollen (vgl. Kapitel 3.3). Ein kurzer Blick auf diese psychologisch-anthropologischen Grundlagen scheint mir daher für eine fundierte Kritik des hedonistischen Ansatzes unumgänglich zu sein. Als paradigmatischen Vertreter habe ich zwar keinen Philosophen, aber einen prominenten Psychologen ausgewählt: Sigmund Freud, den Entdecker des Unbewussten und Vater der Psychoanalyse.

In Freuds psychoanalytischer Theorie gilt das „Lustprinzip" gegenüber dem sich an der Wirklichkeit orientierenden „Realitätsprinzip" als absolut primär und ursprünglicher. Freud stellt sich nicht die individualethische Frage, wie die Menschen leben *sollen*, sondern beschreibt nur, wonach sie *tatsächlich* streben. Seine Antwort lautet ganz im Sinne des psychologischen Hedonismus, dass sie nach Lustgefühlen bzw. der Vermeidung von Unlust streben. Das Letztziel individualethischen Strebens wäre dann ein Glück, das mit sinnlichen Lustempfindungen kongruierte:

> Wir wenden uns darum der anspruchsloseren Frage zu, was die Menschen selbst durch ihr Verhalten als Zweck und Absicht ihres Lebens erkennen lassen, was sie vom Leben fordern, in ihm erreichen wollen. Die Antwort darauf ist kaum zu verfehlen; sie streben nach dem Glück, sie wollen glücklich werden und so bleiben. Dies Streben hat zwei Seiten, ein positives und ein negatives Ziel, es will einerseits die Abwesenheit von Schmerz und Unlust, andererseits das Erleben starker Lustgefühle. Im engeren Wortsinne wird Glück nur auf das letztere bezogen. (...) Es ist, wie man merkt, einfach das Programm des Lustprinzips, das den Lebenszweck setzt.[115]

Freud stilisierte die Sexuallust zum Inbegriff und Maßstab eines guten und glücklichen Lebens. Denn „eine der Erscheinungsformen der Liebe, die geschlechtliche Liebe, hat uns die stärkste Erfahrung einer überwältigenden Lustempfindung vermittelt und so das Vorbild für unser Glücksstreben gegeben." Es sei folglich nichts „natürlicher, als dass wir dabei beharren, das Glück auf demselben Wege zu suchen, auf dem wir es zuerst begegnet haben."[116] Um dem von der Natur dem Menschen einprogrammierten Lustprinzip Folge zu leisten, versuche

3.1 Psychologischer Hedonismus

der Mensch seine physiologischen Grundbedürfnisse immerfort zu stillen. Dazu zählen neben der Sexualität auch Hunger, Durst, Bedürfnis nach Sauerstoff oder Schlaf. Ziel wäre die Aufhebung der rein physiologisch bedingten Spannung im psychischen Apparat, die immer mit starken sinnlichen Erlebnissen verbunden ist. Diese fallen umso intensiver aus, je schmerzlicher der vorausgehende Spannungszustand empfunden wurde. Der Mensch strebe also danach, ein inneres homöostatisches Gleichgewicht durch die Aufhebung von Triebspannungen oder unangenehmen Reizen herzustellen. Er unterwerfe sich dem Naturgesetz des ihm von Geburt an eingepflanzten naturalen Strebens, das auch Kant nicht leugnete, sondern nur in die Schranken wies (vgl. Kapitel 2.3). Die Absicht, dass der Mensch auf diese hedonistische Weise glücklich werde, ist laut Freud allerdings „im Plan der ‚Schöpfung' nicht enthalten",[117] wie er ernüchternd rapportiert. Besonders wer sein Glück – naheliegenderweise – in erotischen Beziehungen zu anderen Menschen sucht, erfahre unermessliches Leid, wenn das Objekt seiner Begierde seine Liebe nicht erwidert.[118]

Der psychologische Hedonismus geht offenkundig von den beiden Prämissen aus, dass 1. die Lust immer auf einen physiologischen Mangelzustand folgt und 2. nach dem wirkungsmechanischen Kausalmodell zu begreifen ist. Lust als positive Qualität der Selbstempfindung oder Selbstwahrnehmung scheint lediglich eine Wirkung zu sein, die sich auf bestimmte Reize als Ursachen zurückführen lässt. Ursachen und Wirkungen sind aber per definitionem voneinander trennbare und isolierbare Phänomene.[119] Dabei sind die Ursachen den Wirkungen in dem Sinne äußerlich, dass sie durch andere Ursachen, welche die gleiche Wirkung erzielen, grundsätzlich ersetzbar sind. So kann beispielsweise eine bestimmte Qualität im Bereich der Geschmacksempfindung unter Umständen genauso gut durch einen edlen Wein wie durch ein synthetisches Getränk erzielt werden. Die Ursachen zählen folglich nicht in ihrer spezifischen Eigenart oder Qualität, sondern ausschließlich in ihrer Funktion der Lusterzeugung und Unlustbehebung. Zahlreiche Kritiker des psychologischen Hedonismus kontern, dieses Kausalmodell verfehle das, worum es den Menschen in ihrem Leben hauptsächlich gehe. Denn eine solche rein kausal induzierte leiblich-sinnliche Lust komme nur bei sehr wenigen Tätigkeiten vor, die Menschen als positiv erlebten. Nur selten seien menschliche Vergnügungserlebnisse aus einem komplexen intentionalen Lebens- und Erlebniszusammenhang zu isolieren, meistens im Bereich des Tast-, Geschmacks- oder Geruchsinns.[120]

Eng verwandt mit den Zweifeln an der Adäquatheit des Kausalmodells sind die Einwände gegen Freuds These, menschliche Lust würde ausschließlich unerfüllten körperlichen Bedürfnissen entspringen, also Mangelzuständen. Das physiologische Homöostasiemodell, demzufolge der ganze psychische Apparat und alles menschliche Tun auf Spannungsabbau und Reduktion der Triebreize aus sei, wurde verschiedentlich attackiert.[121] Erich Fromm beispielsweise wirft Freud vor, er würde die menschliche Sexualität gleich wie den Hunger nur als körperliche Mangelerscheinung betrachten. Neben unbestreitbaren Mangelphänomenen und ihrer lustvollen Behebung sei für den Bereich menschlicher Tätigkeiten aber gerade das Phänomen des Überflusses typisch. Alle spezifisch menschlichen Errungenschaften wie etwa die kulturellen Leistungen würden nicht dem Mangel, sondern vielmehr dem Überfluss entspringen.[122] Während der Hunger als ein primäres Triebbedürfnis notwendig gestillt werden muss, damit der Mensch überleben kann, sind die Phänomene des Geschmacks im Bereich des Überflusses und Nicht-Notwendigen zu lokalisieren: Der Gourmand kann eine Delikatesse nur genießen dank der kulturellen Entwicklung und Verfeinerung der Kochkünste und der Geschmacksorgane. Diese Verfeinerung des Geschmacks setzt ihrerseits eine Überflussgesellschaft voraus, in der man sich seit Langem nicht mehr um das tägliche Brot zu sorgen braucht. Desgleichen könne die Sexualität tatsächlich einem rein physiologischen Spannungszustand entspringen, aber auch einem Überfluss: Eingebunden in einen komplexen Zusammenhang personaler Liebe stelle sie eine Leistung und einen Ausdruck emotionaler Anstrengung dar.[123]

Neben Fromm plädieren auch andere humanistische Psychologen für die Unterscheidung verschiedener Lustarten, welche immer wieder an die Differenz von primären und sekundären Bedürfnissen gekoppelt wird. Nun sind zwar *per definitionem* alle Bedürfnisse Mangelzustände, die das Individuum dazu auffordern, nach Aufhebung des mit ihnen verbundenen Spannungsgefälles zu streben.[124] Nur bei den *primären Bedürfnissen*, die auch als physiologische oder Triebbedürfnisse deklariert werden, liegen aber biophysische Mangelzustände vor, wie Freud sie offenbar vor Augen hat. Die *sekundären Bedürfnisse* sind hingegen nicht lebensnotwendig wie die primären, viel weniger drängend und leichter aufschiebbar. Auch sind nur die physiologischen primären Bedürfnisse somatisch lokalisierbar und weitgehend isoliert voneinander. Sie sind von Geburt an vorhanden mit dem Zweck, ein homöostatisches Gleichgewicht des Lebewesens mit seiner Umwelt zu bewirken.[125] Demgegenüber entfalten sich die sekundären oder „erworbenen" Bedürfnisse erst im Laufe der sprachlichen und kognitiven Entwicklung im Interaktions- und Sozialisationsprozess. Sie setzen die Entwicklung von geistigen Werten und Idealen voraus, die uns vorschweben und durch die wir eher „angezogen" als „gestoßen" oder „gedrängt" werden wie bei den primären. Typische „anerzogene" oder „erworbene" sekundäre Bedürfnisse wären das Streben nach Gelderwerb oder das Leistungsbedürfnis. Differenzbildend scheint v. a. auch die unterschiedliche

3.1 Psychologischer Hedonismus

Motivation der zugrunde liegenden menschlichen Tätigkeiten zu sein, wie sie von Maslow und Allport herausgearbeitet wurde: Bei der Befriedigung primärer Bedürfnisse liegt eine „Sicherheitsmotivation" vor, man zielt auf bloße „Daseinswerte" des Überlebens oder der Homöostase ab. Ganz im Gegensatz dazu steht die Erfüllung der sekundären Bedürfnisse im Zeichen der „Wachstumsmotivation", d. h. der Reifung und produktiven Entwicklung der Persönlichkeit.[126]

Bereits Platon und Aristoteles unterschieden zwischen der Lust beim Essen, die einem schmerzhaften körperlichen Mangelzustand wie dem Hunger entspringt, und einer ganz anders gearteten Lust am Lernen und Erkennen.[127] Auf der Grundlage bereits befriedigter primärer physiologischer Bedürfnisse können solche sekundären „Quasi-Bedürfnisse" oder Interessen entwickelt werden, indem man im geistigen oder sozialen Bereich freiheitlich und aktiv Ziele bestimmt. In der Philosophie setzt man solche sekundären Bedürfnisse mit ihrer edleren Motivation und Ausrichtung auf geistig-sittliche Ideale gerne als die „höheren" von den „niedrigeren" primären Bedürfnissen ab. Zwar lösen erfahrungsgemäß beide Befriedigungsarten subjektives Wohlbefinden aus. Analog zur Werthierarchie der Bedürfnisse hat man aber in der Philosophiegeschichte seit Platon und Aristoteles die mit der Stillung der drängenden niedrigen Bedürfnissen verbundene Lust als „niedrig" oder „unecht" deklariert, die aus zielgerichteten Strebungen resultierende Lust als „höher" oder „wahrhafter".[128] Auch Freud leugnet den Lustgewinn aus den Quellen psychischer und intellektueller Arbeit keineswegs, sondern zeichnet sie gleichfalls als „feiner und höher" aus. Allein es sei nicht nur deren Intensität im Vergleich mit der Lust „aus der Sättigung grober, primärer Triebregungen gedämpft", sondern lustvolles wissenschaftliches oder künstlerisches Arbeiten würde auch nur durch die Sublimierung solcher Triebe ermöglicht.[129] An Freuds anthropologischer These, alle geistigen oder sozialen menschlichen Bestrebungen verdankten sich der Triebsublimierung, wurde gleichfalls heftige und durchaus berechtigte Kritik laut. Nach Platon und Aristoteles sowie ihren philosophischen Erben soll jedenfalls die höher bewertete Lust am Lernen und Forschen die genussvollste sein (vgl. Kapitel 2.2).[130]

Wenn im Zusammenhang der Wachstumsmotivation und den sekundären Bedürfnissen von einer „höheren Lust" gesprochen wird, scheint mir dies aber grundsätzlich irreführend zu sein. Denn diese Lust zeichnet sich offenkundig von der „niederen" dadurch aus, dass sie nicht nach dem oben skizzierten Kausalmodell funktioniert, sondern wesentlich *intentional* strukturiert ist. Sie scheint sich nur gerade da einzustellen, wo wir die spezifische Qualität des Objektes oder der Person schätzen gelernt haben, auf die wir intentional gerichtet sind.[131] Gemäß den erwähnten Beispielen wäre der äußere Bezugspunkt unseres Strebens eine bestimmte Kochtradition einer verfeinerten Geschmackskultur oder die geliebte individuelle Person, mit der wir in einer dauerhaften und vielfältigen (u. a. sexuellen) Beziehung stehen. Jenseits drängender Sicherheitsbedürfnisse verfolgen wir geistig-kulturelle Ideale, seien es kulinarische, seien es partnerschaftliche. Statt hier eine „höhere Lust" zu diagnostizieren, würde ich die Bezeichnung der „Freude" für diese objektzentrierten, auf geistigen Akten basierenden emotionalen Phänomene bevorzugen. Fromm selbst konzediert hinsichtlich der Überflussphänomene, die „damit verbundene Lust kann als Freude bezeichnet werden".[132] Sowohl „Freude" wie „Lust" lassen sich dem „subjektiven Wohlbefinden" subsumieren.[133] Während es sich aber bei der „Lust" gemäß unserer Eingangsdefinition um eine kausal induzierte sinnliche *Empfindung* handelt, zeichnet sich die „Freude" wie alle anderen *Gefühle* durch ihre Intentionalität aus: Gefühle weisen eine propositionale Struktur auf, indem sie konstituiert werden durch kognitive Urteile über die Ereignisse oder Personen, über die wir uns beispielsweise freuen oder ärgern.[134] Wir freuen uns zumeist über Sachverhalte in der Wirklichkeit oder über erfolgreiche Aktivitäten, können uns aber auch über innere Vorgänge wie eigene positive Gefühle oder gute Gedanken freuen. Der Freude liegt immer eine positive Bewertung zugrunde, die uns während der Dauer dieses Gefühls relativ klar bewusst ist.[135] So freuen wir uns beispielsweise bei der zufälligen Begegnung mit einem alten Bekannten umso stärker, je mehr uns dieser bedeutet bzw. je wichtiger seine Rolle in unserem Leben war.

Das Problem liegt allerdings darin, dass beim Menschen auch die sinnliche Lust kaum rein vorkommt, sondern zumeist schon auf einer geistigen Verarbeitung und Stellungnahme der genießenden Person beruht. Analog dazu kommen primäre Bedürfnisse in unserer Gesellschaft praktisch nur kulturell oder geistig überformt vor, so auch das Hungerbedürfnis oder die Sexualität (vgl. dazu Kapitel 5.2). Es wäre also auszugehen von einem Kontinuum zwischen rein leiblichen Empfindungen der „Lust" (Vitalgefühle) und auf geistigen Wertungen basierenden Gefühlen der „Freude". Intentionale Gefühle der Freude können sich, beispielsweise in einer Liebesbeziehung oder bei einem Konzertbesuch, durchaus auch mischen mit sinnlich-körperlichen Lustempfindungen. Aufgrund des genannten Unterscheidungsmerkmals der Intentionalität scheint es mir gleichwohl sinnvoll, nicht bloß von verschiedenen Arten bzw. einer hierarchischen Stufenfolge von „Lust" zu sprechen.[136] Begreift man „Lust" aber in einem engeren Sinn als rein sinnliche Genussempfindung, wie dies Freud in seinem Triebmodell tat, tritt klar zutage: Eine Monopolisierung des Lustprinzips nach Art der psychologischen Hedonisten ist anthropologisch betrachtet verfehlt. Die ausschließliche Fixierung des erwachsenen Menschen auf die Lust bei der Beseitigung primärer Triebbedürfnisse muss vielmehr als eindeutig pathologisch

3.1 Psychologischer Hedonismus

eingestuft werden. Nach Allport entscheidet sich diesbezüglich die Hauptsache in der frühen Kindheit.[137] Ein Kind müsste idealerweise ein Stadium erreichen, in dem es seiner Umgebung vertraut, dass sie ihm die nötige Ernährung, Pflege und Sicherheit zuverlässig bietet. Wenn es aufgrund mangelnder äußerer Zuwendung oder innerer Entwicklungshemmung dieses Urvertrauen nicht erlangt, wächst es als ängstliche und fordernde Person auf. Diese ist ständig auf die Befriedigung ihrer unmittelbaren Triebbedürfnisse, auf ihr vegetatives Leben fixiert. Es scheint ihr gänzlich die Fähigkeit zum Wachstum der Persönlichkeit zu fehlen. Im Gegensatz dazu könnten das gesunde Kind und der gesunde Erwachsene oberhalb der Sicherheitsebene der Homöostase kontinuierlich neue Spannung in Form von individuellen oder kulturellen Interessen aufbauen. Der psychologische Hedonismus würde folglich nur für die kranken Menschen zutreffen, die in ihrer Kindheit kein ausreichendes Vertrauen darauf entwickeln konnten, dass sich ihre primären Bedürfnisse ohne Schwierigkeiten befriedigen lassen.

Es ließe sich nun gegen die von mir vorgenommene Zuordnung von Mangel, Druck, Sicherheitsmotivation und körperlichen oder primären Bedürfnissen einerseits, von Überfluss, Zug, Wachstumsmotivation und geistigen oder kulturellen Bedürfnissen andererseits einwenden, es gebe auch Phänomene, die quer zu dieser Trennung stehen. Zu denken wäre etwa an die Massage-Verwöhnung im Wellnesscenter, bei der zweifellos ein rein sinnlicher Genuss empfunden wird, ohne dass diesem aber ein Mangel im Bereich der lebensnotwendigen Bedürfnisse vorangegangen wäre. Die durch Sinnesreize ausgelösten angenehmen körperlichen Empfindungen sind folglich dem Überflussbereich zuzuschlagen, unterliegen aber weder der Sicherheits- noch der Wachstumsmotivation. Tatsächlich scheint es mir, dass man in Ausweitung obiger Lust-Definition aus dem Psychologielexikon auch solche nicht aus der Bedürfnisbefriedigung entspringenden positiven Sinnesempfindungen als „Lust" bezeichnen darf. Bereits Aristoteles hebt vom Paradigma der Hungerstillung mit vorgängigem schmerzvollem Mangelzustand nicht nur die Freude geistiger Aktivitäten ab, sondern auch die Lust bei der reinen Sinneswahrnehmung:

> Man sagt auch, der Schmerz sei der Mangel am Naturgemäßen, die Lust sei die Erfüllung. (...) Denn wenn wir Hunger haben und zuerst Schmerz empfinden, so freuen wir uns dann an der Sättigung. Doch dies gilt nicht für alle Arten der Lust. Denn ohne Schmerz ist die Lust am Lernen, und in der Wahrnehmung jene, die durch das Riechen vermittelt wird, ferner viele Dinge, die man hört und sieht, Erinnerungen und Hoffnungen. Von was soll dies ein Werden sein? Denn es war ja kein Mangel da, der zu erfüllen war.[138]

Neben der intentional strukturierten Freude höherer geistiger Interessenstrebungen existieren also zwei Quellen einer kausal induzierten

Lust: diejenige bei der Auflösung eines schmerzhaften, drängenden Mangelzustandes niedriger physiologischer Bedürfnisse zum einen, die angenehme Reizung der Sinnesorgane im Überflussbereich zum anderen.

Schenkt man dem Soziologen Daniel Bell Glauben, soll zu Beginn des 20. Jahrhunderts mit dem Aufkommen der Massenproduktion und des hochentwickelten Konsums die protestantische Ethik als Lebensstil ersetzt worden sein durch den hedonistischen Materialismus.[139] Gleichzeitig diagnostizieren postmoderne Philosophen nicht ohne phänomenale Triftigkeit einen „Ästhetisierungs-Boom" von der individuellen Stilisierung bis hin zur Stadtgestaltung.[140] Angesichts des explodierenden Möglichkeitsraums des postindustriellen Zeitalters scheint die hedonistische Lebenseinstellung tatsächlich ästhetisch verfeinert werden zu müssen, damit die Menschen überhaupt entscheidungsfähig bleiben. Wenn wir etwa in der Überflussgesellschaft eine Seife kaufen wollen und im Kaufhaus vor einer riesigen Palette eine solche auszuwählen haben, geht es längst nicht mehr um das Stillen des Bedürfnisses nach Körperhygiene. Denn angepriesen werden Seifen-Produkte nicht aufgrund ihres besonderen Reinigungseffekts, sondern mit werbetechnischen Kategorien wie „wilde Frische, cremige Zartheit, erotische Formgebung"[141]. Diese zielen eindeutig auf eine bestimmte Art von Selbststilisierung ab, auf eine spezifische Seinsweise. Beim Einseifen seines Körpers mit dem jeweiligen Produkt genießt man dann zwar die sinnliche Empfindung auf der Haut, aber nur, weil man sich selbst in einem attraktiven oder zarten Körper wohlfühlt. Auch wo ursprüngliche, primäre Bedürfnisse vorliegen oder Sinnesorgane kausal gereizt werden, liegt selten ausschließlich eine körperliche Spannungslösung oder eine rein sinnliche Reizung vor. Vielmehr erhält das kunstvolle, gezielte Arrangement von materiellen „Glückskulissen"[142] und den sie begleitenden geistigen Vorstellungen eine immer größere Bedeutung. Die Vorstellungen und Bewertungen, die der Betroffene mit einer Reizquelle verbindet, sind häufig für die sinnliche Lustempfindung konstitutiv. Das aktuelle sinnliche Erleben wird dann wesentlich mitbestimmt von dem momentanen kognitiven Hintergrund an Erwartungen, Überzeugungen und Situationsdeutungen.

Indem sich die sinnliche und geistige Ebene bei solchen Überflussphänomenen vermischen, könnte man von einem „reflektierten Genuss" sprechen,[143] im Anschluss an Sören Kierkegaard von einem „ästhetischen Genuss". Denn die von Kierkegaard anhand verschiedener Figuren ins Bild gesetzten „ästhetischen" Existenzweisen sind im Grunde „hedonistische", vollzogen auf höchstem Reflexionsniveau. Ihr Ziel ist es, den Genuss beim Befriedigen der sinnlichen Neigungen zu optimieren, indem sie künstlerisch in das welthafte Geschehen eingreifen.[144] Die Grundmaxime einer solchen hedonistisch-ästhetischen Lebenseinstellung könnte lauten: „Man genießt nicht unmittelbar, sondern etwas ganz anderes, was man selbst willkürlich hineinlegt."[145] Besonders die künstlerisch veranlagten Menschen mit ausgeprägtem Phantasievermögen verstehen es auf spielerisch-experimentelle Weise, die Wirklichkeit derart poetisch zu umgarnen, dass sie sich selbst als Held inmitten dieser poetisierten Welt genießen können. Ganz im Zeichen des postmodernen Trends, sein Leben zum Kunstwerk zu machen, handelt es sich in gewisser Weise um Selbstinszenierung und Selbstgenuss.[146]

> Das Poetische war das Mehr, das er selbst mitbrachte. Dieses Mehr war das Poetische, das er in der poetischen Situation der Wirklichkeit genoss; das nahm er wieder zurück in Form von dichterischer Reflexion. Dies war der zweite Genuss, und auf Genuss war sein ganzes Leben berechnet. Im ersten Fall genoss er persönlich das Ästhetische, im zweiten Fall genoss er ästhetisch seine Persönlichkeit.[147]

Eine bedeutsame Rolle beim ästhetischen oder reflektierten Genuss spielt die Kunst des poetischen Erinnerns und Vergessens.[148] Das Prinzip der Sinnlichkeit eines Don Juan etwa kann gesteigert werden durch eine kunstvoll inszenierte Verführungsgeschichte zum einen, durch deren Reflexion und nachträgliche literarische Umgestaltung zum anderen. Der „reflektierte Don Juan" genießt die Erinnerung an die unmittelbar genossene sinnliche Lust: „Der unmittelbare Genuss ist vorbei, und was genossen wird, ist mehr eine Reflexion über den Genuss."[149] Wie sehr aber auch die Mitwirkung der Reflexion oder der poetischen Phantasie gesteigert wird, bleibt doch der „reflektierte", aktuell empfundene oder bloß im Geist erinnerte Genuss ein sinnlicher. Der Geist bzw. die Reflexionskraft des Menschen werden hier eindeutig in den Dienst der sinnlichen Genialität gestellt. So gehorcht der Mensch immer noch dem Lustprinzip. Ähnlich wie die als pathologisch eingestufte Fixierung auf die „niedere Lust" dürfte eine konsequent durchgeführte Lebensform der „reflektierten Lust" negative Auswirkungen haben auf die Selbstverwirklichung des Menschen in der Wirklichkeit. Denn die Persönlichkeit, die in der Sphäre der Reflexion verbleibt, verflüchtigt sich zu einer „Fata Morgana", und sein Leben zu einer „Maskerade" ohne Einheit (vgl. Kapitel 4.4).[150]

3.2 Ethischer Hedonismus der Antike: Epikureismus

Nach diesen Zweifeln am psychologischen Hedonismus wollen wir uns dem ethischen Hedonismus widmen, der sich mit dem Phänomen der Lust in normativer Absicht auseinandersetzt: Der *ethische Hedonismus* vertritt die These, dass der Mensch bei seinem Handeln auf möglichst großen Lustgewinn abzielen soll. Gut wäre folglich diejenige Handlungsweise oder Lebensform, die ein Maximum an Lusterfahrungen verspricht. Begründet wurde diese individualethische Position von Aristipp von Kyrene, einem Schüler von Sokrates, der um 400 v. Chr. lebte und wirkte. Leider sind von ihm selbst nur spärliche Äußerungen überliefert, und die sich auf ihn beziehenden Quellen können nur bedingt als verlässlich gelten.[151] Als Hauptvertreter des antiken Hedonismus werde ich aus diesem Grund Epikur zu Wort kommen lassen, der um 300 v. Chr. in Athen ein Haus mit Garten kaufte und eine Schule gründete. Dies brachte ihm den Namen „Gartenphilosoph" ein. Bei dieser Darstellung geht es nicht zuletzt um den Bruch mit der langen Tradition der Fehldeutungen des Epikureismus als grobschlächtigen Hedonismus.[152] Während der Hedonismus der Antike grundsätzlich *egoistisch* ausgerichtet war, indem er den Einzelnen zum Lustgewinn für sich selbst aufforderte, entwickelte man in der Neuzeit eine *universalistische* Spielart: Der klassische Utilitarismus des Gründervaters Bentham macht sich zum Handlungsprinzip, ein Optimum von Lusterfahrungen nicht nur für den Handelnden selbst, sondern für alle betroffenen Menschen zu erzielen. Beide Positionen sollen hier nacheinander zur Darstellung gelangen, bevor wir in Kapitel 3.4 den ethischen Hedonismus insgesamt einer Kritik unterziehen.

Es sei „die Lust Anfang und Ende des glückseligen (makarios) Lebens", schreibt Epikur in seinem *Brief an Menoikeus*.[153] Die Lust wird also zum alleinigen Inhalt des guten Lebens erklärt. Allerdings unterscheidet sich Epikurs Lustbegriff stark vom neuzeitlichen Sprachgebrauch, wie wir ihn in Kapitel 3.1 anhand von Freuds Theorie kennenlernten. Nachweislich stand Epikurs Lustkonzeption auch in eklatantem Widerspruch zu den gängigen Auffassungen seiner Zeitgenossen.[154] Im Auge hat Epikur nämlich keineswegs die „bewegte" oder „werdende" Lust während der kurzen Zeit der Bedürfnisbefriedigung und der Aufhebung eines unlustvollen Mangelzustandes. Vielmehr hat er eine „ruhige" oder „zuständliche" Lust im Auge, die er auch als „ataraxia", griechisch „Unerschütterlichkeit" der Seele umschreibt: „Wenn wir also sagen, die Lust sei das Lebensziel, so meinen wir nicht die Lüste der Verschwender und solche Lüste, die auf Genießen beruhen, (…), sondern wir verstehen unter Lust, weder Schmerzen im Körper noch Unruhe in der Seele zu empfinden."[155] „Zuständliche Lust" bedeutete also nicht den Prozess der Reduzierung von Unlust, sondern dessen Resultat. Sie setzte voraus, dass die Bedürfnisse zuverlässig und auf die Dauer gestillt sind. Aufgrund dieser Identifikation von Lust mit Freiheit von körperlichem Schmerz und seelischer Unruhe hat man Epikur als Urheber eines „negativen Hedonismus" tituliert.[156] Wollte man diesen Lust-Zustand gleichwohl positiv fassen, könnte man ihn umschreiben als „natürliche und gesunde Verfassung aller vitaler Funktionen".[157] Um ein gutes Leben in zuständlicher Lust zu führen, empfiehlt Epikur

3.2 Ethischer Hedonismus der Antike: Epikureismus

Einsicht und nüchternen Verstand. Denn die Hauptursachen von Unlust würden verursacht durch falsche Meinungen, die es im philosophischen Diskurs zu beseitigen gelte:

1. *Furcht vor Göttern*: Gegen die Gottesfurcht wappnet sich Epikur einerseits mit einem analytischen Argument. Wer an Gott glaube, müsse auch entsprechend der allgemein verbreiteten Gottesvorstellung annehmen, dass die Götter unvergängliche und glückselige Lebewesen seien.[158] Die göttliche Glückseligkeit würde aber durch die Weltregierung erheblich getrübt, weil die Leitung der menschlichen Angelegenheiten mit sehr vielen Sorgen und Unannehmlichkeiten verbunden ist. Folglich sei strafende oder belohnende Einflussnahme auf das Schicksal der Menschen mit dem Wesen der Götter unvereinbar. Zum Zweiten könne die Naturphilosophie ihren Beitrag zur Aufhebung der Gottesfurcht leisten. Dies gelinge ihr durch den Nachweis, dass alle Phänomene im Himmel und auf Erden sich auch ohne Rückgriff auf göttliche Einflüsse erklären lassen.[159]

2. *Furcht vor dem Tod*: Bezüglich der Todesfurcht basiert Epikurs Hauptargument auf der heute weithin anerkannten Prämisse, dass der Tod das Ende aller sinnlichen Empfindungen darstellt. Wenn man mit dem Eintritt des Todes aber weder Schmerzen noch Unruhe in der Seele empfinden kann, fällt jede Furcht vor dem Endzustand ins Leere. In Epikurs berühmten Worten: „Das Schauerlichste aller Übel also, der Tod, geht uns nichts an; denn solange wir da sind, ist der Tod nicht da, wenn aber der Tod da ist, sind wir nicht mehr da."[160] Es liegen uns wohl sogleich zwei Gegenargumente gegen Epikurs Diktum auf der Zunge: Zum einen fürchtet man sich in der Regel nicht so sehr vor dem Tod als Ende der Empfindungsfähigkeit, sondern vor einem qualvollen Tod, d. h. dem möglicherweise langwierigen und schmerzvollen Prozess des Sterbens. Zum andern erscheint uns der Tod deswegen als ein größtes Übel, weil er uns jeglicher Glücksmöglichkeiten beraubt. Zugegebenermaßen greift dieses zweite Argument systemimmanent gesehen nicht, wenn man sich strikt an Epikurs Glücksbegriff hält. Dann fielen nämlich für ein gutes menschliches Leben nicht irgendwelche Wünsche oder Bedürfnisse ins Gewicht, die wir uns nach dem Tod nicht mehr erfüllen können. Vielmehr zählte allein die zuständliche Lust, welche durch die Dauer keine Steigerung erfahren kann. Denn diese Lust kennt gleichsam eine qualitative Höchstgrenze, die mit der Stillung der (notwendigen) Bedürfnisse erreicht ist.[161]

3. *Körperliche Schmerzen*: Als etwas schwieriger entpuppt sich der Umgang mit körperlichen Schmerzen als Quelle erheblicher Unlust. Denn etwa Rheumaschmerzen werden nicht durch irrationale Überzeugungen verursacht wie die Götter- oder Todesfurcht. Zu Recht weist Epikur aber darauf hin, dass Schmerzen oft unvermeidlich sind, um danach längere Zeit Lust empfinden zu können.[162] Eine solche Situa-

tion läge etwa vor, wenn man sich einer schmerzhaften medizinischen Behandlung unterzieht oder anlässlich eines sportlichen Wettkampfturniers für eine Medaille erhebliche Strapazen in Kauf nimmt. Einer derartigen Umwertung der Unlust als eines Übels zu einem relativen positiven Wert bzw. Mittel zum Guten dürfte aber nur in selteneren Fällen Erfolg beschieden sein. Wo diese Umdeutung nicht gelingt, empfiehlt Epikur die Kompensation der Schmerzen durch Lustempfindungen in anderen Bereichen. So könnten sich etwa Kopfschmerzen durch die Berieselung mit lieblicher Musik mildern lassen. Eine andere Möglichkeit sei die Überlagerung der Unlust durch die Erwartung künftiger oder die Erinnerung vergangener Lust. Ob Epikur tatsächlich eine ausgefeilte „Psychotechnik" sinnlicher Erlebnisse entwickelt hat, kann aufgrund der fragmentarischen Überlieferungen nicht entschieden werden.[163] Schwierig zu beurteilen ist auch Epikurs oft wiederholte Formel, der zufolge entweder der Schmerz klein sei oder die Zeit (der Schmerzempfindung).[164] Er behauptet also einerseits, ein heftiger körperlicher Schmerz dauere immer nur kurz, um mit erneuter Lust oder aber dem Tod zu enden, und andererseits seien chronische Schmerzen stets erträglich. Ohne mich hier in medizinischen Details verlieren zu wollen, muss man sich dabei zweifellos die antiken Behandlungsmöglichkeiten und -methoden vor Augen halten: Zum einen mögen heftige Schmerzen damals tatsächlich häufig bereits den Tod angemeldet haben. Zum anderen fehlt uns heute das Wissen über unbehandelte (chronische) Schmerzen weitgehend, bei denen die Epikureer möglicherweise zu Recht eine gewisse Abstumpfung der Schmerzempfindlichkeit der betroffenen Organe unterstellten.[165]

4. *Bedürfnisse*: Bezüglich des Umgangs mit den menschlichen Bedürfnissen muss mit dem verbreiteten Vorurteil vom Epikureismus als Huldigung an bedenkenlose Ausschweifungen und unbeschränkten Sinnesgenuss aufgeräumt werden. Epikur leitet uns nämlich vielmehr an zu einem Maßhalten je nach Art der Bedürfnisse. Er trennt in einem ersten Schritt die „nicht-natürlichen" Begierden von den „natürlichen" ab.[166] Die nicht-natürlichen diffamiert er als „nichtig" oder „leer": Gemeint sind sekundäre Bedürfnisse oder Interessensstrebungen, die allein menschlichen Einbildungen oder Wünschen entspringen, etwa die Gier nach Luxus oder erlesenen Speisen. Da sie nur Rastlosigkeit verheißen, sollen sie kraft des menschlichen Verstandes ausgeschaltet werden. Bei den „natürlichen" Bedürfnissen sind in einem zweiten Schritt die „notwendigen" von den „nicht notwendigen" abzusondern. Zu den natürlichen, nicht notwendigen zählt Epikur das sexuelle Verlangen. Sie sind dadurch charakterisiert, dass sie schnell vergehen, wenn ihre Befriedigung Schwierigkeiten bereitet. Gestillt werden müssen nach Epikur ausschließlich die natürlichen und notwendigen Begierden, etwa nach Nahrung oder Kleidung. Hierin erkennt man leicht die primären oder

3.2 Ethischer Hedonismus der Antike: Epikureismus

physiologischen Bedürfnisse wieder (vgl. Kapitel 3.1). Nur diese Bedürfnisse sind für ein gutes und glückliches Leben relevant. Ihre Befriedigung ist Epikur zufolge aber jederzeit und für alle Menschen möglich, weil sie sich mit einfachsten Gütern wie Wasser und Brot genauso bewerkstelligen ließen wie mit einem aufwändigen Mahl. Auch wenn man einen solchen Optimismus angesichts der Millionen hungernder Menschen auf der Welt nicht zu teilen braucht, wirkt Epikurs These nur vor dem Hintergrund des neuzeitlichen Lustverständnisses einer „werdenden Lust" höchst unplausibel. Wenn sich Lust qua „ataraxia" einstellt, sobald die physiologischen Mangelzustände behoben sind, wäre die Art der Bedürfnisbefriedigung tatsächlich gleichgültig und Bescheidenheit im Namen der individuellen Klugheit angebracht.

In augenfälligem Kontrast zu einem falsch verstandenen, popularisierten Epikureismus raffinierten Schlemmertums lebt der wahre Epikureer also eher wie ein Asket. Seine Konzeption eines guten Lebens im Zeichen der Lust basiert aber auch nicht auf dem Prinzip der Bedürfnisreduktion, wie einige neuere Interpreten suggerieren. Malte Hossenfelder etwa postuliert, die hellenistischen Philosophen hätten den Glücksbegriff gänzlich privatisiert und subjektiviert und das neuzeitliche „Prinzip der Zweckökonomie" inthronisiert:[167] Definiert worden sei das Glück als Erreichung aller selbstgesetzten Zwecke oder als Befriedigung aller eigenen Bedürfnisse. Ein gutes Leben ließe sich dann gemäß dem „Prinzip der Zweckökonomie" logischerweise erreichen, indem man entweder möglichst viele Bedürfnisse zu befriedigen sucht, oder aber indem man möglichst wenige Bedürfnisse hat. Im Gegensatz zum neuzeitlichen Weg der Bedürfnissteigerung hätten sich die hellenistischen Denker auf das Minimieren der Bedürfnisse kapriziert. Scheint es doch die einfachere und sicherere Methode zu sein, sich nur solche Zwecke zu setzen bzw. nur solche Bedürfnisse zu haben, bei denen außer Zweifel steht, dass sie verwirklicht werden können. Auch wenn sich die Hellenisten durchaus in kulturkritischer Absicht gegen das spätantike Sprießen verfeinerter Lüste und künstlicher Neigungen wandten, verfehlt diese neuzeitliche Deutungsweise in meinen Augen doch die Grundintention ihrer Anleitungen zum guten Leben. Am Beispiel Epikurs zeigte sich, dass der richtige Umgang mit den Bedürfnissen nur ein Element einer umfassenden vernunftgeleiteten Disziplinierung des menschlichen Denkens und Strebens darstellt. Notwendige Basis einer solchen Lebensform bildet die theoretische Einsicht in die wahren Wirklichkeitsverhältnisse bezüglich der Naturvorgänge, des natürlichen Schmerzverlaufes sowie der natürlichen und notwendigen Bedürfnisse. Praktisches Ziel war der Erwerb einer festen Lebenshaltung, die den dauerhaften Besitz der „zuständlichen Lust" als Freiheit von seelischer Unruhe und Schmerz garantieren sollte. Auch wenn sich diese Lust oder „ataraxia" nur einstellt, wenn die physiologischen Bedürfnisse gestillt sind, geht es keineswegs um die lustvollen Empfindungen bei der Bedürfnisbefriedigung oder die Zufriedenheit über die erreichte Stillung. Damit regiert hier schwerlich das Programm der Bedürfnisreduktion oder Zweckökonomie.

3.3 Ethischer Hedonismus der Neuzeit: Utilitarismus

Während Epikur einen doch sehr eigenwilligen Lustbegriff prägte, treffen wir im Utilitarismus der Neuzeit auf eine Lust, die uns viel vertrauter ist. Auch hat der Utilitarismus tatsächlich den Versuch einer „Ökonomisierung des Glücks" in Angriff genommen, wie sie Hossenfelder den Hellenisten unterstellt. Denn die Utilitaristen übersetzten die Frage, wie zu handeln sei, in die Sprache des Nutzens:[168] Gut ist dasjenige Handeln, das (mir oder der Gemeinschaft) nützt, schlecht dasjenige, das (mir oder der Gemeinschaft) schadet. „Utilitarismus" leitet sich denn auch ab von lateinisch „utilis", das so viel meint wie „nützlich". Diese Nutzentheorie ist im 18. Jahrhundert in England durch Jeremy Bentham begründet worden und übte vorwiegend im angelsächsischen Bereich großen Einfluss aus, insbesondere auf die Wohlfahrtsökonomie. In der Alltagssprache stellt die „Nützlichkeit" einer Handlung oder eines Gegenstandes zwar lediglich eine relative Größe dar: Eine Handlung oder ein Gegenstand erscheint uns immer nur nützlich in Bezug auf bestimmte Zwecke, die wir erreichen möchten. Demgegenüber meint der „Nutzen" im Utilitarismus eine absolute Größe. Im Blickfeld steht der „Nutzen für das in sich oder schlechthin Gute".[169] Dieser Nutzen wird im klassischen Utilitarismus als „Lust" bzw. „Reduktion von Unlust" definiert, die aus der Handlung für den Akteur resultieren. Maßstab für das gute Handeln oder das gute Leben ist somit die Lust bei der Befriedigung bzw. Verwirklichung der individuellen Bedürfnisse oder Interessen.[170] Sie wird mit dem „Glück" als individualethischem Letztziel identifiziert. „Unter ‚Glück' (happiness) ist dabei Lust (pleasure) und das Freisein von Unlust (pain), unter ‚Unglück' (unhappiness) Unlust und das Fehlen von Lust verstanden."[171]

Anders als bei der egoistisch ausgerichteten Variante der Antike, wie wir sie bei Epikur kennenlernten, projiziert der Utilitarismus einen *universalistischen Hedonismus*. Gut ist ein Handeln nämlich erst dann, wenn die Lustbilanz für alle an der Handlung beteiligten Personen optimal ausfällt. Obgleich man von den persönlichen Gratifikationswerten der Einzelnen ausgeht, soll doch der Gesamtnutzen einer Handlung als eine Summe des individuellen Nutzens jedes Einzelnen (als Summanden) errechnet werden. Indem alle Betroffenen in gleicher Weise unparteilich mitberücksichtigt werden sollen, wird damit zwei-

3.3 Ethischer Hedonismus der Neuzeit: Utilitarismus

fellos die sozialethische Dimension erreicht. Das utilitaristische Moralprinzip figuriert sowohl unter dem Etikett „Prinzip der Nützlichkeit" als auch „Prinzip des größten Glückes". Es billigt bzw. missbilligt in Benthams eigenen Worten „jede Handlung in dem Maß (...), wie ihr die Tendenz innezuwohnen scheint, das Glück der Gruppe, deren Interesse in Frage steht, zu vermehren oder zu vermindern."[172] Als Antwort auf die ethische Grundfrage, wie zu handeln sei, könnte man verkürzt folgende Maxime formulieren: „Handle so, dass die Folgen deiner Handlung bzw. Handlungsregel für das Wohlergehen aller Betroffenen optimal sind."[173] Die vielmonierte sozialethische Crux, dass durch die egalitäre Berücksichtigung des Nutzens aller Beteiligter keineswegs schon eine gerechte Verteilung des Glücks verbürgt ist, soll uns im Rahmen dieser Untersuchung nicht weiter beschäftigen. Illustriert werden könnte dieser Missstand anhand der Tötung eines älteren Menschen, den man gegen seinen Willen als Organspender für fünf Patienten missbraucht. Die Nutzensumme der fünf Patienten dank der neuen Organe könnte den Nutzen, den der ältere Herr noch aus seinem Leben hätte ziehen können, leicht übersteigen. Von sozialethisch richtigem Verhalten kann hier natürlich nicht die Rede sein.

Ein Beweis des utilitaristischen Prinzips ist nach Benthams eigener Einschätzung „ebenso unmöglich wie überflüssig".[174] Er sei hinfällig, weil der Mensch von Natur aus immer schon danach strebe, Lust zu vermehren und Schmerzen zu vermeiden: „Die Natur hat die Menschheit unter die Herrschaft zweier souveräner Gebieter – Leid und Freude – gestellt."[175] Auch der zweite Hauptvertreter des klassischen Utilitarismus, John Stuart Mill, verzichtet auf eine zwingende Ableitung oder Begründung. Er liefert stattdessen folgendes Plausibilitätsargument in Form eines Analogieschlusses:[176] Der einzige Beweis dafür, dass ein Gegenstand sichtbar sei, bestehe darin, dass man ihn tatsächlich sehe. Genauso stelle der einzige Beweis dafür, dass das Glück erstrebt werde, das tatsächliche Streben der Menschen nach Glück dar. Dass etwas faktisch erstrebt wird, zeigt aber lediglich, dass es wünsch*bar* ist, nicht aber, dass es auch wünschens*wert* ist in einem normativ-ethischen Sinn. Der Rekurs auf den *psychologischen Hedonismus* ist als Begründung des *ethischen Hedonismus* prinzipiell unzureichend. Man nennt in der Philosophie den unzulässigen Schluss vom *Sein* auf das *Sollen* einen „naturalistischen Fehlschluss". Begründungslogisch problematisch ist zudem der utilitaristische Schritt vom individualethischen Glücksstreben des Einzelnen hin zum sozialethischen Universalismus. Auch wenn das Gesamtwohl eine Summe des Glücks der Einzelnen darstellen würde, folgte daraus mitnichten, dass jeder Mensch die maximale Lustbilanz für alle Beteiligten erstrebt oder erstreben soll.[177]

Da wir im Rahmen dieser Studie unsere Aufmerksamkeit ganz auf die individualethische Frage „Wie soll ich leben?" fokussieren wollen, soll hier v. a. die nähere Bestimmung von „Lust" als höchstem Gut im menschlichen Leben zur Diskussion stehen. Ein erhebliches Problem scheint mir bei einer solchen begrifflichen Klärung die Übersetzung des englischen Allerweltswortes „pleasure" zu sein. Weder das in deutschen Übersetzungen gern verwendete Wort „Freude" noch die Option „Lust" scheint mir nämlich für alle „pleasures" geeignet zu sein, die nach Bentham ein gutes Leben ausmachen. Er unterscheidet folgende grundlegende Arten von „pleasures", auf die sich angeblich alle weiteren elaborierteren Formen zurückführen lassen:

> a) Die Sinnesfreuden. b) Die Freuden des Reichtums. c) Die Freuden der Kunstfertigkeit. d) Die Freuden der Freundschaft. e) Die Freuden eines guten Rufes. f) Die Freuden der Macht. g) Die Freuden der Frömmigkeit. h) Die Freuden des Wohlwollens. i) Die Freuden des Übelwollens. j) Die Freuden der Erinnerung. k) Die Freuden der Einbildungskraft. l) Die Freuden der Erwartung. m) Die gesellschaftlich fundierten Freuden. n) Die Freuden der Entspannung.[178]

Erinnern wir uns an die Charakterisierung der „Freude" in Kapitel 3.1, passt diese Übersetzung für Punkt a) „Sinnesfreuden" und n) „Freude der Entspannung" jedenfalls in keiner Weise. Denn „Freude" definierten wir als ein wesentlich intentional strukturiertes Gefühl, bei dem wir immer auf ein außer uns befindliches Objekt oder Ereignis bezogen sind. Die Erlebnisqualität unserer Gefühle wird dabei durch die positive oder negative bewertende Stellungnahme zu diesen konstituiert. Außer a) und n) handelt es sich bei Benthams Liste tatsächlich um derartige auf kognitiven Bewertungen basierende „Freuden", die entweder individuellen oder soziokulturell geprägten Bedürfnissen oder Interessen entspringen, etwa c) die „Freuden der Kunstfertigkeit" oder h) die „Freuden des Wohlwollens". Hingegen werden bei a) „Sinnesfreuden" angenehme sinnliche Empfindungen durch kausale Reizungen der Sinnesorgane induziert und bei n), den „Freuden der Entspannung", werden Schmerz- und Mangelzustände der Verkrampfung oder Überanstrengung gelöst. Als umfassenderer Terminus für „Freude" oder „Lust" bietet sich „subjektives Wohlbefinden" an, den ich im Folgenden alternativ zum englischen Originalausdruck „pleasure" gebrauchen werde.

Bentham selbst hat sich um diese qualitativen Unterschiede im subjektiven Wohlbefinden nicht gekümmert. Er vertrat einen *quantitativen Hedonismus*, bei dem sämtliche Arten und Quellen von „pleasures" in gleicher Weise zählen und nur das quantitative Ausmaß der Empfindungen relevant ist. Berühmt geworden ist sein provokatorischer Aphorismus: „quantity of pleasure being equal, pushpin (ein anspruchsloses Kinderspiel) is as good as poetry."[179] Ähnlich wie Epikurs Lusttheorie hat der frühe Utilitarismus damit den Vorwurf auf sich gezogen, es handle sich hier um eine „Ethik für Genussmenschen", die sich von animalisch-sinnlichen Triebgelüsten mitreißen lassen. Herausgefordert

3.3 Ethischer Hedonismus der Neuzeit: Utilitarismus

durch die Kritik an dieser vulgarisierten Version propagierte im 19. Jahrhundert Benthams Nachfolger Mill einen *qualitativen Hedonismus*. Auf Benthams Provokation antwortet er mit der ebenso plakativen Sentenz: „Es ist besser, ein unzufriedener Mensch zu sein als ein zufriedenes Schwein; besser ein unzufriedener Sokrates als ein zufriedener Narr."[180] Er moniert, dass der bisherige Hedonismus immer nur rein quantitative Unterschiede in den Lustempfindungen berücksichtigt habe, also etwa die Dauer oder Verlässlichkeit ihres Eintretens. Nur aus diesen Gründen hätten sie bisweilen die Freuden des Verstandes, der Vorstellungskraft oder des sittlichen Gefühls höher bewertet als die rein sinnlichen Genüsse. Demgegenüber akzentuiert er, dass der *Wert* der „pleasures" sich neben der *Quantität* auch an der *Qualität* bemessen soll.[181] Doch nach welchen Kriterien lässt sich die Qualität der „pleasures" bestimmen?

Mills Antwort ist alles andere als klar und eindeutig. Ganz im Sinne der seit der Antike herrschenden philosophischen Tradition unterscheidet er jedenfalls „bodily pleasures" („Freuden des Leibes") von „mental pleasures" („Freuden des Geistes") und stellt die „geistigen Freuden" wertmäßig über die „körperlichen" (vgl. Kapitel 3.1). Anstelle der im Kontext des Hedonismus verbreiteten irreführenden Rede von „geistigen Freuden" oder „geistiger Lust" plädiere ich für die Umschreibung „Freude aus geistiger Tätigkeit". In Mills Hierarchie von „pleasures" figurieren auf der untersten Stufe sinnliche Genüsse.[182] Auf einer nächsthöheren folgen feinere Vergnügungen wie etwa ein Konzertbesuch oder die Lektüre eines guten Buches. Darüber erheben sich die Freuden der Fantasie und schöpferischer Akte, dann die Freuden rationaler Überlegungen und wissenschaftlicher Forschung. Ganz zuoberst an der Spitze befinden sich Freuden aus moralischen und religiösen Betätigungen. Für diese qualitativ verschiedenen Arten eines subjektiven Wohlbefindens macht Mill aber weniger die Struktur der emotionalen Phänomene verantwortlich, sondern vielmehr die unterschiedlichen Fähigkeiten, die daran beteiligt sind. Während die sinnlichen Genüsse des Essens, der Sexualität oder des Ausspannens sich ohne besondere geistige Anstrengung und Erziehung einstellen, setzen die höher bewerteten Freuden aus kreativen, intellektuellen oder sozialen Tätigkeiten die Ausbildung höherer menschlicher Vermögen und die Entwicklung entsprechender gesellschaftlicher Institutionen voraus. Mill empfiehlt daher im Rahmen seines qualitativen Hedonismus den Menschen, geistige Interessen zu entwickeln und die Egozentrik zu überwinden. Denn jeder gebildete Mensch „findet Gegenstände unerschöpflichen Interesses in allem, was ihn umgibt: in den Dingen der Natur, den Werken der Kunst, den Gebilden der Poesie, den Ereignissen der Geschichte, dem Schicksal der Menschheit".[183] Wer jedoch seine geistigen Kräfte verkümmern lasse und im Leben nur an sich selbst denke, unfähig, irgendwelche Gefühlsbindungen zu anderen

Menschen aufzubauen, dem seien „die Reize des Leben erheblich beschnitten".[184]

Die Qualität menschlicher „pleasures" soll sich also nach der „Höhe" der daran beteiligten Fähigkeiten bemessen: an den „Quellen der Lust", die für Menschen nicht dieselben seien wie für Schweine.[185] Zur Begründung seiner Hierarchie von „pleasures" bzw. von den an ihrem Zustandekommen beteiligten menschlichen Vermögen rekurriert Mill auf eine philosophische Anthropologie, die er nicht näher entfaltet. Er postuliert, dass alle Menschen, die mit sämtlichen Arten von „pleasures" vertraut seien, die höheren wählen würden. Es handelt sich also um stellvertretend für alle Menschen urteilende anthropologische Richter:

> Fragt man mich nun, was ich meine, wenn ich von der unterschiedlichen Qualität von Freuden spreche, und was eine Freude (...) wertvoller als eine andere macht, so gibt es nur eine mögliche Antwort: von zwei Freuden ist diejenige wünschenswerter, die von allen oder nahezu allen, die beide erfahren haben (...) entschieden bevorzugt wird. (...) Es ist nun aber eine unbestreitbare Tatsache, dass diejenigen, die mit beiden gleichermaßen bekannt und für beide gleichermaßen empfänglich sind, der Lebensweise entschieden den Vorzug geben, an der auch ihre höheren Fähigkeiten beteiligt sind.[186]

Je ausdifferenzierter und höher entwickelt die geistigen Fähigkeiten sind, aus der menschliches Wohlbefinden resultiert, in desto höherem Maße scheint man Mensch zu sein.[187] Kein Mensch würde deshalb darin einwilligen, sich in eines der „niederen Tiere" oder in einen Narren verwandeln zu lassen, auch wenn man deren Befriedigungsmöglichkeiten voll auskosten könnte. Den Grund erblickt Mill nicht zuletzt im menschlichen „Gefühl der Würde": in der Freiheitsliebe des Menschen, die kein Mensch für eine schweinische Lust aufzuopfern bereit wäre.[188] Auch hier weiß er sich zweifellos einer langen, auf die Stoa zurückgehenden philosophischen Tradition verpflichtet. Diese anthropologischen Prämissen werden zusätzlich durch die neueren Untersuchungen der humanistischen Psychologen gestützt. Auch diese betonen die Freiheit des Menschen als höchstes Gut und erachten es als Ziel des menschlichen Lebens, dass der Mensch seine spezifisch menschlichen höheren Fähigkeiten entfaltet.[189]

Obskur erscheint mir hingegen, wieso eine höhere Qualität menschlicher Freuden nicht auch quantitativ spürbar sein soll. Unter „Quantität" meint Mill offenkundig gleich wie Bentham die Intensität, die Heftigkeit einer lustvollen Empfindung.[190] Er scheint aber zu suggerieren, die Menschen würden die höherstufigen Freuden nur aufgrund ihrer größeren Qualität bzw. des Niveaus der an ihnen beteiligten spezifisch menschlichen Fähigkeiten wählen. Man müsste es dann tatsächlich vorziehen, lieber als unglücklicher Mensch statt als glückliches Schwein zu leben. Dies stünde jedoch in deutlichem Widerspruch zum utilitaristi-

3.3 Ethischer Hedonismus der Neuzeit: Utilitarismus 49

schen Prinzip der Nützlichkeit, das den Einzelnen zur Maximierung des Glücks qua „pleasure" auffordert. Denn ein glückliches Leben sei „ein Leben, das so weit wie möglich frei von Unlust und in quantitativer wie in qualitativer Hinsicht so reich wie möglich an Lust ist"[191]. Der qualitative Hedonismus wäre damit in sich widersprüchlich. Würden dem Menschen die sinnlichen Genüsse eines Schweines maximales Wohlbefinden bereiten, hätte er konsequenterweise für diese zu optieren. Vor dem Hintergrund von Mills anthropologischen Prämissen dürfte man aber eigentlich erwarten, dass der Mensch gar nicht glücklich werden kann, wenn er wie ein Schwein lebt. Vermutlich hat er nur eine Chance auf (menschliches) Glück, wenn er in Würde und Freiheit als Mensch lebt und seine höheren geistigen und kulturellen Fähigkeiten zur Entfaltung bringt. So konzediert Mill, dass der Gebrauch der Freiheit und die Entwicklung höherer Anlagen für die Menschen „einen so entscheidenden Teil ihres Glücks ausmacht, dass sie nichts, was mit ihm unvereinbar ist, länger als nur einen Augenblick lang zu begehren imstande sind."[192] Auch im Rahmen einer hedonistischen Anthropologie müsste also zur Vermeidung von Widersprüchen der letzte Grund dafür, nicht wie ein Schwein zu leben, darin bestehen, dass der Mensch als Mensch in der Lebensweise eines Schweines eben nicht seine Erfüllung findet. Dies stünde wiederum im Einklang mit den Forschungsergebnissen der humanistischen Psychologie. Denn diese weisen nach, dass die Befriedigung höherer Bedürfnisse oder Strebungen zu größerem Glück bzw. stärkerem subjektivem Wohlbefinden verhelfen.[193]

Mills konzeptueller Fehler liegt meines Erachtens darin, dass er die Qualität gegen die Quantität ins Rennen schickt, ohne sich über die innere Struktur von Gefühlen klar zu werden:

> Wird die eine von zwei Freuden (pleasures) von denen, die beide kennen und beurteilen können, so weit über die andere gestellt, dass sie sie auch dann noch vorziehen, wenn sie wissen, dass sie größere Unzufriedenheit verursacht, (...), sind wir berechtigt, jener Freude eine höhere Qualität zuzuschreiben, die die Quantität so weit übertrifft, dass diese im Vergleich nur gering ins Gewicht fällt.[194]

Die Unterscheidung von Qualität und Quantität ist mir grundsätzlich nur in Bezug auf Gefühle der „Freuden", nicht aber auf sinnliche „Lust" bekannt. Während sinnlicher Genuss nur eine quantitative Dimension (Materie) aufweist, ist für Gefühle das qualitative geistige Bewertungsmoment (Form) wesentlich. Man kann mit Forschner immerhin vermuten, dass Mill die Differenz von kausal induziertem sinnlichem Genuss und intentionalen, objektzentrierten Freuden erkannt hat, ohne sie zu benennen.[195] Im Unterschied zu den niedersten Genüssen der Sinneslust, bei denen keine geistigen Vermögen beteiligt sind, weisen alle höheren Freuden eine intentionale Struktur auf: Sie zielen auf äußere Objekte oder Personen und erhalten ihre Qualität durch die wertende

Stellungnahme zu diesem Bezugsobjekt. Zum Zweiten wäre die Qualität einer Freude umso größer, je wertvoller uns die Erkenntnis oder die soziale Handlung erscheint, die wir im Rahmen unserer intellektuellen oder moralischen Interessen gerade vollziehen. Gemäß der emotionpsychologischen Trennung von qualitativem und quantitativem Moment von Gefühlen würde mit der Zunahme der *Qualität*, d. h. der kognitiven Wertzuschreibung, auch die *Quantität* automatisch zunehmen, d. h. die psychophysiologische Erregung.[196] Mills maßgebliche anthropologische Richter sollen schließlich auch denjenigen „pleasures" den Vorzug geben, die „dem menschlichen Empfinden am meisten zusagt"[197]. Hier scheint wie bei Bentham die durchaus verrechenbare *Quantität* subjektiven Wohlbefindens im Vordergrund zu stehen.

Während es vor dem Hintergrund der erläuterten emotionspsychologischen Kernannahmen wenig Sinn macht, Qualität gegen Quantität aufzurechnen, lassen sich doch subjektive Erlebnisse des Wohlbefindens in quantitativer Hinsicht miteinander vergleichen. Bentham hielt es entsprechend für möglich, das Glück der Menschen sowohl intraindividuell wie auch interindividuell quantifizieren und exakt berechnen zu können. Folgende Kriterien sollen bei dieser Nutzenkalkulation berücksichtigt werden: a) die Intensität, b) die Dauer, c) die Gewissheit oder Ungewissheit ihres Eintreffens, d) die Nähe oder Ferne des erwarteten Eintreffens in der Zukunft, e) die Folgenträchtigkeit, d. h. die Wahrscheinlichkeit, dass ähnliche positive Erlebnisse folgen werden, f) die Reinheit eines Wohlbefindens, d. h. die Wahrscheinlichkeit, dass der Freude kein Leid folgt.[198] Solange natürlich eine exakte Maßeinheit für diese verschiedenen Aspekte subjektiven Wohlbefindens fehlt, können Freude und Leid auch nicht additiv bzw. subtraktiv verrechnet werden. Man müsste daher wie Annemarie Pieper eine Punkteskala etwa von 0–7 statuieren. Sie führt das Kalkül probeweise am Beispiel des Kaufs eines neuen Porsche durch eine „klassische" Familie vor:[199] Während die Intensität der Freude (a) für den Vater und Autofreak 7 Punkte bedeutete, veranschlagt Pieper die Dauer (b) bei der Lebensdauer eines Autos von durchschnittlich 5 Jahren mit 5 Punkten (einem Punkt für jedes Jahr), die Gewissheit des Eintreffens seiner Freude (c) mit 6 Punkten, usw. Anders sieht die Bilanz für die Mutter aus, bei der Pieper das verursachte Leid veranschlagt: Mit 6 Punkten die Intensität des Leids (a), weil sie keine schnellen Wagen liebt, aber doch Verständnis hat für die Freude ihres Mannes, mit 5 Punkten die Dauer (b) aus den gleichen Gründen wie beim Vater, mit 7 Punkten die Gewissheit (c) usw. Ohne Berücksichtigung der Punktebilanz der Kinder und des Hundes der Familie errechnet sie bereits einen negativen Gesamtnutzen von minus 12. Die Handlung wäre also aus nutzentheoretischen Überlegungen zu unterlassen. Von den meisten Interpreten wird freilich die hier vorgespielte Exaktheit einer solchen Glückskalkulation angezweifelt, weil sich die Nutzenabschätzung nicht nur zwischen verschiedenen Personen, sondern bereits für jede einzelne faktisch äußerst schwierig gestalte. Gleichwohl ist kaum zu leugnen, dass wir im Alltag nach einer vagen Faustregel immer wieder ähnliche Berechnungen anstellen. Etwa wenn wir vor der Alternative stehen, ein lange erwartetes Theaterstück anzuschauen oder aber unseren plötzlich aufgekommenen starken Hunger im nächsten Restaurant zu stillen. Das Nutzenprinzip wäre dann so etwas wie eine „regulative Idee".[200]

3.4 Kritik am ethischen Hedonismus

Bei der nun folgenden kritischen Analyse des ethischen Hedonismus habe ich alle Theorien im Auge, die das „gute Leben" definieren über Zustände eines weit verstandenen „subjektiven Wohlbefindens". Eine solche individualethische Position scheint für die Neuzeit typisch zu sein: „Ein gutes Leben bemisst sich (…) am Maß subjektiven Wohlbefindens, das sich in ihm realisiert"[201]. Nach Peter Schaber soll damit die Kernthese der hedonistischen Theorie umschrieben sein.[202] Aus dem Blick gerät bei dieser neuzeitlichen Bestimmung des Hedonismus zugegebenermaßen Epikurs sehr eigenwilliges Konzept einer „zuständlichen Lust" (vgl. Kapitel 3.2). Der Ausdruck „subjektives Wohlbefinden", den ich im vorangegangenen Kapitel 3.3 vorgeschlagen habe, ist aber als Übersetzung des englischen „pleasure" andererseits weiter als der deutsche Begriff „Lust", das Äquivalent zu „sinnlichem Genuss". Obwohl das griechische „hedone" in der Regel mit „Lust" übersetzt wird, berücksichtigen augenscheinlich viele hedonistische Theoretiker wie die klassischen Utilitaristen bei ihrer ökonomischen Nutzenoptimierung neben sinnlichen Lustempfindungen auch intentional strukturierte Gefühle der Freude. In der Realität dürfte die Trennung zwischen den intentional strukturierten Gefühlen und der kausal induzierten Lust ohnehin nicht immer klar zu ziehen sein. Denn auch Gefühle der Freude können grundsätzlich mehr oder weniger von Lustempfindungen begleitet sein. Lange Zeit hat man „Lust" in der Emotionspsychologie überhaupt nur als eine Grundqualität oder Dimension aller Gefühle, nicht als eigenständiges Phänomen behandelt.[203] Wo sich die Kritik nur gegen einen Hedonismus richtet, der die breite Palette subjektiven Wohlbefindens auf die Lust aus der Befriedigung angeborener Triebbedürfnisse reduziert, werde ich dies deutlich machen. Wir werden auch unterscheiden müssen zwischen einem *radikalen oder naiven Hedonismus*, der auf die Maximierung augenblicklichen Wohlbefindens abzielt, und einem *reflektierten oder aufgeklärten Hedonismus*, der zu längerfristiger Planung aufruft. Was lässt sich nun generell gegen die hedonistische Einstellung mit ihrer ausschließlichen Orientierung an Zuständen inneren subjektiven Wohlbefindens einwenden?

1. *Das hedonistische Grundparadox*: Wer sich zur Maxime macht, in seinem Leben möglichst viele lustvolle Augenblicke zu erleben oder sich möglichst andauernd wohl zu fühlen, hat mit dem hedonistischen Grundparadox zu kämpfen. Dieses Paradox wurde von Henry Sidgwick und Nicolai Hartmann formuliert und besagt: Je intensiver und direkter ein subjektives Wohlbefinden anvisiert wird, desto schwächer fällt es aus.[204] Gemäß einer auch von Psychologen bekräftigten These des „Intentionsobjektivismus" lassen sich nur gegenständliche Güter erstreben, nicht aber subjektive Wohlgefühle, welche die Aneignung bzw. den Besitz solcher Güter begleiten.[205] Bereits Aristoteles hat aufgewiesen, dass die Lust immer einer (objektgerichteten) Tätigkeit folgt als deren „Vollendung". Solange eine Sache neu und interessant für uns ist, empfinden wir Freude, mit dem Interesse an der Sache verkommt dann auch die Lust.[206] Wenn nun gemäß der neuzeitlichen hedonistischen Theorie des guten Lebens solche Wohlgefühle *intentione recta* angestrebt werden, geht durch diese Fokussierung die notwendige selbstvergessene Hingabe an den Gegenstand verloren. Dies aber führt zu einer Minderung der Begleit- oder Folgegefühle der entsprechenden Beschäftigungen. Der Psychiater Viktor Frankl beschreibt diesen paradoxalen Umstand so: „Je mehr es dem Menschen um Lust geht, um so mehr vergeht sie ihm auch schon. Je mehr er nach Glück jagt, um so mehr verjagt er es auch schon."[207] Wenn der ethische Hedonismus also meint, auf der Basis von Gefühlen des subjektiven Wohlbefindens Teil- oder gar Letztziele des menschlichen Handelns angeben zu können, geht er von irrtümlichen psychologischen Voraussetzungen aus und ist daher „in sich widersinnig"[208]. Denn Glück, subjektives Wohlbefinden oder Lust können immer nur *intentione indirecta*, umwegig oder mittelbar erzielt werden.

Von vielen psychologischen oder soziologischen Kulturkritikern wird vermehrt auf den Missstand aufmerksam gemacht, dass durch die hedonistische Fixierung auf die eigenen, privaten inneren Wohlgefühle die Außenwelt zunehmend entwertet wird. Richard Sennett etwa beschreibt in seiner Publikation mit dem programmatischen Titel *Verfall und Ende des öffentlichen Lebens. Die Tyrannei der Intimität* die narzisstische Innenorientiertheit einer zunehmenden Zahl von Menschen. Der narzisstische Mensch fragt sich ständig, was denn eine Person oder ein Ereignis „für mich bedeutet". Durch die Konzentration auf das, was einem das eigene Gefühl sagt, wird die Wahrnehmung der Personen und Handlungen aber getrübt, mit denen man konfrontiert ist. Wenn der Narzisst dann endlich mit der begehrten Person zusammen ist oder den ersehnten Gegenstand besitzt, überfällt ihn das unangenehme Gefühl: „Das ist es nicht, was ich wollte."[209] Im exponentiell erweiterten

3.4 Kritik am ethischen Hedonismus

kapitalistischen Möglichkeitsraum versucht man die Außenwelt zunehmend so zu arrangieren, dass sie dem Handlungssubjekt angenehme Gefühle bereitet. Der Partner oder die Partnerin ist dann nur noch ein Instrument zur Steigerung des eigenen Wohlbefindens, also ein „Selbstbefriedigungsgerät", genauso wie das Arrangement der „Glückskulissen" vom Intimschmuck bis zum Kondomsortiment.[210] Je mehr die Um- und Mitwelt aber entwertet und instrumentalisiert wird, desto mehr entzieht man dem eigenen Erleben seinen Gegenstand: „An die Stelle der Intentionalität tritt die Faktizität, an die Stelle der lustvollen Intention eines Wertes das an sich sinnlose Faktum ‚Lust'. Man hat dann nicht mehr etwas, woran man Lust haben kann, sondern man hat dann eben nur noch die Lust selbst; aber ohne Woran vergeht sie einem auch schon."[211]

Bereits bei unserer Kritik am psychologischen Hedonismus trat ans Licht: Die Fixierung eines erwachsenen Menschen auf die lustvolle Beseitigung physischer oder psychischer Mangelzustände bzw. auf die Lust bei solchen Befriedigungserlebnissen ist eindeutig pathologisch. Als nicht weniger krankhaft ist das Nachrennen nach immer neuen Nervenkitzeln zu taxieren, wie sie vom gegenwärtigen Vergnügungsgewerbe und der ganzen Wellnessindustrie angekurbelt wird.[212] Nichthedonistische oder hedonismuskritische Theoretiker streichen immer wieder die genuin menschliche „Selbsttranszendenz" hervor: die Außen-Gerichtetheit, die Objektzentrierung des menschlichen Strebens, bei dem man sich auf Sachverhalte oder Aktivitäten richtet und in diesem Sich-Verlieren in den Gegenständen Erfüllung findet. Hingegen hafte der Konzentration auf die eigene Erlebnislust „das Merkmal des Künstlichen, Nachträglichen, des Unnormalen, ja mitunter des nachgerade Verkehrten an"[213]. Zumeist kommt es erst dann zu einer neurotischen Interessiertheit am eigenen inneren Erleben, wenn der Mensch bei der primären gegenständlichen Orientierung zum wiederholten Male scheitert.[214] Während der gesunde Mensch also auf Gegenstände in der Welt hingeordnet ist, zeigt sich der Neurotiker zuständlich interessiert – was ihm zum eigenen Unglück gereicht. Anhand der Sexualneurosen demonstriert Frankl, dass der Sexualgenuss umso spärlicher ausfällt, je mehr sich die Patienten zur sexuellen Leistungs- und Genussfähigkeit verpflichtet fühlen und je weniger die Sexualität Ausdruck personaler Liebe ist.[215] Solange man nur das Glück oder die Lust will, wird man sie nicht empfinden können, weil der Mensch einen *Grund* dafür braucht. Hat man erst einen solchen Grund, nämlich beispielsweise die sich in einer Partnerschaft entwickelnde hohe Wertschätzung der Partnerin, stellt sich das subjektive Wohlbefinden gleichsam von selbst ein. Die ethischen Hedonisten ziehen jedoch bei ihrem Plädoyer für eine Ethik der Wohlgefühle den sogenannten „hedonistischen Fehlschluss": Sie schließen von der Tatsache, dass der Mensch beim Vollzug wertvoller, zielgerichteter Tätigkeiten Freude oder Vergnügen empfindet, darauf, dass alles menschliche Streben auf subjektives Wohlbefinden abziele.[216] Weil das subjektive Wohlbefinden also gar kein Ziel individualethischen Strebens sein kann, sondern immer nur Begleiterscheinung, ist der hedonistische Appell zur Innenorientierung in sich widersinnig.

2. *Freiheit*: Für ein gutes Leben, so wenden die Kritiker des ethischen Hedonismus weiter ein, kann es niemals ausreichend sein, ein Maximum an subjektivem Wohlbefinden erleben zu können. Dies lasse sich leicht anhand eines Gedankenexperimentes von Robert Nozick nachweisen, zu dem er uns in *Anarchie, Staat und Utopie* anleitet:[217] Man stelle sich also vor, man schwimme in einem Becken und sei über Elektroden am Gehirn an eine Erlebnismaschine angeschlossen. Neuropsychologen können nun mittels dieser Erlebnismaschine das Gehirn so reizen, dass man wähnt, man schriebe einen großen Roman oder schlösse eine neue Freundschaft. Dabei würde man höchst positive Bewusstseinszustände erleben, wie sie normalerweise mit solchen Tätigkeiten verbunden sind. Soll man sich lebenslang an diese Erlebnismaschine anschließen lassen, um kontinuierlich subjektives Wohlbefinden erfahren zu können? In Anknüpfung an den ersten Kritikpunkt könnte man die Antwort deswegen verneinen, weil der gesunde, erwachsene Mensch sich auf eine tatsächlich existierende Außenwelt richten und in dieser wirklichen Welt mit seinem Tun etwas verändern möchte. Er will also nicht nur vorgetäuscht bekommen, dass er einen Roman schreibt, sondern er möchte tatsächlich einen wirklichen Roman schreiben. Dies ist im Wesentlichen Nozicks eigene Auswertung des Gedankenexperimentes. Eine Absage an die Erlebnismaschine ließe sich aber auch damit begründen, dass für ein gutes menschliches Leben nicht nur subjektives Wohlbefinden zählt, sondern dass die Freiheit für das gute Leben eine bedeutende Rolle spielt. So hat etwa Mill im Zeichen seines qualitativen Hedonismus darauf insistiert, ein Mensch würde niemals mit den Befriedigungserlebnissen eines Schweines vorliebnehmen, weil er die Freiheit höher schätzt als eine sklavische Lust (vgl. Kapitel 3.3). Mit einem konsequenten Hedonismus ist es allerdings unvereinbar, neben der Lust als höchstem Gut noch andere davon unabhängige Werte wie Freiheit anzunehmen. Die Gewissheit, ein selbstbestimmtes Leben führen zu können, dürfte zwar auch ein sehr positiv erlebtes „Gefühl der Würde" zur Folge haben, wie Mill es hervorhebt. Ungeachtet jeglichen Gratifikationswertes stellt die Fähigkeit zur rationalen, selbstbestimmten Lebensführung aber die unabdingbare Voraussetzung dar für ein gutes menschliches Leben. Nur wo sie vorhanden ist und gepflegt wird, macht es überhaupt Sinn, die praktische Grundfrage „Wie soll ich leben?" aufzuwerfen. Wer sich an die Erlebnismaschine anschließen lässt und damit auf ein autonomes Leben verzichtet, kann grundsätzlich kein Kandidat für ein gutes Lebens sein.[218]

3.4 Kritik am ethischen Hedonismus

Seit der Antike hat keine andere Lebensform gleich heftige Verurteilung erfahren wie das Leben eines sinnlichen Genusses, der „bios apolaustikos". Das „subjektive Wohlbefinden" wird bei dieser kritischen Stoßrichtung also gemeinhin auf die körperliche Lust bei der Befriedigung primärer Bedürfnisse wie Hunger oder sexuelles Verlangen reduziert. Nach Aristoteles wählen zwar die meisten Menschen und sogar viele Mächtige diese Lebensform, wodurch sie zumindest eine gewisse Berechtigung erhalte. „Die große Menge erweist sich als völlig sklavenartig, da sie das Leben des Viehs vorzieht."[219] Trotz einer markanten Zustimmung durch die große Menge verwirft Aristoteles diese Lebensform, weil der Mensch dabei das eigentliche Humanum verrate: Er gibt seine Freiheit preis, indem er sich zwar nicht den Machenschaften von Neuropsychologen ausliefert, aber indem er sich ganz dem naturalen Streben, seinen Trieben oder physiologischen primären Bedürfnissen hingibt. Natürlich macht es keinen Sinn zu bestreiten, dass der Mensch eine Fülle von solchen Triebbedürfnissen hat und dass deren Befriedigung in der Regel als lustvoll erlebt wird. Hinsichtlich eines guten Lebens kann es auch durchaus sinnvoll sein, zur Vermeidung von Unlust diese Bedürfnisse in geeigneter Form zu stillen. Kritisiert haben die antiken Philosophen das Genussleben nur dort, wo es verabsolutiert und zum einzigen Lebensprinzip erhoben wird.[220] Nur dann macht man sich zum Sklaven dieser natürlichen Antriebe und Leidenschaften, die leicht ein Eigenleben zu führen und jede rationale Kontrolle zu entmachten drohen. Bei einem solchen naiven oder unreflektierten Hedonismus geht es allein darum, eine möglichst große Summe episodischer Lustmomente aus der Befriedigung aufgestauter Triebbedürfnisse zu erzielen. Dies erscheint uns menschenunwürdig, weil man den Menschen auf seine sinnlich-animalische Wirklichkeit reduziert auf Kosten der Freiheit. Die menschliche Freiheit ist aber ein grundlegendes Gut, das nicht gegen subjektives Wohlbefinden aufgerechnet werden darf. Allenfalls könnte man darauf verweisen, dass diese Menschen doch wenigstens die hedonistische Lebensform selbst in Freiheit gewählt haben.[221] Wie zudem die ausdifferenzierten Modelle eines reflektierten oder aufgeklärten Hedonismus von Epikur und den Utilitaristen zeigen, muss der Entscheid für die sinnliche Lust gar nicht notwendig in eine Ausschaltung der strebensethischen Vernunft und damit der menschlichen Freiheit führen.

3. *Bewertung der Lüste*: Ein radikaler und unreflektierter ethischer Hedonismus stellt nicht nur eine reale Gefahr für die menschliche Freiheit dar. Vielmehr gerät ein gutes Leben im Dienst des sinnlichen Genusses deswegen unvermeidlich in große Schwierigkeiten, weil die natürlichen Antriebskräfte keineswegs schon von selbst in einem harmonischen Zusammenhang stehen.[222] Vielmehr können sie einander widerstreiten und zusätzlich dazu auch mit den Bedürfnissen anderer

Menschen in Widerspruch geraten. Aufgrund dieses Fehlens einer angeborenen natürlichen Ordnung der Bedürfnisse setzt das gute Leben eine reflexive Distanznahme zum naturalen Streben voraus. Auch ein Hedonist wäre daher dazu aufgerufen, zu seinen Bedürfnissen Stellung zu beziehen und diejenigen zu verwerfen, die entweder aufgrund ihres ungehemmten Wucherns dem Betroffenen selbst schaden oder deren Befriedigung aller Wahrscheinlichkeit nach einen Zwist mit den Mitmenschen zeitigen würde. „Dass also die Lust nicht das höchste Gute ist und dass nicht jede Lust wünschbar ist, scheint klar zu sein", hält bereits Aristoteles fest.[223] Aristoteles zufolge hat man v. a. den Lustgewinn aus schimpflichen Tätigkeiten auszuschließen, wobei die entsprechenden Lüste selbst als schimpflich disqualifiziert werden müssten.[224] Neben Vergnügungen aus unmoralischem bzw. tugendwidrigem Verhalten hat er die Lüste kranker Menschen im Blick. Über Letztere hat sich gleichfalls sein Lehrer Platon lustig gemacht: Weil man gemäß dem antiken Beispiel offenbar einen großen Lustgewinn erzielt, indem man juckende Hautausschläge mildert, scheint sich ein radikaler Hedonist möglichst starke „Krätze" wünschen zu müssen. Denn dann fiele das Jucken am heftigsten und die Lust beim Reiben am intensivsten aus.[225] Noch schädlicher für den Betroffenen wäre freilich der Lustgewinn aus einem Suchtverhalten wie etwa der Spielsucht oder Fernsehsucht. Kann doch eine krankhaft übersteigerte und unkontrollierbare Lustbefriedigung alle anderen Lebensbereiche zurückdrängen und die physische und psychische Gesundheit des Genusssüchtigen vollständig ruinieren. Schließlich würden wohl die wenigsten die aus einer Liebesbeziehung hervorgehenden Wohlgefühle als wünschenswert erachten, wenn man vom Partner dreist betrogen wird. Ein radikaler unreflektierter Hedonismus verfehlt also ein gutes Leben, weil nicht jede Lust hinsichtlich der langfristigen Eigeninteressen zu bejahen ist.

4. *Zeitbewusstsein*: Der Preis für eine radikale und unmittelbare hedonistische Existenz scheint in den Augen vieler Kritiker nichts Geringeres als der menschliche Geist selbst zu sein. In Platons Dialog *Philebos* drängt Sokrates seinen Gesprächspartner mit seinen Fragen immer mehr in die Enge. Denn dieser hatte zuvor behauptet, das gute Leben sei eines, in dem man sich permanent den größten Vergnügungen hingebe.[226] Offenbar könnte man aber bei einem Leben ununterbrochenen Wohlbefindens nicht nur auf Einsicht und Wissen verzichten, sondern auch auf die Fähigkeit, sich an vergangenen Genuss zu erinnern oder zukünftige Freuden zu antizipieren. Angesichts solcher reduzierter geistiger Vermögen scheint man letzten Endes nicht einmal mehr zum Urteil fähig zu sein, dass man sich überhaupt freut, wenn man sich freut. Sokrates vergleicht ein solches angeblich gutes Leben mit dem Leben von Schalentieren oder Polypen, wie man sie im Meer findet. Er fragt seinen verstummenden Gesprächspartner gleich wie Nozick seinen

3.4 Kritik am ethischen Hedonismus

Leser beim analogen Gedankenexperiment, ob ein solches Leben wirklich wünschenswert sei. Immer wieder wird seither in der Philosophie der Topos des tierischen Jetztverhaftetseins heraufbeschworen: Die weidende Herde weiß in Nietzsches Illustration nicht, „was Gestern, was Heute ist, (…), frisst, ruht, verdaut, (…) kurz angebunden mit ihrer Lust und Unlust; an den Pflock des Augenblicks"[227]. Der Mensch hingegen ist ein zeitstiftendes Wesen, das immer schon „sich vorweg" ist in der Zukunft und sich vor dem Hintergrund seines bisherigen Erlebens in der Vergangenheit versteht.[228] Auch die Struktur des menschlichen Erlebens selbst weist nach Robert Spaemann einen genuin vektoriellen Charakter auf. Der ethische Hedonismus sei deswegen zum Scheitern verurteilt, weil er einen „Solipsismus des gegenwärtigen Augenblicks" postuliere, bei dem jeder Gedanke an ein Früher oder Später ausgeschaltet wäre.[229] Während es uns für einzelne wenige Momente gelingen mag, uns ganz der Gegenwart hinzugeben, ohne die möglichen Folgen des Genusses zu bedenken, scheint der Gegenwartssolipsismus auf die Dauer nur durch Verkümmerung der geistigen Fähigkeiten bis hin zur Bewusstlosigkeit möglich zu sein.

Die vollständige und dauerhafte Ausblendung der Zukunftsdimension dürfte hinsichtlich eines guten Lebens indes nicht nur psychologisch widersinnig, sondern auch gar nicht wünschenswert sein. Denn bei solcher Zukunftsignoranz läuft man Gefahr, dass „auf das kurze Glück von heute das lange Unglück von morgen folgt"[230]. Da eine solche lebensbezogene „Katerstimmung" durchaus nicht in jedem Falle harmlos bleiben muss, wäre ein gewisses Maß an Zukunftsangst prudentiell betrachtet durchaus vernünftig. Es ist bezüglich unserer langfristigen Eigeninteressen offenkundig unklug, die möglichen Folgen eines Genusses auszublenden, um einer ausschließlich punktuellen Bedürfnisbefriedigung zu frönen. Im Zeichen eines langfristigen Wohlbefindens müsste man auf kurzfristigen Lustgewinn verzichten und damit den radikalen Hedonismus zugunsten eines reflektierten aufgeben. Epikur hat dem Zeitfaktor mit seiner Überlagerungstechnik von erinnerter oder antizipierter Lust, Bentham mit den Lustkriterien „Dauer" (2), „Folgenträchtigkeit" (5) und „Reinheit" (6) durchaus Rechnung getragen. Voraussetzung für ein gutes Leben wäre neben der reflexiven Distanz zu den eigenen Bedürfnissen und damit der Fähigkeit zur Selbstreflexion folglich das Zeitbewusstsein.[231] Denn nur wer sich in der Zeit seines Lebens zur Zeit seines Lebens in Beziehung setzen kann und dies vernünftigerweise auch tut, kann die Frage „Wie soll ich leben?" für sein Leben insgesamt stellen. Die Vorstellung von einem guten Leben bezieht sich streng genommen auf eine *qualitative* Ganzheit des Lebens. Sie widerspricht damit einer Aufsplitterung des Lebensvollzugs in einzelne isolierte, voneinander unabhängige Augenblicke subjektiven Wohlbefindens. Die Zeit des bisherigen Lebens und die realen Zukunftsaussichten lassen sich letztlich nur kraft übergreifender Lebensziele oder längerfristige Pläne als eine integrierte Einheit mit innerer Kohärenz vergegenwärtigen (vgl. Kapitel 4.3). Auch „Glück" als übergreifende Stimmung und Letztziel eines guten Lebens ist grundsätzlich mehr als die Summe von einzelnen unzusammenhängenden positiven Empfindungen des jeweiligen Augenblicks (vgl. Kapitel 6.1).[232]

4 Wunsch- und Zieltheorie

In diesem Kapitel sollen die beiden eng verwandten Theorien des guten Lebens: die Wunsch- und die Zieltheorie zur Diskussion gestellt werden. Gemäß beiden Theorien bemisst sich ein gutes Leben entscheidend daran, dass in ihm die meisten, die wesentlichen oder möglichst viele Wünsche oder Ziele des Subjekts realisiert werden können. Die Grundmaxime dieser Position lautet entsprechend: „Lebe das Leben, bei dem möglichst viele Deiner Wünsche oder Ziele in Erfüllung gehen!". Im Anklang an Kants bereits zitierte Glücksdefinition wäre ein solches Leben eines, in dem uns „alles nach Wunsch und Wille geht"[233]. Martin Seel als prominentester zeitgenössischer Vertreter einer Wunschtheorie ruft allerdings zur Mäßigung auf, indem er statt von „allen Wünschen" bescheidener von „nicht wenigen Wünschen" ausgehen will. In seinen Worten gilt, „dass es zu einem guten Leben gehört, dass sich nicht wenige der Wünsche, die wir haben, erfüllen."[234] Analog zu den Hedonisten, die das menschliche Glück als Letztziel eines guten Lebens an das Ausmaß subjektiven Wohlbefindens koppeln, ist für die Wunschtheoretiker die Wunscherfüllung ausschlaggebendes Glückskriterium: „Ein im ganzen glückliches Leben hat, wem die wesentlichen Wünsche (die er in der Zeit seines Lebens entwickelt) auf eine nicht illusionäre und tatsächlich befriedigende Weise in Erfüllung gehen."[235]

Anstelle von Wünschen ist in der Philosophie seit Beginn des 20. Jahrhunderts v. a. im Umkreis ökonomischer Entscheidungs- und Nutzentheorien auch von „Präferenzen" die Rede. „Präferenzen" in einem weiten Sinne sind Wünsche oder Werturteile eines Handlungssubjekts, das aufgrund von persönlichen Vorlieben, Neigungen oder Nützlichkeitserwägungen einer bestimmten Handlungsweise oder einem Sachverhalt den Vorzug gibt. „To prefer" im Englischen oder „préférer" im Französischen heißt soviel wie „den Vorrang geben, vorziehen", und vom französischen Substantiv „préférence" leitet sich auch der Ausdruck „Präferenz" ab. Eine Präferenz ist also das, was ein jeder für sich selbst erstrebt oder wünscht. Der im Kapitel 3.3 vorgestellte klassische Utilitarismus wurde in jüngerer Zeit zu einem „Präferenzutilitarismus" weiterentwickelt. Im Unterschied zum *güterbezogenen* klassischen Utilitarismus, der das höchste Gut oder den in sich wertvollen Nutzen als „Lust" definiert, ist dieser neuere Utilitarismus vielmehr *präferenzbezogen*: Gut ist nicht das Maximum an subjektivem Wohlbefinden aller beteiligter Personen, sondern die optimale Realisation möglichst vieler ihrer Präferenzen. Neben Richard Hare und James Griffin ist ein prominenter Vertreter eines solchen Präferenzutilitarismus Peter Singer. Er formuliert Benthams „Prinzip der Nützlichkeit" folgendermaßen um: „eine Handlung, die der Präferenz irgendeines Wesens entgegensteht, ohne dass diese Präferenz durch entgegengesetzte Präferenzen ausgeglichen wird, (ist) moralisch falsch."[236]

Bei meiner Analyse der Wunsch- und Zieltheorien des Glücks werde ich den Terminus „Präferenz" nicht weiter verwenden, sondern nur von Wünschen und Zielen sprechen. Dabei lege ich großen Wert auf die Differenz zwischen Wünschen und Zielen, die von vielen Theoretikern des guten Lebens leider missachtet wird. Bevor ich mich einer kritischen Erörterung der Wunsch- und Zieltheorie selbst zuwende, sollen daher die Begriffe „Wunsch" und „Ziel" geklärt werden: Ein „Wunsch" ist die bewusste Vorstellung eines befriedigten Zustandes oder eines begehrten Objektes.[237] In jedem gesunden, nicht depressiv verstimmten Menschen sprudeln laufend eine ganze Menge solcher Wünsche entweder aus dem Mangelzustand von primären Bedürfnissen oder aus sachorientierten Interessenzusammenhängen. Zu denken ist etwa an den Wunsch nach einem Teller Spaghetti oder dem Wunsch, eine bevorstehende Prüfung zu bestehen. Ähnlich wie bei den (primären) „Bedürfnissen" stehen wir dabei häufig unter dem Eindruck der Fremdkontrolle, d. h. wir fühlen uns gestoßen oder gedrängt durch unsere Wünsche. Die meisten dieser Wünsche können niemals in die Realität umgesetzt werden, weil sie als reine Phantasieprodukte der Wirklichkeit oft wenig angepasst sind. Sie orientieren sich nicht an der objektiven Realität, sondern an der subjektiven Idealität. Darüber hinaus kann ein Wunsch sogar handlungslähmend wirken, wenn wir nämlich in der phantastischen Antizipation der ersehnten Zukunft schwelgen. Dann können weder die konkreten erforderlichen Handlungsschritte geplant noch die benötigten Aktionspotentiale mobilisiert werden.

Das „Ziel" demgegenüber ist eine Vorstellung eines zukünftigen Zustandes oder Sachverhaltes, den man mit gezielten Bemühungen tätig erreichen will. Im Unterschied zu idealitätsorientierten Wünschen sind solche Ziele sowohl realitäts- als auch realisierungsorientiert. Den Übergang vom „Wünschen" zum „Wollen", oder vom „Wunsch" zum „Ziel" illustriert man in der Psychologie gerne anhand des Rubikonmodells.[238] Benannt wurde das Modell nach dem Fluss Rubikon, den Cäsar 49 v. Chr. nach langem Abwägen überschritt und damit den Bürgerkrieg eröffnete. Bevor ein unspezifischer Wunsch zu einem klaren Handlungsziel arrivieren kann, muss er sorgfältig auf seine Realisierbarkeit unter den gegebenen Bedingungen und auch auf die Erwünschtheit der Konsequenzen seiner Realisierung geprüft werden. Überschritten wird der Rubikon bildlich gesprochen kraft eines Entschlusses, diesen Wunsch tatsächlich zu verwirklichen und die nötigen Handlungsschritte zu planen und in Angriff zu nehmen. Es liegt dann eine klare Absicht oder Intention hinsichtlich des Wunschgegenstandes vor. Was beim Wunsch nur als höchst erstrebenswert in grellen Farben ausgemalt wird, mutiert beim Ziel zum Gegenstand einer festen Absicht und eines aktiven Wollens. Aufgrund dessen stellt sich das Gefühl souveräner Selbstkontrolle ein, während man sich beim bloßen Wünschen noch „gestoßen" fühlte. Das Ziel ließe sich also definieren als ein „effektiv handlungsleitender Wunsch"[239] oder als „intendierte Handlungskonsequenz"[240].

4.1 Kritische Analyse der Wunschtheorie

Während sich eine hedonistische Theorie des guten Lebens im Widerstreit befindet mit einigen elementaren psychologischen Erkenntnissen (vgl. Kapitel 3.4), scheint die Wunscherfüllungstheorie auf unumstößlichen anthropologischen Prämissen zu beruhen. Seel wählt für seine Wunschtheorie des Glücks explizit einen Ausgangspunkt, der „philosophisch möglichst anspruchslos ist":[241] Es ist zum Ersten die empirische Annahme, dass jeder Mensch Wünsche hat, zu denen er wertend Stellung beziehen kann. Zum Zweiten ist davon auszugehen, dass jeder Mensch möchte, dass zumindest einige seiner Wünsche in Erfüllung gehen. Drittens schließlich darf man allen Lebewesen, die sich überhaupt wertend zu ihrem Leben verhalten können, die Überzeugung unterstellen, dass es zu einem guten Leben gehört, dass sich in ihm solche Wünsche erfüllen. Wenn man als Kriterium eines guten Lebens nicht das Ausmaß an subjektivem Wohlbefinden, sondern das Maß der Erfüllung bestimmter oder hauptsächlichster Wünsche nimmt, scheint man zumindest gegen zwei in Kapitel 3.4 gegen den Hedonismus erhobene Einwände gefeit zu sein: Statt dem „hedonistischen Paradox" auf den Leim zu gehen (1), haben die meisten Wunschtheoretiker vorwiegend außenorientierte, niemals aber ausschließlich innenorientierte Wünsche im Auge. Auch wo ein bestimmter subjektiver Zustand ersehnt wird, ist dieser meist verbunden mit einem spezifischen Handlungskontext in der realen Außenwelt. Man wünscht sich in der Regel nicht irgendwelche euphorischen Zustände des Wohlbefindens herbei,[242] sondern etwa das Mutterglück im Kontext einer jungen Familie. Desgleichen scheint die Freiheit in den gegenwärtig verfochtenen Wunschtheorien viel weniger in Gefahr (2), weil man immer schon von der Möglichkeit einer distanzierten und wertenden Stellungnahme zu den eigenen Wünschen ausgeht. Doch worauf soll bei dieser Reflexion besonders geachtet werden, damit die Wunscherfüllung tatsächlich im Dienst eines guten Lebens steht?

1. *Subjektbezug der Wünsche*: Zuallererst gilt anzumerken, dass nicht alle Wünsche für ein gutes Leben überhaupt relevant sind. Viele Wünsche, die wir haben, können in Erfüllung gehen, ohne dass dies irgendeinen Einfluss auf unser Leben hätte.[243] Man denke etwa an den Wunsch, dass den Drittweltländern ihre Schulden erlassen werden oder an den Wunsch, ein zufälliger Mitpassagier im Flugzeug möge seine ehrgeizigen beruflichen Pläne verwirklichen können. Zunächst ist es nicht unwahrscheinlich, dass man vom tatsächlich stattgefundenen Erfolg und Aufstieg des Flugzeugpassagiers gar nichts erfährt. Aber auch wenn wir davon Kunde hätten, würde dies an der Einschätzung unseres eigenen Lebens vermutlich kaum etwas ändern. Ins Gewicht fallen offenkundig nur solche Wünsche, die in einem Bezug zum handelnden Subjekt stehen. Sie müssen die Relation der Person zu ihrer Umwelt betreffen wie die oben genannten Wünsche nach einem Teller Spaghetti oder dem eigenen beruflichen Durchbruch. Die gewünschten Sachverhalte oder Ereignisse können also einem guten Leben überhaupt nur förderlich sein, wenn sie einen Subjektbezug aufweisen und in Bezug auf die jeweiligen Eigeninteressen relevant sind.

2. *Informiertheit oder Aufgeklärtheit der Wünsche*: Mutmaßlich hat James Griffin als erster den Finger darauf gelegt, dass nicht alle Wünsche mit ihrer Erfüllung zu einem guten Leben beitragen. Laut Griffin dürfen bezüglich eines guten Lebens vielmehr nur Wünsche berücksichtigt werden, die „rational or informed",[244] also „vernünftig" oder „informiert" sind. Als informiert oder aufgeklärt dürfen Wünsche nur dann gelten, wenn sie weder aus logischen Fehlern hervorgehen noch auf falschen Informationen oder Hintergrundüberzeugungen basieren. Denn die meisten unserer Wünsche sind eingebettet in eine Vielzahl von fantastischen bis realistischen Meinungen über die Wirklichkeit. Weil wir uns über die Welt oder unsere Mitmenschen täuschen können, sind viele dieser Annahmen möglicherweise falsch oder widersprüchlich. Die auf sie gegründeten Wünsche sind dann uninformiert oder unaufgeklärt und können bei einem entsprechenden Umsetzungsversuch verheerende Folgen haben. In einem eher harmloseren Beispiel spart ein Kunstliebhaber sein sauer verdientes Geld, um sich einen sehnlichen Wunsch zu erfüllen und ein Bild von van Gogh zu erwerben. Wenn sich sein Wunsch nach einem echten van Gogh aber bei einer Kunstauktion auf ein Bild richtete, das lediglich eine raffiniert gemachte Kopie darstellt, wäre dieser konkrete handlungsleitende Wunsch unaufgeklärt. Auch wenn die Illusion nicht sogleich mit der Erfüllung des Wunsches, d. h. nach dem Übergang des Bildes in eigenen Besitz entlarvt wird, wäre das auf ihm aufgebaute „gute Leben" trügerisch und brüchig. Deutlicher wird der Widerspruch zum aufgeklärten Selbstinteresse bei einem Wunsch einer durstigen Person nach dem Inhalt eines vor ihr stehenden Bechers. Während sie meint, er sei mit Wasser gefüllt,

4.1 Kritische Analyse der Wunschtheorie

enthält er in Wirklichkeit Benzin. Hier hätte die Befriedigung des Wunsches unübersehbare negative Konsequenzen. Wenn die betroffene Person gut informiert wäre, würde sie zweifellos von diesem Wunsch Abstand nehmen.

Natürlich verfügt kein Mensch über ein allumfassendes göttliches Wissen. Die Informiertheit oder Aufgeklärtheit eines Wünschenden und damit seiner Wünsche kann daher niemals absolut, sondern immer nur hinreichend sein. Die meisten Wunschtheoretiker gehen aber bezüglich der Informiertheitsbedingung augenscheinlich davon aus, dass uns ein „objektiver" Maßstab zur Verfügung steht, um die Realitätsadäquatheit der Hintergrundannahmen von Wünschen prüfen zu können. In der Philosophie zieht man in diesem Kontext gerne die Figur des „neutralen Beobachters" heran oder verlässt sich auf den Konsens erfahrener Beobachter: Wenn die den Wünschen zugrunde liegenden Wirklichkeitsannahmen nach dem Urteil eines „neutralen Beobachters" oder aller erfahrener Beobachter unrealistisch sind, müssen die Wünsche als uninformiert verworfen werden. Im Alltag wären wir entsprechend auf neutrale beratende Personen angewiesen, welche die Richtigkeit unserer theoretischen Meinungen überprüfen. Ob wir für unsere Wünsche alle relevanten Fakten berücksichtigt haben, lässt sich letztlich nur in der ständigen Auseinandersetzung mit Fachpersonen oder erfahrenen Menschen klären, die sich im jeweiligen Wirklichkeitsbereich auskennen. Statt nach einem umfassenden göttlichen Wissen zu streben, hilft es zur Vermeidung von epistemischen Irrtümern und Täuschungen sicherlich weiter, wenn wir im Gespräch bleiben mit unseren Mitmenschen und bereit sind, deren möglicherweise abweichenden Perspektiven und Sichtweisen auf das von uns Gewünschte einzunehmen.

3. *Nicht-Neurotizität von Wünschen*: Auf die grundlegende Differenz von „neurotischen" und „nichtneurotischen Wünschen" hat Erich Fromm aufmerksam gemacht.[245] Gleich wie Griffin bei den „uninformierten Wünschen" spricht auch Fromm bezüglich der „neurotischen Wünsche" alternativ von „irrationalen Wünschen". Obschon unstreitig beide Wunschtypen das Attribut „irrational" verdienen, werde ich zum Zwecke ihrer Unterscheidbarkeit auf diesen übergeordneten Ausdruck verzichten. Es liegt nach Fromm nachgerade im Charakter von neurotischen Wünschen, dass sie nicht befriedigt werden können bzw. dass ihre Befriedigung nicht zur subjektiven Erfahrung von Erfüllung führt. Ein verbreiteter neurotischer Wunsch wäre etwa der Wunsch, eine Frau zu verführen und sich lustvoll mit ihr sexuell zu vereinigen. In vielen Fällen entspricht nach Angaben des Psychoanalytikers ein solcher Wunsch einer krankhaften psychischen Verfassung, etwa einem Minderwertigkeitskomplex oder übertriebener Selbstunsicherheit. So möchte ein unsicherer Mensch möglicherweise nur sich selbst seinen

eigenen Wert beweisen, indem er seine angebliche Unwiderstehlichkeit durch Eroberungen von Frauen zu demonstrieren versucht. Auch wenn seine Wünsche nach erfolgreichen Verführungen in Erfüllung gehen sollten, bleibt doch das wahre zugrunde liegende Interesse nach Selbstwerterhöhung unerfüllt. Daher trägt die Wunscherfüllung nicht zu seinem glücklichen und guten Leben bei. Gemäß einem zweiten Beispiel entspringt der Wunsch nach Schlaf häufig einer „neurotischen Schläfrigkeit".[246] Obwohl die Betroffenen meinen, der Wunsch würde durch normale physische Ermüdung hervorgerufen, wurzeln sie de facto in verdrängter Angst oder Wut. Auch hier wird der Schlaf schwerlich die erhoffte Erlösung von der lähmenden Schläfrigkeit bringen.

Genau genommen muss die Verwirklichung neurotischer Wünsche scheitern, weil man sich darüber täuscht, was man wirklich wünscht: nämlich mehr Selbstbewusstsein (gegenüber Frauen) zu haben oder seinem Ärger beispielsweise am Arbeitsplatz Luft machen zu können (als einer möglichen Ursache neurotischer Schläfrigkeit). Aufgrund dieser Selbsttäuschung wählt man für solche verdrängten „wahren" Wünsche völlig falsche Mittel ihrer Befriedigung – konkret: Verführung oder Schlaf. Es handelt sich hier aber nicht um die Informiertheit oder Aufgeklärtheit hinsichtlich äußerer Wirklichkeitsverhältnisse wie bei Punkt (2), sondern bezüglich des psychischen Innenlebens. Innere psychische Zwänge, Konflikte, Komplexe oder verdrängte Aggressionen können aber ihrerseits das Wahrnehmen der äußeren Wirklichkeit verzerren. Arthur Schopenhauer beschreibt in seinem Hauptwerk *Die Welt als Wille und Vorstellung,* wie auch nicht-pathologische heftige Affekte und Neigungen das Denken und Wahrnehmen der Menschen regelmäßig zu verfälschen pflegen: Wenn man jemanden heftig begehrt, sieht man an ihm nur lauter Vorteile, wohingegen man an den Objekten seines Hasses nur Fehler erkennt.[247] Sowohl im Zeichen der Informiertheits- als auch der Nicht-Neurotizitäts-Bedingung unserer Wünsche wäre es daher geboten, den psychischen Hintergrund der eigenen Wünsche so weit wie möglich transparent zu machen. Wer ein gutes Leben im Sinne der Wunschtheoretiker leben will, müsste sich also über die Genese seiner Wünsche so weit wie möglich im Klaren sein.

4. *Adäquatheit der zugrunde liegenden Werturteile*: Während die Wunschtheoretiker sich in der Regel auf das Kriterium der epistemischen Informiertheit gemäß Punkt (2) beschränken, müsste eine Kritik der Wünsche meines Ermessens tiefer greifen. Denn täuschen können wir uns nicht nur bezüglich der Realisierungsbedingungen und der realen Sachverhalten im Zusammenhang unserer Wünsche. Auch wenn man noch die inneren psychischen Prismen und Zwänge aufdeckt (Punkt 3), ist die Analyse der Genese unserer Wünsche noch nicht am Ende. Vielmehr wird jeder für ein gutes Leben relevante Wunsch (Punkt 1) wesentlich konstituiert durch ein Werturteil: durch das Urteil, dass

4.1 Kritische Analyse der Wunschtheorie

der ersehnte Zustand oder Umstand tatsächlich für unser Leben „gut" sei. Der Kern jedes Wunsches besteht darin, dass wir das Gewünschte als wünschenswert, d. h. in irgendeiner Hinsicht als wertvoll für uns oder für unser Leben taxieren.[248] Auch in solchen Wertüberzeugungen können wir aber fraglos irren. Doch wer entscheidet hier über richtig oder falsch? Im normativen Bereich der Werte scheint eine intersubjektive Überprüfbarkeit im Gegensatz zum Reich der Faktizität nicht in vergleichbarer Weise möglich. Wie ich unter Punkt (2) erläuterte, kann man gleichsam vom Standpunkt eines „neutralen Beobachters" aus feststellen, ob die Wünsche einer Person auf realitätsadäquaten empirischen Grundannahmen basieren. Doch wie verhält es sich bei den ebenso irrtumsanfälligen Wertvorstellungen, die den Wesenskern von Wünschen ausmachen? Wovon hängt es ab, ob das Gewünschte tatsächlich und nicht bloß vermeintlich gut für unser Leben ist? Vom subjektiven Wohlbefinden des Einzelnen, das sich bei der Erfüllung der Wünsche einstellt?

Seel empfiehlt in der Tat, solche Wünsche zu favorisieren, „deren Verwirklichung tatsächliche Erfüllung verspricht bzw. deren Verwirklichung die reichere Erfüllung verspricht": „Wer überhaupt in der Lage ist, sich zu der Art seiner Lebensführung verhalten zu können und verhalten zu müssen, sollte nach Situationen streben, die ihm Erfüllungen bieten, die er wirklich als solche erfahren und bewerten kann."[249] Bei einer solchen Auslegung gerät man allerdings in das Dilemma, dass uns bei vielen Wünschen die Erfahrung darüber fehlt, wie es ist, im Besitz der gewünschten Zustände oder Objekte zu sein. Der Wunsch etwa, Mutter zu werden, basiert auf der durchaus unsicheren Annahme, dass sich ein Mutterglück einstellen wird, welches sich hinsichtlich unseres guten Lebens als wesentlicher Bestandteil entpuppen könnte. Auch wissen wir nicht „von innen", wie es ist, in dem von uns gewählten Beruf erfolgreich zu sein, wenn wir uns einen solchen Erfolg wünschen. In entscheidenden Punkten könnte sich unser Wünschen nachträglich als blind erweisen, so dass man dann enttäuscht feststellen müsste: Wenn ich gewusst hätte, dass das so ist, wie ich es jetzt erfahre, hätte ich mir das nicht gewünscht![250] Allerdings darf das beim Wunscherfüllungsstreben vorhandene kognitive Defizit und das damit verbundene Risiko auch nicht überbewertet werden. Denn der Mensch wird immer schon hineingeboren in eine Gemeinschaft mit mannigfaltigen Erfahrungen und Vorstellungen bezüglich dessen, was einem Menschen Erfüllung bietet. Wir müssen also bildlich gesprochen nicht völlig ins Blaue hinein wünschen, sondern finden immer schon eine Fülle von persönlichen oder kulturellen Erfahrungen mit bestimmten Wunscherfüllungsformen vor.[251] So können wir gezielte Recherchen darüber anstellen, wie andere Menschen unter ähnlichen Bedingungen ihre Mutter- oder Vaterschaft erlebt haben oder ob sie mit dem von uns anvisierten Beruf wirklich glücklich wurden. Natürlich bleibt ein Restrisiko schon aufgrund der unterschiedlichen psychischen Strukturen und der nie ganz übereinstimmenden komplexen Lebenssituationen bestehen. Wer sein gutes Leben auf die Erfüllung seiner Wünsche stützt, ist die Strecke nicht zuvor schon einmal zur Sicherheit abgefahren. Er ist damit nicht „streckenkundig", wie die Eisenbahner sagen würden.[252]

Die weitgehende zwischenmenschliche Übereinstimmung in der Beurteilung vieler Wünsche kommt jedoch wesentlich dadurch zustande, dass die Wünsche konstituiert werden durch bestimmte Werturteile über Sachverhalte oder Zustände. Solche Wertvorstellungen entwickelt der Mensch nämlich niemals privatissime nur für sich selbst, sondern sie sind immer soziokulturell geprägt (vgl. Kapitel 6.2). Im Laufe der Sozialisation und in Interaktion mit seinen primären oder sekundären Bezugspersonen lernt der Heranwachsende, welche sozialen Rollen, welche Berufe oder Tätigkeiten oder welcher Besitz „wertvoller" ist als andere. Diese Werturteile sind nicht nur zu einem wesentlichen Teil dafür verantwortlich, was die Menschen dieser Gemeinschaft *wünschen*, sondern auch dafür, wie positiv die entsprechenden Wunscherfüllungen *erlebt* werden.[253] Bezüglich derjenigen Wünsche, die in engem Zusammenhang mit primären Bedürfnissen entstehen, sind grundsätzlich die größten Gemeinsamkeiten zu erwarten. Auch wer aus spezifischen Gründen ein Singledasein führt und auf Kinder verzichtet, hat in der Regel keine Mühe, den Wunsch nach einer vertrauensvollen sexuellen Beziehung oder nach Kindern nachzuvollziehen. Aber auch bei Wünschen nach ausgefalleneren Lebensweisen oder Dingen gehen wir zumeist davon aus, dass das, was uns als wertvoll erscheint, auch von anderen Menschen unseres Umfeldes geschätzt wird. – Oder dass es wenigstens geschätzt werden müsste, wenn sie es richtig bedächten oder die gleichen Erfahrungen hätten machen können! „Solange wir uns als soziale Wesen verstehen (…), sind wir nicht nur für ein funktionierendes Zusammensein mit anderen, sondern auch für unser eigenes Selbstwertgefühl und unsere eigenen Sinnerfahrungen auf mit anderen geteilte oder teilbare Vorstellungen davon, was im Leben wichtig ist, angewiesen."[254] Die unseren Wünschen zugrunde liegenden Wertvorstellungen dürften nur dann als adäquat gelten, wenn der mit ihnen implizit erhobene Anspruch auf intersubjektive Übereinstimmung einem „neutralen Beobachter" oder der Mehrzahl der beobachtenden Mitmenschen als berechtigt erscheint. Wie die kognitive Aufgeklärtheit der Wünsche im Bereich der theoretischen Meinungen über die Wirklichkeit nur durch die intersubjektive Überprüfung dieser Annahmen zu erreichen ist, sind wir im Bereich der Wertvorstellungen auf die Auseinandersetzung mit Wertungsweisen anderer verwiesen. Auch wenn der Wünschende seine Wertvorstellungen einer internen Bewährungsprobe aussetzen sollte, darf ihm doch das, was für sein Leben nach be-

4.1 Kritische Analyse der Wunschtheorie

stimmten kulturellen oder familiären Erfahrungen angeblich gut ist, niemals von außen aufoktroyiert werden. Denn er bleibt die „letzte Instanz" bei der Beurteilung dessen, was für ihn wirklich gut ist.[255]

5. *Bewertung und Ordnung der Wünsche*: Analog zu meiner Kritik an der hedonistischen Theorie muss zum Schluss geklärt werden, in welcher Form eine *Bewertung* der Wünsche (Punkt 3 von Kapitel 3.4) vorgenommen werden muss und wie dabei dem menschlichen *Zeitbewusstsein* (Punkt 4) Rechnung getragen werden könnte. Denn grundsätzlich treffen wir bei den ständig in einer bunten Fülle im Menschen quellenden Wünschen dieselbe Schwierigkeit an wie bei den natürlichen Strebensimpulsen der Bedürfnisse: Es fehlt ein innerer Zusammenhang oder eine sinnvolle Ordnung zwischen den Wünschen. Eine Wunschtheorie des guten Lebens sieht sich daher konfrontiert mit der Frage, wie denn mit den höchst wahrscheinlichen Wunschkonflikten umgegangen werden soll. Nehmen wir als Beispiel einen jungen Menschen, der sowohl den Wunsch hat, Germanistik zu studieren als auch den Wunsch, sich an der Kunstgewerbeschule als Grafiker ausbilden zu lassen. In einem anderen hinlänglich bekannten Konfliktfall verspürt jemand in sich den Wunsch, eine Zigarette zu rauchen. Gleichzeitig hat dieselbe Person aber auch den Wunsch, mit dem Rauchen aufzuhören. Ein nahe liegender Vorschlag eines Wunschtheoretikers könnte lauten, man solle in solchen Fällen einfach dem Wunsch den Vorzug geben, der stärker sei.[256] Abgesehen davon, dass die Maßeinheit der „Stärke" oder „Intensität" eines Wunsches nicht definiert ist (vgl. Kapitel 3.3), bedeutete eine solche Entscheidung noch lange nicht, dass die Betroffenen dann tatsächlich tun, was für sie besser ist oder ihnen größere Erfüllung beschert. Dass ein Wunsch „stärker" ist, könnte auch bedeuten, dass ihm die Person größeres Gewicht beimisst. Gerade darüber, welchem Wunsch sie das größere Gewicht zuschreiben soll, könnte sie aber ratlos sein.[257] Wie ist dieser Pattsituation zu entkommen?

Zur Kritik und Neubewertung von faktisch vorhandenen Wünschen können uns sogenannte Wünsche zweiter Ordnung oder zweiter Stufe dienen. Die Unterscheidung von Wünschen erster und zweiter Ordnung geht zurück auf Harry Frankfurt.[258] Während Wünsche erster Ordnung auf erstrebte Zustände oder Objekte der Außenwelt gerichtet sind, beziehen sich Wünsche zweiter Ordnung auf Wünsche erster Ordnung. Wer einen Wunsch zweiter Ordnung hat, wünscht sich, dass er bestimmte Wünsche erster Ordnung hat, andere nicht. Wenn er nicht nur von einer höheren Warte aus urteilt, einen bestimmten Wunsch haben zu wollen, sondern zugleich wünscht, dass dieser Wunsch sein Wille werde, spricht Frankfurt von „Volitionen".[259] Nach Frankfurt können Tiere zwar Wünsche erster Ordnung bilden, nicht aber Wünsche höherer Ordnung. Er sieht das eigentliche Spezifikum des Mensch- oder Personseins geradezu darin, dass der Mensch sich für bestimmte Klassen von Wünschen entschließen kann. Wir bezeichnen solche höherstufigen Einstellungen meist als „Ideale". Das können Ideale sein wie Leistung, Tapferkeit, Hilfsbereitschaft oder Coolness, die uns dazu auffordern, auf eine bestimmte Art zu wünschen. Sie prägen nicht nur die Art unseres Wünschens und das faktische Wollen, sondern letztlich auch unseren Charakter. Kehren wir zu unserem Paradebeispiel zurück, ließe sich der Wunschkonflikt des Rauchers nun folgendermaßen auflösen: Während der Wunsch, eine Zigarette zu rauchen, lediglich einen Wunsch erster Ordnung darstellt, bildet derjenige, mit dem Rauchen aufzuhören, eine Volition: Die Person identifiziert sich mit dem höherstufigen, zeitlich stabilen Wunsch, ein gesunder, nikotinfreier Mensch zu sein. Dieser Wunsch hat daher größeres Gewicht im Rahmen ihres persönlichen guten Lebens und verdient eindeutig den Vorzug vor dem Zigarettenwunsch.

Hinsichtlich der Bewertung und Ordnung der Wünsche ergab sich somit implizit der Rat, zwischen wichtigeren und unwichtigeren Wünschen, zwischen kontingenten vorübergehenden und tiefergreifenden identitätsstiftenden Wünschen, zwischen Wünschen verschiedener Rangstufen zu unterscheiden. Für ein gutes Leben sind vorwiegend oder ausschließlich diejenigen Wünsche von Bedeutung, die man auch von einer höheren Warte aus betrachtet bejahen kann. Genau genommen sind es dabei die den Wünschen zugrunde liegenden Wertvorstellungen, die wir entweder bejahen oder verwerfen. Wünsche zweiter Ordnung wie der Wunsch, keine Wünsche nach Zigaretten zu haben, sind deswegen wichtiger, weil die wünschende Person sich mit dem dadurch statuierten Ideal eines gesunden, nikotinfreien Menschen identifiziert. Obwohl man faktisch einen Wunsch nach Zigaretten verspürt, ist dieser Wunsch für das persönliche Leben unbedeutend, ja in Bezug auf die langfristigen Eigeninteressen kontraproduktiv. Neben einer solchen hierarchischen Ordnung von Wünschen können konfligierende Wünsche aber auch auf ihre unterschiedliche temporale Dringlichkeit hin bewertet werden. Dringlicheren Wünschen müsste dabei unbedingt eine zeitliche Priorität eingeräumt werden.[260] Je nach aktueller Situation am Arbeitsmarkt ließe sich vielleicht das zweite genannte Beispiel eines Wunschkonfliktes durch eine zeitliche Rangfolge entschärfen: Wenn die Grafikbranche gerade blüht, würde es sich empfehlen, zuerst die Grafikausbildung zu absolvieren, um den Lebensunterhalt sicherzustellen. Zu einem späteren Zeitpunkt könnte dann mittels eines Fernstudiums oder berufsbegleitend das Germanistikstudium nachgeholt werden.

Damit ist zutage getreten: Ein gutes Leben ist nicht eines, in dem man die augenblickshaft sprudelnden Wünsche möglichst erfolgreich erfüllt. Denn ein solches Vorgehen wäre schon deswegen zum Scheitern verurteilt, weil wir immer eine Vielzahl von sich teilweise widersprechenden Wünschen haben. Zudem setzt ein gutes Leben ein Zeitbewusstsein und den Blick auf das ganze Leben voraus, wie es sich entwickelt hat und wie es wunschgemäß weiterverlaufen könnte. Im Dienste von langfristigen Interessen oder übergeordneten Wünschen zweiter Stufe müssen wir auf momentane faktische Wünsche auch verzichten können. Wie Seel selbst konzediert, gehe es im Grunde nicht um das isolierte Erfüllen einer möglichst großen Zahl voneinander unabhängiger Wünsche, sondern um den „Prozess der Wunscherfüllung", der auch als „Prozess der Zielverfolgung" verstanden werden könne.[261] Nicht nur ist der hierarchische und v. a. zeitliche Zusammenhang zwischen den Wünschen für ein gutes Leben bedeutsam, sondern gemäß meiner Eingangsdefinition wäre die Bezeichnung „Ziele" hier präziser als „Wünsche": Nach eingängiger Prüfung und Bewertung der Wünsche auf ihre Realisierbarkeit und die Konsequenzen ihrer Realisierung hat man sich auf einer höheren Reflexionsstufe für bestimmte Wünsche erster Ordnung entschlossen. Ziele unterscheiden sich von den fantasievollen Wünschen gerade dadurch, dass man sie tatsächlich und mit sorgfältig geplanten Handlungsschritten realisieren will. Die Wünsche avancieren dann zum Gegenstand einer festen Absicht und eines aktiven Wollens. Streng genommen konzipiert auch Seel also gar keine Wunschtheorie, sondern eine Zieltheorie des guten Lebens. So resümiert er seine eigenen Überlegungen zu Frankfurts Thesen:

> Letztlich sind es nicht einzelne Wünsche, sondern Konstellationen von Wünschen, die sich im Laufe eines Lebens mehr oder weniger erfüllen. Nur Wünsche, die sinnvoll miteinander vereinbar sind und außerdem einen nicht-illusionären Charakter haben, können die Zeit eines guten Lebens leiten. Ein gutes Leben, so ergibt sich aus einer teleologischen Betrachtung, liegt in einem gelingenden Streben nach einer geordneten Zahl von Zielen; es spielt sich auf Wegen der Wunscherfüllung ab, wie sie in sinnvollen Lebenskonzeptionen vorgezeichnet sind.[262]

Mit der Zieltheorie des guten Lebens und den Lebensplänen oder -konzepten werden wir uns in den beiden nachfolgenden Kapiteln 4.2 und 4.3 auseinandersetzen.

4.2 Kritische Analyse der Zieltheorie

Wie sich im vorangehenden Kapitel zeigte, stützt sich eine wohlverstandene Theorie des guten Lebens nicht auf Wünsche als ihre Basiselemente, sondern auf Ziele. Denn nicht die Erfüllung wahlloser, augenblicklich aufleuchtender faktischer Wünsche leistet einen entscheidenden Beitrag zu einem guten Leben, sondern nur geprüfte, informierte, nicht-neurotische und in einen sinnvollen Ordnungszusammenhang integrierbare Wünsche. Sobald wir aber diese Prüfung auf einer höheren Reflexionsstufe durchgeführt haben und uns für die Realisation eines bestimmten Wunsches bzw. einer bestimmten Wunschkonstellation entschlossen haben, sind diese Wünsche auch schon zu Zielen mutiert. Denn Ziele sind effektiv handlungsleitende Wünsche, die wir für unser Leben als wichtig erachten und deren Realisierung in der Zukunft wir aktiv anstreben. Ziele anstelle von Wünschen ins Zentrum einer Theorie des guten Lebens zu stellen verdient auch deswegen den Vorzug, weil dann die Aktivität, das zielgerichtete menschliche Handeln auf eine Zukunft hin in den Brennpunkt tritt. Die Annahme, dass sich ein gutes menschliches Leben vorwiegend teleologisch und über Handlungen vollzieht, verfügt nämlich über große anthropologische Plausibilität. Diese anthropologischen Prämissen sollen hier kurz beleuchtet werden.

Ich begann die Einleitung mit der These, das menschliche Leben vollziehe sich in einer fortgesetzten Reihe von Handlungen oder Verhaltensweisen. Handeln heißt aber, sich Ziele zu setzen und sie zu verwirklichen suchen. Die Rede war von Aristoteles mit seinem strebensethischen Grundsatz, jedes menschliche Erkennen und Handelns sei bewusst auf ein für gut befundenes Ziel oder ein „Gutes" ausgerichtet. Im 18. Jahrhundert entdeckte man anlässlich der großen Blüte der Geschichtsphilosophie die genuine „Geschichtlichkeit" oder „Teleologie" des Menschen neu. Der Mensch ist nach Kant frei, weil er sich selbst Ziele oder Zwecke setzen kann, statt sich diese von der Natur oder irgendwelchen traditionellen oder kirchlichen Autoritäten vorschreiben zu lassen. Allerdings verliert sich der Glaube an eine objektive Teleologie, d. h. daran, dass alle Lebewesen und Dinge auf der Welt immer schon auf einen ihnen immanenten Zweck ausgerichtet sind.[263] Es gibt jetzt nur noch subjektive Zwecke, die sich der Mensch selbst setzt kraft seiner Vernunft und Reflexionsfähigkeit. Die neuzeitliche Naturwissenschaft kennt Ziele oder Zwecke überhaupt nur noch als Tendenzen der Lebewesen zur Selbsterhaltung. In kybernetischen Modellen des 20. Jahrhunderts heißt dies „Teleonomie" und meint das einzige übriggebliebene Ziel der Aufrechterhaltung eines Systems.[264] Behavioristische Psychologen wie der Begründervater John Watson erklärten schließlich auch das Handeln der Menschen zu einem Fall nichtteleologischen Naturgeschehens.[265] Ein solcher wissenschaftlicher Determinismus entfernt sich aber allzu weit vom Selbstverständnis handelnder Subjekte. Denn die Menschen verstehen sich nach wie vor als Akteure, die sich bewusst (subjektive) Ziele setzen und Absichten verfolgen. Die antiteleologischen Theoriekonzepte können daher nie mehr als „eine partielle Plausibilität erreichen".[266] Auch im postteleologischen Zeitalter halten Handlungstheoretiker begründeterweise an der teleologischen Struktur menschlichen Handelns als der „Grundform menschlichen Verhaltens schlechthin" fest.[267]

4.2 Kritische Analyse der Zieltheorie

Nun ist es eine analytische Wahrheit, dass jeder Mensch die Ziele, die er sich setzt, auch erstrebt. Er hofft also, dass sein zielgerichtetes Handeln erfolgreich sein wird. Dies ist in der Definition des Ziels als „intendierter Handlungskonsequenz" enthalten. Wenn sich aber die menschliche Existenz wesentlich über Handlungen vollzieht, liegt der Schluss nahe, dass die Frage „Wie soll ich leben?" beantwortet werden muss mit: „Wähle dasjenige Leben, bei dem alle oder doch die wichtigsten Deiner Ziele verwirklicht werden können!". Man kann also davon ausgehen, dass die Beurteilung der übergreifenden Qualität eines menschlichen Lebens sich wesentlich auf die Erfüllung oder Nicht-Erfüllung von Zielen abstützen wird. Psychologische Studien wiesen tatsächlich nach, dass das Ausmaß an Lebenszufriedenheit deutlich in Abhängigkeit von der Entwicklung und der Art von persönlichen Lebenszielen steht.[268] So wird das als Letztziel eines guten menschlichen Lebens gehandelte Glück von verschiedenen Theoretikern definiert als „Verwirklichung aller eigenen Zwecke"[269]:

> Jeder Mensch hat ein Bild vor Augen, gleich wie verschwommen, was er vor seinem Tod erreichen möchte. Wie nahe wir an dieses Ziel herankommen, wird zum Maßstab unserer Lebensqualität. Wenn es außerhalb unserer Reichweite bleibt, werden wir vorwurfsvoll und resignieren, wenn es zumindest teilweise erreicht wird, erleben wir Glück und Zufriedenheit.[270]

Stützt man die Beurteilung eines guten Lebens auf Ziele ab, kann ein solches teleologisches Verständnis zugleich die individualethische Grundschwierigkeit lösen helfen, wie das Leben als Ganzes in den Blick genommen werden kann. Mit längerfristigen Zielen gelingt es nämlich, weiteren Strecken unseres Lebens eine einheitliche Orientierung zu geben (vgl. Kapitel 4.3). Während wir die Aufmerksamkeit in diesem Kapitel auf die Art und Beschaffenheit einzelner Ziele fokussieren wollen, um zu prüfen, wie sie für ein gutes Leben am besten gewählt werden sollten, wenden wir uns im nächsten Kapitel ihrem Gesamtzusammenhang in Lebensplänen zu.

1. *Konkretheit der Ziele*: In der Psychologie figurieren die Ziele seit den 80er Jahren des 20. Jahrhunderts nachgerade als „heißes Thema".[271] Ich werde daher hier nur einige wichtige Forschungsergebnisse zusammenfassend präsentieren können. So hat beispielsweise Robert Emmons ins Zentrum einer empirischen Untersuchung das Merkmal der Konkretheit bzw. Abstraktheit menschlicher Ziele gestellt. Ein Beispiel für ein eher konkretes Ziel wäre dasjenige, immer tadellos gekleidet zu sein, wohingegen das Ziel, immer ein guter Mensch sein zu wollen, natürlich erheblich abstrakter ist. Seine Studie brachte ans Licht, dass konkrete Ziele weit häufiger mit einem subjektiven Wohlbefinden korrelieren.[272] Naheliegenderweise liegt das Problem bei abstrakteren Zielen zum einen darin, dass sie weniger leicht zu erfüllen sind. Zum anderen wird man nie mit letzter Gewissheit von sich behaupten können, man sei

beispielsweise ein guter Mensch. Eine ähnlich angelegte Studie führte den Nachweis, dass die Menschen ihr Leben als viel positiver bewerten, wenn sie sich mit Problemen beschäftigen, die ihnen *jetzt* wichtig sind und *jetzt* Erfolg und Freude bringen.[273] Wer demgegenüber immer nur auf langfristige abstrakte Ziele hinlebt, tendiert zu einer negativen Einschätzung. Der von solchen psychologischen Erhebungen suggerierte Schluss, sich ausschließlich auf kurzfristige und konkrete Ziele zu beschränken, scheint mir wenig ratsam. Wie in Kapitel 3.3 thematisiert werden soll, können nämlich konkrete kurzfristige Ziele nur durch abstraktere langfristige zu einer höheren Einheit in der Zeit integriert werden. Diese zeitliche Kohärenz ist aber für ein gutes Leben von großer Wichtigkeit. Allenfalls dürfte es im Sinne der individualethischen Klugheit vernünftig sein, die abstrakt-allgemeineren Zielrichtungen kontinuierlich zu konkreteren Teilzielen zu spezifizieren.

2. *Klare Rückmeldungen und Kontrollmöglichkeit*: Für eine positive Bilanz bei der Beurteilung des Lebens insgesamt sind klare und konkrete Ziele nicht zuletzt deswegen von Vorteil, weil sie wie erwähnt zuverlässige Rückmeldungen über das jeweils Erreichte erlauben. Nur wo aber solche eindeutige Rückmeldungen bezüglich unserer zielgerichteten Tätigkeiten vorliegen, kann der Handelnde das Gefühl entwickeln, die Handlungssituation kontrollieren zu können. So hat beispielsweise ein Bergsteiger an einer senkrechten Felswand ein sehr einfaches Ziel vor Augen, nämlich die Bergspitze zu erreichen, ohne zu stürzen. In jeder Sekunde erhält er von der Außenwelt die Information, wie weit er diesem Ziel näher gerückt ist. Dabei erfährt er nicht große Freude aufgrund des hohen Risikos, das mit seiner Tätigkeit zweifellos verbunden ist. Die risikoreiche Tätigkeit bereitet vielmehr nur dann ein gutes Gefühl, wenn er aufgrund seines Könnens und seiner Erfahrung die meisten Gefahren voraussehen und bannen kann und daher über eine begründete Kontrollüberzeugung verfügt.[274] Es entpuppt sich also als eine weitverbreitete Irrmeinung, sogenannte „Risikogeile" erlebten deswegen Hochgefühle, weil sie sich schaudererregenden Gefahren aussetzen und diese besiegen. Bergsteiger sind ganz im Gegenteil davon überzeugt, das Matterhorn zu erklimmen sei weit weniger gefährlich als in Manhattan eine Straße zu überqueren.[275] Ihre positiven Erfüllungserlebnisse gründen sich auf das Wissen, dass sie die Situation dank strenger Disziplin und höchster Qualifikation kontrollieren können und mit positiven Rückmeldungen rechnen dürfen. Bei anderen, zwar weniger riskanten Tätigkeiten, aber ohne automatische Rückmeldungen, wie etwa beim jahrelangen Schreiben an einer Dissertation, ergäbe sich folgende Empfehlung: Um eines guten Lebens willen sollte man sich kontinuierliche Rückmeldungen verschaffen, indem man etwa bereits fertig gestellte Teilstudien in wissenschaftlichen Zeitschriften zu veröffentlichen sucht oder Kollegen zum Gegenlesen bittet.

4.2 Kritische Analyse der Zieltheorie

3. *Wahl eines geeigneten Anspruchsniveaus*: Für ein gutes und glückliches Leben reicht es natürlich nicht aus, dass es sich in Tätigkeiten vollzieht, die wir bestens kontrollieren können. Sonst böte es sich an, den lieben langen Tag mit einfachsten Aktivitäten zu verbringen und uns Ziele zu setzen wie Einkaufen oder Zähneputzen. Obwohl wir diese Tätigkeiten problemlos kontrollieren und die Zielerreichung anhand klarer Rückmeldungen überprüfen können, bereiten gewöhnlich weder die Tätigkeiten selbst noch der erreichte Erfolg Freude. Dies liegt daran, dass das Anspruchsniveau der Ziele zu niedrig angesetzt wurde. Infolgedessen handelt es sich nicht um eine *qualifizierte* Kontrollfähigkeit, die allein für eine positive Einstellung zum eigenen Leben ausschlaggebend ist. „Qualifiziert" ist eine Kontrollfähigkeit nur da, wo die Ziele hohe Anforderungen an die handelnde Person mit ihren jeweiligen Fähigkeiten und Handlungskompetenzen stellen. Staubsaugen oder Zähneputzen zählen natürlich nicht zu solchen anspruchsvollen, herausfordernden Zielen. Mit „Anspruchsniveau" wird generell der Schwierigkeitsgrad eines Ziels bezeichnet, das ein Handelnder sich vornimmt. Der Motivationspsychologe John Atkinson hat aufgrund empirischer statistischer Erhebungen das „Erwartungs-mal-Wert-Modell" projektiert.[276] Dieses Modell soll uns zur richtigen Wahl des individuellen Anspruchsniveaus anleiten.

Die beiden entscheidenden Faktoren zur Ermittlung des geeigneten Anspruchsniveaus sind im Erwartungs-mal-Wert-Modell die „Erwartung" zum einen, der „Wert" zum anderen. Mit „Erwartung" ist die Erfolgswahrscheinlichkeit gemeint, d. h. die Chance, dass man das gesteckte Ziel auch erreichen wird. Augenscheinlich ist es nicht so, dass wir immer die Ziele wählen oder wählen sollten, deren Erfolgswahrscheinlichkeit am größten ist. Denn dies wäre zweifellos bei trivialen Zielen wie Staubsaugen oder Zähneputzen der Fall, wo niemand daran zweifeln würde, dass jedermann diese Ziele zu erreichen fähig ist. Es könnte uns hier aber der zweite Faktor des „Wertes" einen Strich durch die Rechnung machen. Als wertvoll taxieren wir nämlich Ziele, die große Anstrengung und hohe Qualifikationen des Handelnden erfordern. Bei solchen Zielen wäre der Schwierigkeitsgrad der Aufgabe oder des Ziels also sehr hoch. Zwischen Erfolgswahrscheinlichkeit und Erfolgsanreiz besteht nun offenkundig eine lineare Beziehung: Je größer die Chance der Zielerreichung ist, desto weniger Bedeutung hat der in Aussicht stehende Erfolg. Atkinson rät angesichts dieses Dilemmas zu einem gemäßigten Anspruchsniveau und mittelschweren Zielen. Mittelschwere oder „realistische" Ziele sind attraktiv genug, um Freude zu bereiten, sind gleichzeitig aber mit vollem Einsatz der handelnden Person gerade noch zu erreichen.[277] Während in Atkinsons Modell der „Wert" oder der Schwierigkeitsgrad eines Ziels vom Handlungssubjekt selbst bestimmt zu werden scheint, spielt in Wirklichkeit wohl immer auch die institutionelle oder kulturelle Wertschätzung des Zielobjekts eine Rolle.

Etwas weniger kühl-rechnerisch klingen die philosophischen Erkenntnisse zum Problem des geeigneten Anspruchsniveaus. Rawls beispielsweise formuliert einen Aristoteles zugeschriebenen „Aristotelischen Grundsatz" folgendermaßen: „Unter sonst gleichen Umständen möchten die Menschen gern ihre (angeborenen oder erlernten) Fähigkeiten einsetzen, und ihre Befriedigung ist desto größer, je besser entwickelt oder je komplizierter die beanspruchte Fähigkeit ist."[278] An einem Beispiel illustriert er die zugrunde liegende Intuition, der zufolge die Menschen von zwei gleich gut beherrschten Tätigkeiten diejenige favorisieren, die kompliziertere Handlungen und scharfsinnigere Urteile erfordern: Wer gleich gut Schach und Dame spiele, optiere in aller Regel für das erheblich anspruchsvollere Schachspiel. Dies erinnert zweifellos an Mills anthropologische Grundannahmen, die mit denjenigen der humanistischen Psychologen im Einklang stehen (vgl. Kapitel 3.3). Rawls spricht denn auch von einem „psychologischen Gesetz" und einer „Naturtatsache",[279] die man nicht weiter begründen müsse. Als mögliche Erklärungen bietet er an, dass komplexe anspruchsvolle Tätigkeiten „das Bedürfnis nach neuen und vielfältigen Erfahrungen befriedigen und der Erfindungsgabe Raum lassen"; dass sie des Weiteren viele Überraschungen und Entwicklungsmöglichkeiten offenhalten; und dass sie schließlich die Chance bieten für einen persönlichen Stil und Ausdruck.[280] Rawls untermauert seinen Appell zur Kultivierung der höheren anspruchsvolleren Freuden also nicht damit, dass die spezifisch menschlichen Fähigkeiten des Geistes daran beteiligt seien, wie es Mill und auch Aristoteles taten. Vielmehr betont er die Chance für eine freie individuelle Ausgestaltung und eine kontinuierliche persönliche Fortentwicklung des Einzelnen bei den entsprechenden Tätigkeiten.

Wie noch näher zu erläutern sein wird, hat Aristoteles, der Gewährsmann von Rawls „Aristotelischem Grundsatz", die spezifische menschliche Tätigkeit in der geistigen Betrachtung erblickt. Eine Restriktion der menschlichen Zielsetzungen auf den Bereich theoretischen Forschens mit dem höchsten Ziel der Weisheit wird aber der Vielfalt von menschlichen Betätigungsmöglichkeiten unter Beteiligung der menschlichen Vernunft kaum gerecht (vgl. Kapitel 4.4). In Anbetracht der „Multikompetenz" des Menschen[281] erscheint mir Rawls Ausgang von den persönlichen Entwicklungschancen zusätzlicher elaborierter Fähigkeiten bei der Festsetzung von Handlungszielen erfolgversprechender zu sein. Für ein gutes und glückliches Leben ist wohl weniger das objektiv betrachtet tatsächlich erreichte Niveau geistiger oder sozialer Befähigungen ausschlaggebend. Vielmehr kommt es auf die zielgerichtete Weiterentwicklung der eigenen Handlungskompetenzen je

4.2 Kritische Analyse der Zieltheorie

nach individuellem Bildungsstand und angeborenen Talenten an. Ähnlich wie Atkinson vermutet Rawls, dass sich für den Einzelnen ein Gleichgewicht einstellen wird zwischen der Neugier und dem Interesse an neuen, schwierigeren Aufgaben und der Mühsal beim Lernen und Üben, das ihre Bewältigung erfordert: „Das Gleichgewicht ist erreicht, wenn sich diese beiden Kräfte ausgleichen, und an diesem Punkt hört die Motivation zu weiterer Ausbildung der Fähigkeiten auf."[282] Wenn sich jemand durch allzu hoch gesteckte Ziele überfordert, kann es geschehen, dass die großen Anstrengungen und Investitionen die Freude an den immer langsameren Fortschritten beim Erwerb weiterer Qualifikationen überdecken. Entsprechend warnt Höffe mit Blick auf unsere gegenwärtige arbeitswütige Gesellschaft davor, „Raubbau an den eigenen Ressourcen" zu treiben: Da das Reservoir an physischen, psychischen und intellektuellen Kräften begrenzt ist, müsse eine „Selbstüberbeanspruchung" oder „Selbstüberlastung" vermieden werden.[283] Wie hoch der Anreiz von schwer zu erreichenden Zielen mit hoher individueller oder kultureller Wertschätzung auch immer sein möge, man müsse beim Streben nach einem guten Leben die Grenzen der eigenen Ressourcen in Rechnung stellen. Jemand mit zwei linken Händen sollte sich nicht zum Ziel setzen, Goldschmiedemeister zu werden, jemand mit zwei linken Beinen nicht, Champion im Rennsport zu sein.[284]

4. *Intrinsisch-selbstzweckhafte Tätigkeiten*: Seit den 50er Jahren erfreut sich das Begriffspaar „extrinsisch"-„intrinsisch" in der Motivationspsychologie großer Beliebtheit. In einer weit verbreiteten Begriffsverwendung meint „intrinsisches Handeln" dabei soviel wie „selbstbestimmtes Handeln".[285] „Extrinsisch" wäre dann ein Handeln, bei dem das Handlungssubjekt von äußeren Kräften gesteuert oder von Mitmenschen gezwungen wird. Ich schlage demgegenüber eine alternative Terminologie vor, welche sich bis auf die aristotelische Unterscheidung von „Poiesis" und „Praxis" zurückführen lässt.[286] Unter „Poiesis" verstand Aristoteles ein technisches Herstellen, das auf ein äußeres Ziel ausgerichtet ist, seien es bestimmte Werkprodukte oder andere attraktive Handlungsfolgen. Das Ziel der Tätigkeit ist also zeitlich und kausal von dieser Aktivität des Herstellens oder Machens getrennt. Die Tätigkeit selbst wäre deshalb extrinsisch im Sinne von außenmotiviert, durch äußere Anreize initiiert. Klassische Beispiele sind das Bauen eines Schiffes oder der Erwerb eines Vermögens. Anders stellt die „Praxis" eine Handlung im engeren Sinn dar, die allein um des Tätigkeitsvollzuges willen ausgeführt wird. Das Ziel der Handlung liegt folglich nicht außerhalb, sondern in der Tätigkeit selbst, ist ihr immanent. Eine solche Aktivität wäre intrinsisch motiviert im Sinne der Selbstzweckhaftigkeit. Aristoteles selbst hat dem Typus des intrinsisch-selbstzweckhaften Tuns lediglich die rein kontemplativen Tätigkeiten des Wahrnehmens und Denkens sowie das moralische Handeln zugerechnet.[287] In Frage

kämen dann als exemplarische Ziele, etwa ein guter Mensch sein zu wollen oder in einem bestimmten Forschungsbereich nicht-anwendungsbezogene Erkenntnisse zu gewinnen. Ein gutes und glückliches Leben kann nun nach Aristoteles nur ein solches sein, das sich ausschließlich in Form von intrinsischen Tätigkeiten mit selbstzweckhaften Zielen vollzieht. Doch ist dieser aristotelische prudentielle Rat nicht allzu restriktiv, weil er viele menschliche Lebensmöglichkeiten ausschlösse? Kann ein gutes Leben überhaupt auf extrinsisches Handeln gänzlich verzichten?

Intrinsisch-selbstzweckhaftes Handeln scheint bei den meisten berufstätigen Menschen heute tatsächlich weitgehend auf den Freizeitbereich zurückgedrängt worden zu sein. Viele kennen rein tätigkeitszentrierte Anreize nur von Freizeitaktivitäten wie Wandern, Skifahren oder Malen her. Extrinsisches zweckrationales Handeln scheint sich demgegenüber aus einem menschlichen Leben nicht wegdenken zu lassen. Zu Zeiten drastischer Arbeitsstellenknappheit müssen immer mehr Menschen einem unqualifizierten „Broterwerb" nachgehen, um ihren Lebensunterhalt bestreiten zu können. Selbst im Studium wird ein großer Teil der Aktivitäten nur um des äußeren Zieles willen gewählt, einen benötigten Schein zu erwerben, um das Fernziel des Studienabschlusses nicht zu gefährden. Schließlich verfolgen wir alle Ziele wie Staubsaugen und Aufräumen zum Zwecke der Ordnung oder wie das Zähneputzen zum Zwecke der Zahnhygiene. Gefährlich werden solche extrinsischen Tätigkeiten für ein gutes Leben wohl erst dann, wenn sie verabsolutiert werden und ein großes Übergewicht über die intrinsischen Tätigkeiten erlangen. Dies kann bei krankhaften Süchten oder Zwängen der Fall sein wie etwa bei der Konsumsucht oder beim Waschzwang. Das durchaus notwendige Einkaufen von Nahrungsmitteln und Kleidern oder die gebotene Reinlichkeit arrivieren dann absurderweise zum fundamentalsten Lebensziel. Auch die unermüdliche Jagd nach Reichtum oder Ruhm kann selbstzweckhaftes Handeln gänzlich zurückdrängen und ein gutes Leben vereiteln. Wie bereits Aristoteles aufdeckte, dienen die Ziele solcher extrinsischen Tätigkeit häufig wieder nur anderen Zielen. Sie weisen also instrumentellen Charakter auf: Wenn der Sattler einen Sattel herstellt, dient der Sattel der Reitkunst, welche wiederum bei der Kriegsführung eine Rolle spielt usw. Auch der Reichtum ist immer nur ein Mittel, um sich etwas leisten zu können oder um bestimmte Tätigkeiten zu ermöglichen.[288] Jede Form der Pervertierung solcher Zwischenziele zu Endzielen führt dazu, dass der Mensch immer einem Ziel hinterherrennt, ohne je anzukommen. Wo immer extrinsisches Handeln unvermeidlich ist, sollte es in Schranken gehalten werden, indem man sich seinen lediglich instrumentellen Wert vor Augen hält. Auch wenn Geld für den Lebensunterhalt und Ruhm und Ansehen für eine wissenschaftliche Karriere in gewissem Umfang

4.2 Kritische Analyse der Zieltheorie

unabdingbar sind, darf man sie nicht zum Hauptinhalt eines guten Lebens pervertieren.

Nachdem wir vor der totalen Hingabe an überwiegend extrinsische, außenorientierte Handlungen warnten, gilt jetzt gegen Aristoteles klarzustellen: Neben rein intrinsischen Handlungen wie dem Denken oder dem moralischen Handeln bzw. den oben genannten Freizeitaktivitäten ist noch eine Überlagerung von extrinsischer und intrinsischer Handlungsmotivation möglich.[289] Schaut man genauer hin, setzen wir uns sogar bei den meisten angeblich rein selbstzweckhaften Tätigkeiten äußere Ziele oder Anreize, auf die wir unser Handeln ausrichten. Beim Wandern etwa nimmt man sich vor, an einem sonnigen Nachmittag ein attraktives Reiseziel zu erreichen. Ähnlich musiziert man meistens nicht einfach vor sich hin, sondern möchte ein bestimmtes Musikstück so spielen können, wie es auf der Platte erklingt, oder bereitet sogar eine kleinere Aufführung im Freundeskreis vor. Obwohl wir also beim Wandern oder Musizieren ein konkretes, klares und angebbares Ziel verfolgen, schätzen wir die Tätigkeit um ihrer selbst willen. Das äußere Ziel scheint nur notwendig zu sein, um die selbstzweckhafte Aktivität zu ermöglichen. Sie wird dadurch aber nicht instrumentalisiert und verliert nicht ihren intrinsischen Charakter. Genauso verhält es sich im Grunde auch bei dem von Aristoteles favorisierten denkenden Betrachten, selbst wo es sich um nicht-anwendungsbezogene Grundlagenforschung handelt: Als Philosophin schreibe ich beispielsweise an einem Buch oder einer Vorlesung über das gute Leben. Ich habe einerseits ein intrinsisches Interesse an dieser Thematik und liebe den Prozess des Reflektierens, Entwerfens und Schreibens als solchen. Gleichzeitig schätze ich die Tätigkeit auch deswegen, weil das fertige Buch ein attraktives außenorientiertes Ziel darstellt. Holmer Steinfath beschreibt diese paradoxale Motivüberlagerung treffend:

> So können wir uns wünschen, ein Buch zu schreiben, weil wir die Tätigkeit des Schreibens als solche schätzen, obwohl wir sie nur als solche schätzen, wenn wir das Ziel eines fertigen Buchs vor Augen haben. Und umgekehrt können wir das fertige Buch um seiner selbst willen schätzen, aber nur insofern, als es der selbstzweckhaften Tätigkeit des Schreibens entspringt. Was wir dann um seiner selbst willen wünschen, ist die auf ein Ziel gerichtete Tätigkeit als solche.[290]

So paradox diese Motivverschränkung auf den ersten Blick erscheinen mag, dürfte sie tatsächlich bei den meisten menschlichen Tätigkeiten vorliegen. Viele Betätigungen nehmen wir zu instrumentellen Zwecken wie Geld- oder Ruhmerwerb in Angriff. Im Laufe der Zeit aber entpuppen sie sich als in sich lohnenswert und bereiten immer mehr Spaß. So soll es den meisten Chirurgen ergehen, die gewöhnlich ihre lange und anstrengende Ausbildung aus extrinsischen Motiven beginnen: um Menschen zu helfen, Geld zu verdienen oder Ruhm zu erlangen. Dennoch geschieht es oft, dass sie die anspruchsvolle und herausfordernde

Tätigkeit des Operierens selbst mit der Zeit als höchst beglückend erfahren.[291] Streng genommen stellt das Glück, das die als wertvoll erlebte Tätigkeit begleitet, einen zusätzlichen motivationalen Faktor dar. Auch Aristoteles konstatiert, dass die von ihm ausgezeichneten selbstzweckhaften Tätigkeiten des Denkens und der Tugend teils um ihrer selbst, teils um der Glückseligkeit willen gesucht werden. Wir würden sie also auch dann tun, „wenn wir keinen weiteren Gewinn von ihnen hätten".[292] Damit läge eine dreifache Motivverflechtung vor: Wir lieben erstens die Tätigkeit des Schreibens, etwa weil wir unsere Gedanken dabei klären und unser Reflexionsniveau steigern können. Zweitens sind wir erpicht auf das Buch als Resultat dieses Schreibprozesses, welches wir immer schon vor Augen hatten. Und drittens empfinden wir ein stimulierendes Hochgefühl schon während des Hinarbeitens auf dieses Ziel hin. Bei einem solchen zugleich zielgerichteten wie selbstzweckhaften, beglückenden Handeln ist es denn auch nicht vergleichbar schlimm wie bei rein außenorientiertem, wenn die anvisierten Ziele nicht erreicht werden können. Muss beispielsweise eine Wanderung aufgrund eines unerwartet heraufgekommenen Gewitters abgebrochen werden, so dass man nicht bis an das gewünschte Wanderziel gelangt, wird die in sich selbst wertvolle Tätigkeit des Wanderns nur verkürzt, nicht aber entwertet. Oder wenn ich das Schreiben des Manuskriptes zum Thema des guten Lebens abbrechen muss, weil ich einen Lehrauftrag in den USA wahrnehmen kann, würde ich die bereits getane Arbeit nicht bereuen. Wem es bei der Forschung allerdings nur auf internationale Anerkennung oder Drittmittel in Millionenhöhe ankommt, dem wird im Falle des Scheiterns alles bisherige Tun als verlorene Liebesmüh' erscheinen.

Vor diesem Hintergrund scheint mir Seels Attacke gegen das teleologische Verständnis vom guten Leben ins Leere zu laufen. Wer das existentielle Gelingen an zukünftigen Zielen festmache, gerät nach Seel nämlich zwangsläufig in folgendes Dilemma: Wie der Graf Wronskij in Tolstois Roman *Anna Karenina* müsse derjenige, der ans Ende seiner wesentlichen Wünsche bzw. Ziele gelangt sei, von einer Depression ergriffen werden.[293] Denn bekanntlich war das Liebesglück bei der Erfüllung von Wronskijs sehnlichstem Wunsch nach Anna Karenina nur von kurzer Dauer. Man sieht sich angesichts dieses Schreckensbeispiels erinnert an Schopenhauers anthropologischen Pessimismus. Auch Schopenhauer wähnt, das unentwegte menschliche Streben pendle zwischen dem Schmerz eines unbefriedigten Wunsches und der Leere und Langeweile, die sich nach dem winzigen Glücksmoment der Wunscherfüllung einstelle:

> Der Wunsch ist, seiner Natur nach, Schmerz: die Erreichung gebiert schnell Sättigung: das Ziel war nur scheinbar: der Besitz nimmt den Reiz weg: unter einer neuen Gestalt stellt sich der Wunsch, das Bedürfnis wieder ein: wo nicht, so folgt Öde, Leere, Langeweile, gegen die der Kampf ebenso quälend ist wie gegen die Not.[294]

4.2 Kritische Analyse der Zieltheorie

Seel schließt aus diesem Dilemma einer Zieltheorie des guten Lebens, dass das „teleologische" Verständnis durch ein „ästhetisches" aufgebrochen werden müsse.[295] In Anlehnung an Kierkegaards Analyse ästhetischer Existenzweisen kehrt er mit dem „ästhetischen Korrektiv" das unmittelbare Sich-Verlieren im erfüllenden Augenblick hervor. Der „ästhetische Augenblick" soll die Zeit des gewohnt-alltäglichen Verfolgens von Zielen, Projekten und Plänen durchbrechen und alles bisherige Wünschen und Wollen transzendieren. Er befreie uns von dem, worum es uns sonst gehe, und mache uns frei für das Verweilenkönnen in der Gegenwart. Es gelte also, vom eigenen intentionalen zielgerichteten Streben Distanz nehmen zu können und für „Zustände der Transzendierung des eigenen Wünschens und Wollens offen zu sein".[296]

Seels Warnung vor einer falsch verstandenen Finalisierung der Zieltheorie des guten Lebens ist sicherlich berechtigt. Es wäre höchst unplausibel, wenn sich das gute Leben auf einen erstrebten (finalen) Endzustand beschränkte, in dem alle Ziele eines Menschen erfüllt sind. Erforderlich ist vielmehr ein prozessuales Verständnis guten Lebens, das bereits den Weg der Zielverfolgung zum Ziel macht.[297] Wenn Seel eine „Ästhetisierung" zielgerichteten Strebens dadurch erreichen will, dass man sich offen hält für unvorhergesehene, uns unbeabsichtigt und unverdient zufallende erfüllte Augenblicke, scheint mir dieser Rat allzu billig. Die ästhetische Präsenz, die er im Auge hat, wäre wohl besser in die Wege zu leiten dank der oben geschilderten Kombination von zielgerichteter extrinsischer und tätigkeitszentrierter intrinsischer Handlungsorientierung. Grundsätzlich lässt sich nämlich fast jeder teleologische Handlungsvollzug „ästhetisieren", d.h. jede zielorientierte Tätigkeit kann in eine zugleich vollzugsorientierte Tätigkeit transformiert werden. Dies geschieht mittels einer Verlagerung der Aufmerksamkeit auf den augenblicklichen Handlungsvollzug. Genauso wenig wie Seels „erfüllter Augenblick" kann diese Verlagerung aber durch eine bewusste Aufmerksamkeitslenkung direkt angepeilt werden. Vielmehr müsste sie sich infolge einer kreativen Umgestaltung der gewohnten situativen, beruflichen oder sozialen Bedingungen zielorientierten Handelns einstellen. Man müsste nach möglichen Herausforderungen auch in einem monotonen, unattraktiven Job suchen, die einem die Chance geben, jeden Tag etwas Neues zu lernen, damit man den Eindruck gewinnt, die Situation kontrollieren und schwierige Leistungen erbringen zu können. Obgleich dies einem Chirurgen zweifellos leichter fallen wird, kann auch ein Schweißer in einer Fabrik seine arbeitsteilige Mitarbeit an Eisenbahnwaggons transzendieren: Indem er sich über den ganzen Produktionsprozess kundig macht, die Funktionsweise sämtlicher beteiligter Apparaturen kennenlernt und sie bei Ausfall auch reparieren kann.[298] Nicht zufällig kann die Kunst und das Spiel im Allgemeinen ein wichtiges Übungsfeld für einen derartigen

Ästhetisierungsprozess darstellen. Denn „je mehr eine Tätigkeit innerlich einem Spiel ähnelt – mit Vielfalt, angemessenen, flexiblen Herausforderungen, deutlichen Zielen und unmittelbaren Rückmeldungen – umso erfreulicher wird sie".[299] Abschließend gilt somit mit Steinfath festzuhalten: „Zu einem guten Leben gehört eben beides: der Vollzug dieses Lebens in selbstzweckhaften Tätigkeiten und das Erreichen einer geordneten Zahl von Zielen (...). Wie der Fall zugleich selbstzweckhafter und zielgerichteter Tätigkeiten zeigt, ist beides oft unlöslich miteinander verschränkt."[300]

4.3 Lebensplan: sinnvolles Leben

Die individualethische Frage, wie zu leben gut sei, setzt voraus, dass man sein Leben als Ganzes in den Blick nehmen kann. Als ein gravierender Mangel der hedonistischen Theorie des guten Lebens stellte sich heraus, dass Hedonisten versucht sind, das Zeitbewusstsein des Menschen auszuschalten und einen „Solipsismus des Augenblicks" zu statuieren (vgl. Kapitel 3.4). Wo solche Extremformen vermieden werden, hat man immer noch lediglich die unmittelbaren Folgen eines Genusses im Auge oder versucht die Erinnerung an ein vergangenes Vergnügen in das Lustkalkül miteinzubeziehen. Die Zieltheorien des guten Lebens verfügen deswegen über eine hohe Überzeugungskraft, weil die Entwicklung von zukunftsgerichteten Zielen wesentlich dazu beitragen kann, größeren Zeiträumen eines Lebensvollzugs eine einheitliche Ausrichtung zu verleihen. Grundsätzlich sind *kurzfristige Ziele* von *weitreichenderen Zielen* zu unterscheiden, die streng genommen zwei Pole eines Kontinuums darstellen: Kurzfristige Ziele lassen sich in wenigen Akten oder Handlungsschritten realisieren und nehmen daher nur eine kurzen, überblickbaren Zeitraum in Anspruch. So kann ich mir beispielsweise zum Ziel setzen, ein Eis zu essen oder die Vorlesung zu besuchen. Die Umsetzung solcher kurzfristigen Ziele steht nicht nur meist in unserer Verfügungsgewalt bzw. im Bereich unserer Kontrollfähigkeit, sondern erlaubt auch klare Rückmeldungen (vgl. Kapitel 4.2). Bei weitreichenderen Zielen jedoch hat man die *zeitliche Reichweite* vom *Regelungsumfang* zu unterscheiden:[301] Bezüglich der zeitlichen Reichweite ist es zweifellos so, dass mit zunehmender Verschiebung des Zeithorizonts in Richtung Zukunft die Ungewissheit der Zielerreichung steigt. Denn es gibt dann eine Vielzahl von Einflussfaktoren, die wir weder kontrollieren noch mit Sicherheit voraussehen können. Ich kann mir etwa mit 20 Jahren zum Ziel setzen, in 10 Jahren mit meinem derzeitigen Partner eine Familie zu gründen und spätestens mit 40 eine Professur zu haben. Oder ich kann mir vornehmen, mich in 30 Jahren

4.3 Lebensplan: sinnvolles Leben

mit meinen Mitabiturienten zu treffen. Die Fixierung auf solche schwer zu steuernden Ziele in weiter Ferne könnte einem guten und glücklichen Leben zum Verhängnis werden.

Weitreichende Ziele sind gleichwohl für ein gutes Leben unverzichtbar, sofern sie einen großen *Regelungsumfang* aufweisen. Der Regelungsumfang eines Ziels bemisst sich dabei an der Größe der Lebensbereiche, für welche die Ziele regulativ Ordnung stiften. Die Dimensionen zeitlicher Reichweite und des Regelungsumfangs von weitreichenden Zielen können, müssen aber nicht kongruieren. Zum Beispiel hat das Ziel, mich in 30 Jahren mit meinen Klassenkameraden zu treffen, kaum Auswirkungen auf meine mannigfaltigen privaten oder beruflichen Tätigkeiten bis zu diesem Zeitpunkt. Obwohl die Reichweite dieses Ziels groß ist, bleibt der Regelungsumfang verschwindend klein. Anders verhält es sich bei den beiden oben genannten familiären und beruflichen Zielen der Familiengründung oder akademischen Karriere. Sie werden uns nicht erst in 10 oder 20 Jahren beschäftigen, sondern sie erfordern ein ganzes Netz von Plänen und nehmen vom Augenblick der Zielsetzung an unser Denken, Wollen und Fühlen intensiv und beständig in Anspruch. Eine akademische Karriere z. B. erfordert zunächst eine langjährige Ausbildung vorzugsweise mit Auslandsstudienjahr, danach das Sammeln von Lehr- und Forschungserfahrung an führenden ausländischen Instituten, während der ganzen Zeit das Publizieren von Zeitschriftenartikeln und Büchern und das ständige Bemühen um Forschungsstipendien oder Assistenzstellen. Anhand dieses Beispiels wird deutlich, dass weitreichende Ziele mit großem Regelungsumfang Anlass geben zu einer Vielzahl von vagen Planungen, detaillierteren Teilplänen und schließlich einzelnen konkreten Handlungsabsichten, die ein hochkomplexes Ganzes bilden. Dadurch können sie weite Bereiche unseres Lebens bestimmen. Steinfath schlägt vor, solche für das eigene Leben höchst bedeutsamen, langfristigen und umfassenden Ziele „Projekte" oder auch „Lebensziele" zu nennen.[302] Das gesamte Netzwerk von Plänen, zu dem verschiedene zentrale berufliche, familiäre und soziale Lebensziele uns gleichsam nötigen, wäre dann ein „Lebensplan".

Nachdem wir uns im vorangegangenen Kapitel mit der richtigen Wahl einzelner Lebensziele befasst haben, wollen wir an dieser Stelle die generelle Struktur von Lebensplänen genauer beleuchten. Nach Rawls lässt sich das menschliche Leben geradezu definieren als ein „Leben, das nach einem Plan gelebt wird"[303]. Was zu tun für einen Menschen gut ist und welche Ziele für ihn vernünftig sind, bemesse sich an seinem vernünftigen Lebensplan. Ein vernünftiger Lebensplan ist dabei einer, den ein Mensch bei vollständiger Kenntnis aller relevanten Sachverhalte und nach sorgfältiger rationaler Überlegung für sich selbst wählen würde. Jeder Lebensplan setzt sich wie gesehen zusammen aus Teilplänen, die zueinander in einer zeitlichen oder hierarchischen Ordnung stehen. Es gibt Teilpläne mit Lebenszielen oder Projekten, die trotz allfälliger Überschneidungen zeitlich aufeinanderfolgen: Nach dem Studium planen wir, eine Familie zu gründen, um dann, wenn die Kinder zur Schule gehen, einen Teilzeitjob anzunehmen. Ziele von großer zeitlicher Reichweite und großem Regelungsumfang befinden sich an der Spitze der hierarchischen Ordnung solcher Pläne. Sie sind in der Regel sehr allgemein und unbestimmt, weil die Ungewissheiten über die Veränderungen in der Umwelt und in unserer persönlichen Interessenlage mit zunehmender Zukunftsferne wachsen. Möglicherweise können wir uns noch nicht auf einen bestimmten Beruf festlegen, wenn wir ein Philosophiestudium in Angriff nehmen, sondern machen uns lediglich zum Ziel, danach „irgendetwas mit Philosophie" weiterzumachen. Diese allgemeineren Projekte oder Pläne müssen dann im Laufe der Zeit ergänzt werden durch Teilpläne und konkrete Handlungsziele auf der untersten Stufe der Hierarchie. Zweifellos wird durch solche übergreifenden globalen Handlungsorientierungen auch das zukünftige Wünschen und Wollen der Handlungssubjekte beeinflusst.[304]

Lebenspläne sind für ein gutes menschliches Leben nicht nur deswegen förderlich, weil sie es dem menschlichen *Zeitbewusstsein* erleichtern, das Ganze des Lebens in den Blick nehmen zu können. Als zwei weitere Vorteile von Lebensplänen sind der Zuwachs an *Freiheit* oder Selbstbestimmung und die Gewinnung von *Sinn* bezüglich des guten Lebens kaum zu überschätzen.[305] Weiterreichende Ziele für einen längeren Zeitraum ausbilden zu können bedeutet für die handelnde Person, dass sie das zukünftige Leben selbst bestimmen und in die Hand nehmen kann. Zunächst mag es zwar scheinen, als würde man sich die eigene Zukunft durch solche ausgreifenden Zielkonstruktionen verbauen und den Handlungsspielraum drastisch verengen. Wer auf zukünftige Ziele hin lebe, so behauptet der Existentialist Albert Camus, handle sich unliebsame Schranken und Zwänge ein und mache sich zum Sklaven seiner Freiheit:

> Im selben Maße, wie er sich ein Ziel seines Lebens ausdachte, passte er sich den Forderungen eines angestrebten Zieles an und wurde der Sklave seiner Freiheit. (…) Um es deutlich auszusprechen: je mehr ich hoffe, je mehr ich mich von einer mir gehörigen Wahrheit, von einer Art zu sein oder zu schaffen, beunruhigen lasse, je mehr ich schließlich mein Leben ordne und dadurch beweise, dass ich ihm einen Sinn unterstelle, umso mehr Schranken schaffe ich mir, in die ich mein Leben einzwänge.[306]

Hinsichtlich menschlicher *Handlungsfreiheit* wäre Camus tatsächlich Recht zu geben. Denn mit weitreichenden allgemeinen Handlungsorientierungen schränken wir zweifellos die Anzahl der für uns in Frage kommenden Handlungsoptionen ein. Wenn ich mich für eine Professur in Philosophie qualifizieren will, muss ich beispielsweise den Wunsch einer Musikerlaufbahn an den Nagel hängen. *Willensfreiheit* bzw.

4.3 Lebensplan: sinnvolles Leben

Selbstbestimmung hingegen wird gerade erst konstituiert durch Projekte oder Ideale, die wir uns selbst setzen. Sie lässt sich definieren als Fähigkeit, zu den faktischen Wünschen erster Ordnung, zu den gegebenen situativen, physischen und psychischen Gegebenheiten Stellung nehmen und sie mit Bezug auf eigene Projekte oder Ideale (Wünsche zweiter Ordnung) bewerten zu können. Statt ständig zwischen verschiedenen Handlungsalternativen hin- und hergerissen zu werden, erlangen wir dank weiterreichenden Projekten und Plänen eine gewisse Entscheidungssicherheit und Stabilität. Frei bleiben wir dabei gleichwohl, weil die handlungsregulierenden Ziele von uns selbst gesetzt wurden und die Steuerung also von uns selbst ausgeht. Solange wir reflexive Distanz zu den selbstgewählten Zielen bewahren und sie bei anhaltender Erfolglosigkeit auch zu korrigieren bereit sind, mutieren wir schwerlich zu Sklaven unserer Freiheit.

Wenn es gelingt, einigermaßen erfolgreich weiterreichende Ziele zu verfolgen, vermittelt dies in der Regel den Eindruck von *Sinnhaftigkeit*.[307] Leider ist der Sinnbegriff notorisch mehrdeutig. Mindestens drei Hauptbedeutungen von „Sinn" lassen sich auseinanderhalten. Die erste Bedeutung ist allerdings für unseren Fragezusammenhang irrelevant: „Sinn" meint nämlich auf einer *biologischen Ebene* soviel wie „Sinnesorgan", also konkret etwa der Tastsinn oder der Sehsinn. „Sinn" in einer *sprachlich-semantischen Bedeutung* zum Zweiten wäre einem Leben immer dann zuzusprechen, wenn es sich in eine narrative Form bringen lässt. Solange sich die Ereignisse eines Lebens völlig unverbunden, ohne inneren Zusammenhang aneinanderreihen, fehlt ihnen Sinn und Bedeutung. Je besser aber die einzelnen Handlungen eines Lebens durch weiterreichende Ziele und Handlungspläne miteinander verknüpft sind, desto leichter dürfte es fallen, sein Leben als eine kohärente Geschichte zu erzählen. Das Leben wird dann aber nicht nur verständlich und sozusagen lesbar, sondern erhält auch „Sinn" in einer dritten Bedeutung: In *normativ-wertender Hinsicht* verlangt man nämlich nicht nur, dass ein Leben erzählbar ist, sondern dass es auch auf wertvolle Ziele hin ausgerichtet ist. Durch die Ausrichtung auf Lebensziele, die der Handelnde per definitionem immer als etwas Gutes taxiert, erhält das Leben „Sinn" in der Bedeutung von „Wert" oder „Relevanz". Die im 20. Jahrhundert von den Existentialisten in aller Schärfe gestellte Frage nach dem „Sinn des Lebens" ist denn philosophiehistorisch betrachtet auch aus der Frage nach dem „Wert des Lebens" hervorgegangen. Diese tauchte im 18. Jahrhundert im Zusammenhang mit den aufklärerischen Bemühungen um die „Bestimmung des Menschen" auf.[308] Ein Leben, das sich in einem aktiven Verfolgen von wertvollen Zielen vollzieht, wird als sinnvoll oder bedeutsam erlebt, weil es affektiv und voluntativ bejaht werden kann. Folglich ist ein sinnerfülltes Leben „im wesentlichen ein Leben, in dem man sich aktiv mit lohnenswerten Vorhaben beschäftigt"[309]. Wer sein Leben aufgrund der in ihm realisierten einheitsstiftenden Grundwerte affektiv, voluntativ und auch kognitiv bejahen kann, wird sein Leben nicht nur als ein sinnvolles, sondern auch als ein gutes bewerten. Ein sinnvolles Leben ist folglich immer auch ein gutes Leben.

Der Sinn des Lebens als Ganzem setzt aber in den Augen vieler Interpreten nicht nur voraus, dass die Einzelhandlungen auf lohnenswerte Teilziele hingeordnet sind. Vielmehr müssten sie in einem Gesamtplan mit Blick auf ein umfassenderes Ziel bzw. einen allgemeinen Grundwert hin miteinander verknüpft sein. Als ein zeitstiftendes Wesen scheint der Mensch nicht nur auf die richtige Wahl einzelner Ziele, sondern auf eine einheitliche Grundausrichtung dieser Ziele und einen umfassenden Sinnentwurf angewiesen zu sein: „Man braucht einen Gesamtzusammenhang von Zielen, um das Alltagsleben sinnvoll zu gestalten."[310] Auf den ersten Blick scheint es tatsächlich das einfachste Modell der Sinnstiftung zu sein, dass sich alle wichtigeren Lebensziele oder Projekte einem weiterreichenden übergeordneten Globalziel unterordnen lassen. So verficht der Psychologe und Flow-Theoretiker Mihaly Csikszentmihalyi:

> Wenn sich jemand an ein ziemlich schwieriges Ziel wagt, von dem sich alle anderen Ziele logisch ableiten, wenn er alle Energie in die Entwicklung von Fähigkeiten steckt, um dieses Ziel zu erreichen, werden Handlungen und Gefühle harmonisch übereinstimmen, und die einzelnen Teile des Lebens fügen sich zusammen – jede Aktivität ergibt dann in der Gegenwart einen Sinn, wie auch mit Blick auf die Vergangenheit und die Zukunft.[311]

Gegen dieses Erfüllungskriterium eines sinnvollen und guten Lebens haben sich jedoch Philosophen wie Rawls und Seel zur Wehr gesetzt. Rawls warnt vor Fanatismus und Unmenschlichkeit einer solchen Konstruktion. Angesichts der Vielfalt und Heterogenität der menschlichen Ziele sei die Unterordnung aller einzelnen Ziele unter ein übergeordnetes Ziel wie die Erlangung politischer Macht oder materieller Reichtum einfach unmenschlich: „Sie entstellt den Menschen und unterwirft ihn einem seiner Ziele um der Systematik willen", fürchtet Rawls.[312] Auch Seel legt den Ton darauf, „Lebenskonzeptionen dürften nicht in jedem Fall je sinnvoller sein, je harmonischer sie sind."[313] Es ist ihm sicherlich darin Recht zu geben, dass Lebenspläne auch für existentielle Widersprüche oder nur schwer in Einklang zu bringende weiterreichende Ziele an der Spitze der Hierarchie Platz haben müssten. Wo verschiedene Begabungen und Interessen wie etwa Philosophie und Dichtung oder Karriere und Familie vorhanden sind, darf man keines um der Systematik willen opfern. Vielmehr hätte man die schwierige Aufgabe, in der jeweiligen Lebenssituation die nur begrenzt vereinbaren Lebensziele in ihrer Bedeutung zu gewichten und auszutarieren oder ihnen unterschiedliche zeitliche Priorität zuzumessen.

4.3 Lebensplan: sinnvolles Leben

Einen zweiten Einwand von Seiten Seels an die Adresse der Zieltheoretiker hatte ich bereits in Kapitel 4.2 zu entkräften versucht: Ein teleologisches Verständnis des guten Lebens zwinge dazu, dass man einerseits eine möglichst aussichtsreiche Lebenskonzeption erfolgreich verwirklichen wolle. Gleichzeitig müsse man aber alles daran setzen, die optimale Verwirklichung aller Ziele zu erreichen.[314] Denn seien alle wichtigen Ziele des Lebensplans erfüllt, stelle sich ein großes Vakuum und Sinnleere ein. Wenn das gute Leben als eine sukzessive Erfüllung eines Lebensplans definiert würde, sei man eigentlich immer nur auf dem Weg zu einem guten Leben in einer vielversprechenden Zukunft. Auch wo nicht erst der finale Endzustand erreichter Zielerfüllung als gutes Leben deklariert werde, sondern bereits ein Leben mit guter Aussicht auf Erfüllung, hafte diesem Auf-dem-Wege-Sein der Makel des Mangels, des Ausständigen an: „Ein gutes (gelingendes) Leben erscheint als ein Leben im Fortschritt zu einem guten (gelingenden) Leben."[315] Mit dieser Interpretation wird Seel aber den prominenten Zieltheorien wie derjenigen Rawls‹, die er hier explizit im Visier hat, keineswegs gerecht. Zwar leugnet Rawls nicht, dass es einige kurzfristige und auch weiterreichende Ziele in einem vernünftigen Lebensplan gibt, die verfolgt werden, weil sie andere Ziele innerhalb des Plans ergänzen oder fördern. Auch wenn aber nicht alle Ziele um ihrer selbst willen erstrebt werden, gelte jedoch für die Verwirklichung des Lebensplans insgesamt: „die Ausführung des gesamten Planes und das dauernde Zutrauen, mit dem das geschieht, ist etwas, das man nur um seiner selbst willen tun und haben möchte. (...) Daher ist die ganze Tätigkeit sich selbst genug."[316] Entgegen Seels Unterstellung rennt man bei der Verfolgung von Lebensplänen also nicht seinem Glück nach, sondern das Glück als Letztziel des guten Lebens wäre die sukzessive Erfüllung des ganzen Planes selbst.[317] Der Prozess kontinuierlicher und auch mit Blick auf die Zukunft erfolgversprechender Zielerfüllung wäre also nicht nur der Weg zu einem guten Leben. Vielmehr wäre dieser Weg selbst das Ziel, und das entsprechende aussichtsreiche Leben ein gutes Leben. Darüber hinaus erkennt Seel selbst, dass sich auch beim Erreichen eines weiterreichenden zentralen Projektes, wie etwa beim langersehnten Besitz eines eigenen Gartens, nach der Zielerreichung nicht zwangsläufig Sinnleere einstellt. Zwar hat man dann keine die erreichte Lebenssituation *transzendierenden* Wünsche mehr; sehr wohl aber immanente Wünsche und Ziele, die sich auf die Pflege und Gestaltung des Gartens beziehen.[318]

Werfen wir nach der Analyse der Struktur von Lebensplänen noch einen Blick auf die Art und den Zeitpunkt ihrer Genese: Verschiedene psychologische Schulen wie die von Eric Berne begründete *Transaktionsanalyse* oder Alfred Adlers *Individualpsychologie* gehen davon aus, dass sich solche Lebenspläne oder -konzepte bereits in frühster Kindheit herauskristallisieren. Schon in den ersten Lebensjahren sollen sie den Kindern im Rahmen der Primärsozialisation vermittelt werden oder aus dem Zusammenwirken von inneren organischen Konstellationen und äußeren sozialen Verstärkungen hervorgehen.[319] Adler spricht von einem „Lebensziel", einem „Leitbild" oder dem „Lebensstil", der das gesamte Denken, Wahrnehmen und Handeln des Kindes und des zukünftigen Erwachsenen präge und ihnen eine „endgültige Orientierung" gebe.[320] Oft würden sich die Kinder aufgrund eines angeborenen Organschadens oder eines Minderwertigkeitsgefühls in ihrer nächsten Umwelt nach dem stärksten Vorbild umsehen. So wollen sie dann etwa Lastwagenfahrer werden, weil sie der Meinung sind, solche Männer seien einfach die stärksten. In der Skriptanalyse als Ergänzung der Transaktionsanalyse werden die Lebenspläne eines Menschen „Skripts" genannt, von englisch „script", „Manuskript" oder „Drehbuch" abgeleitet. Claude Steiner erklärt in den Fußstapfen Eric Bernes:

> Ein Skript ist ein Lebensplan, der die Grundzüge all dessen enthält, was einer Person zustoßen wird; dieser Plan ist nicht von den Göttern vorgezeichnet, er hat vielmehr seinen Ursprung in den ersten Lebensjahren und in vorschnellen und verfrühten Entscheidungen des jungen Menschen.[321]

Therapieziel der Skript-Analyse ist es, die Menschen von ihren Skripts und dem damit verbundenen lebenslangen Wiederholungszwang zu befreien. Denn sie sollen die freie Entfaltung der eigenen Fähigkeiten und die autonome Entwicklung der Persönlichkeit verhindern. Infolgedessen können nach Ansicht der Skripttheoretiker Menschen unter dem Druck ihrer drehbuchartigen Lebenspläne kein gelingendes, gutes und glückliches Leben führen. Doch ist dieses Therapieziel vor dem Hintergrund unserer bisherigen Erkenntnisse wirklich sinnvoll? Kann ein Mensch ganz ohne ein wie auch immer vages „Drehbuch" leben?

Obgleich Steiner tatsächlich suggeriert, sämtliche Skripts, sowohl die „guten", d.h. allgemein anerkannten und erfolgreichen, als auch die „schlechten", die mit Sucht oder Suizid enden, würden einem guten Leben entgegenstehen, macht am Ende nur folgende Warnung Sinn: Schädlich ist bezüglich des individuellen Eigeninteresses lediglich die sogenannte frühkindliche „Festschreibung" oder „Fixierung" auf Skripts durch die Eltern oder andere primäre Bezugspersonen. Solche elterlichen „Einschärfungen oder Zuschreibungen" können etwa lauten: „Sei eine schöne Frau!" oder „Du bist ein Tollpatsch!".[322] Gleichgültig, ob man zu einem frühen Zeitpunkt von den Eltern auf „gute" oder „schlechte" Skripts festgelegt wird, wirken diese im späteren Leben wie ein Korsett. Problematisch ist daran zum Ersten, dass das Kind zu jenem Zeitpunkt natürlich noch kein eigentliches Urteil darüber fällen kann, nach welchem Lebensplan oder Drehbuch es sein späteres Leben führen will. Dann aber können die entsprechenden Lebensziele keine

4.3 Lebensplan: sinnvolles Leben

Basis für ein freies, selbstbestimmtes gutes Leben bilden, sondern zeitigen Heteronomie. Zum Zweiten sind die elterlichen, heteronomen Lebensentwürfe selten den Fähigkeiten und der spezifischen Eigenart des Kindes angemessen. Sie entspringen vielmehr den Wunschvorstellungen oder eigenen Skriptvorgaben der Eltern. Mit Blick auf ein gutes menschliches Leben wäre es demgegenüber wichtig, dass das Kind bzw. der jugendliche Heranwachsende seine eigenen Potentiale spielerisch entdeckt, verschiedene Identifikationsfiguren kennenlernt und einige vorbildhafte Rollen experimentell erproben kann. Erst auf einer solchen Erfahrungsgrundlage sollte sich der Jugendliche idealerweise nach der Adoleszenzkrise für ein „Leitbild" oder „Skript" entscheiden. Nach Steiner handele es sich dann wohl nicht mehr um „Skripts" im engeren Sinn. Denn auch er konstatiert:

> Die Entwicklung einer gesunden Persönlichkeit beruht notwendigerweise auf selbständigen Entscheidungen, die zum richtigen Zeitpunkt gesetzt werden. In einer ungestörten Ich-Entwicklung ohne Skript fallen die Entscheidungen zu einem Zeitpunkt, zu dem sie ohne Druck gereift sind, selbstbestimmt und ohne Druck gefällt werden und auf ausreichender eigener Erfahrung beruhen.[323]

Erfahrungsgemäß verabschieden sich die meisten Jugendlichen zu diesem reiferen Zeitpunkt von frühkindlichen Lebenszielen wie dem Wunsch, Lastwagenfahrer oder Tänzerin zu werden. Man optiert dann für differenziertere, komplexere Lebenspläne.

Bei der Zieltheorie des guten Lebens ist also darauf zu achten, dass ein Mensch sich nicht zu früh und nicht durch heterogenen Sozialisationsdruck auf bestimmte Lebenspläne fixieren lässt. Aber auch wenn man sich frei und mit bestmöglicher Kenntnis sowohl seiner eigenen Fähigkeiten als auch der situativen und kulturellen Gegebenheiten für einen bestimmten sinn- und ordnungsstiftenden Lebensplan entschieden hat, stellt dies keine Garantie für ein gutes und glückliches Leben dar. Vielmehr können im späteren Leben bei der Realisierung der einzelnen Teilziele mannigfaltige Probleme auftauchen. Denn die äußere Lebenssituation kann sich auf unvorhersehbare Weise verändern, beispielsweise durch einen Umschwung auf dem Arbeitsmarkt, durch zufällige soziale Bekanntschaften oder durch den Ausbruch einer schweren Krankheit. Je nach Tiefe und Plötzlichkeit dieser ungeplanten Veränderungen muss es entweder zu *allmählichen strukturellen* oder *tiefgreifenden dramatischen* Korrekturen eines Lebensentwurfs kommen. Relativ reibungslos dürften allmähliche strukturelle Korrekturen angesichts alltäglicher unerwarteter Ereignisse oder des Erwerbs neuer Kenntnisse und Erfahrungen sein. Denn sie betreffen in der Regel nicht die übergeordneten und weiterreichenden Lebensziele an der Spitze der Hierarchie des ganzen Zielkomplexes. Vielmehr geht es dann nur um die Konkretisierung und Anpassung von Teilplänen oder einzelnen kurzfristigen Zielen an die aktuelle Wirklichkeitslage. Auch wo man es als zentrales Lebensziel auserkoren hat, ordentliche Professorin für Philosophie an einer Universität zu werden, muss man nach der Habilitation möglicherweise erst einmal mit einer Dozentur an einer Fachhochschule vorliebnehmen. In aller Regel führt diese Modifikation auf der unteren Konkretisierungsebene nicht zu einer Entwertung des ganzen Lebenskonzeptes oder gar zu einer völligen Aufgabe des Lebensplanes. Zumeist kann man sein Leben weiterhin affektiv, voluntativ und kognitiv bejahen.

Ein etwas anderes Bild zeigt sich bei einschneidenden Ereignissen auf unserem Lebensweg. Diese können dabei genauso gut Ereignisse positiver Art wie eine neue Liebesbeziehung oder plötzliche Anerkennung als auch negativer Art sein, etwa eine gescheiterte langjährige Beziehung oder nicht bestandene Berufungsverfahren an mehreren Universitäten. Im Gegensatz zu den allmählichen strukturellen Veränderungen von Teilplänen wären hier tiefgreifende dramatische Veränderungen des Lebensplans nötig. Denn es sind offenkundig weiterreichende zentrale Lebensziele tangiert wie das, eine Familie zu gründen oder eine akademische Karriere zu machen. Weil im Falle ungünstiger Ereignisketten solche fundamentalen Projekte nicht einfach aufgegeben oder ausgetauscht werden können, droht die Gefahr einer existentiellen Krise. Man gewinnt dann leicht den Eindruck, der gesamte teleologische Sinnentwurf würde auf einen Schlag entwertet und Lügen gestraft. Alle Bemühungen um ein gutes Leben scheinen gescheitert und das Glück infolge des plötzlichen Sinnverlusts ein für alle Mal verschwunden zu sein. Denn im Laufe der Jahre hat man sich regelrecht eingeschworen auf eine bestimmte Art zu wünschen und zu wollen und auf diese Weise Glückserfahrungen zu machen.[324] Viele Menschen denken in solchen Lebenskrisen daran, ihrem Leben freiwillig ein Ende zu setzen. Andere nehmen Zuflucht zu einer Lebenslüge, mit der sie ihr Dasein erträglich zu machen suchen. Doch gibt es keine konstruktivere Weise, mit unliebsamen Einbrüchen in den erfolgreichen Vollzug eines Lebenskonzeptes umzugehen? Welche Einstellungen oder Verhaltensweisen könnten der Gefährdung des guten Lebens vorbeugen?

1. *Erfahrungs- und Revisionsoffenheit*: Wie motivationspsychologische Untersuchungen an den Tag legten, werden krisenhafte Erfahrungen oft begünstigt durch das unwillkürliche Ausblenden von relevanten Informationen. Sobald ein Mensch sich nämlich durch das Überschreiten des Rubikon für einen bestimmten Wunsch entschieden hat, werden Informationen gerne ignoriert, die den einmal getroffenen Entschluss bzw. den Erfolg der Zielerreichung in Frage stellen könnten.[325] Je zielstrebiger man seine Projekte verfolgt, desto eher kann es geschehen, dass man Hindernisse und ungünstige Zukunftsprognosen nicht wahrhaben will und sich in Illusionen flüchtet. Um unser

4.3 Lebensplan: sinnvolles Leben

Handeln erfolgreich leiten zu können, müssen unsere Lebenspläne aber „erfahrungs- und revisionsoffen" sein, weil sich die Umwelt und wir selbst ständig verändern.[326] Da niemand gegen zensurierende automatische Aufmerksamkeitsfilter ganz gefeit ist, ist es wichtig, dass man erst einmal offen ist für die Kritik durch nahestehende Personen, die unsere eigenen Fähigkeiten oder unsere Lebenssituation völlig anders einschätzen als wir selbst. Auf die Dauer wird uns die Immunisierung gegen drohende Misserfolge jedenfalls nicht weiterbringen. Daher sollte man die Augen nicht davor verschließen, dass ein ambitioniertes Berufsziel einfach zu hoch gesteckt ist oder ein Liebesobjekt sein Herz schon anderweitig verschenkt hat. Ansonsten vergibt man sich die Chance einer rechtzeitigen Korrektur seiner Ziele und Projekte. Höffe plädiert daher zu Recht für die „Zukunftsfähigkeit" und formuliert als Credo der „kleinen Offenheit": „Wer von einer Freundschaft enttäuscht ist, verschließe sich nicht der Möglichkeit einer neuen"![327] Des Weiteren fordert er eine „mittlere Offenheit" in Bezug auf die lebensalterbedingten Veränderungen: Von gewissen Sinnperspektiven wie dem Verliebtsein, dem Kinderaufziehen oder dem beruflichen Erfolg muss man sich in späteren Lebensperioden verabschieden und aufgeschlossen sein für neue. Die „große Offenheit" schließlich betrifft Sinnentwürfe oder Lebensformen, die im Laufe von Generationen oder geschichtlichen Epochen gleichsam leer laufen.[328]

2. *Hermeneutische Reinterpretation*: Auch wo keine unwillkürliche Aufmerksamkeitslenkung relevante Hintergrundinformationen ausblendet, kann die erfolgreiche Realisierung eines Lebensplanes infolge gravierender unvorsehbarer Hürden ins Stocken geraten. Es reicht dann für die Rettung eines guten Lebens nicht mehr aus, einige periphere kurzfristige Handlungsziele auszuwechseln, um den Lebensplan gleichsam zu reparieren. In der Ausdrucksweise der Transaktionsanalytiker täte es vielmehr Not, die „Show" zu beenden und eine neue zu beginnen.[329] Nehmen wir als Beispiel einen Pianisten mit dem grundlegenden Lebensziel, sein Klavierspiel zu perfektionieren und Weltruhm zu erlangen. Er baut einen Unfall, wird verletzt und kann seine rechte Hand nicht mehr bewegen. Für ihn stürzt eine Welt zusammen. Angesichts der sich scheinbar unüberwindbar vor ihnen aufbäumenden Hindernisse fehlt den meisten Betroffenen in solchen schicksalsschweren Situationen die nötige Distanz für das Entwerfen einer neuen „Show": Sie geraten in totale Verzweiflung, weil sie keinerlei Auswege und Perspektiven mehr sehen können. Um die handlungslähmende Ohnmacht zu überwinden, sind sie zumeist auf starke Unterstützung entweder durch Freunde oder durch Psychotherapeuten angewiesen. Durch liebevolle Zuwendung in einer tragfähigen Beziehung wäre es deren schwierige Aufgabe, das Selbstvertrauen und Selbstheilungspotential der Verzweifelten zu neuem Leben zu erwecken. Eine positive Erwartungshaltung,

gepaart mit praktischer Problemlösungserfahrung und dem Aufzeigen verbleibender Handlungsmöglichkeiten könnte den Betroffenen helfen, aus dem Gefühl der Ausweglosigkeit aufzutauchen und an einem neuen Lebensentwurf zu arbeiten. Wenn globale, höchst bedeutsame Lebensziele betroffen sind, kann der erforderliche Prozess einer hermeneutischen Reinterpretation allerdings monate- bis jahrelange Anstrengungen abverlangen. Denn die betroffenen Personen müssen sich eine völlige Neueinstellung zu ihrem Leben und ihrer Person erwerben. Doch was heißt dies konkret etwa bezüglich unseres Beispiels eines verunglückten Pianisten?

Zunächst liegt es nahe, nach Menschen in ähnlichen Lebenssituationen Ausschau zu halten, die an ihrem schlimmen Schicksal nicht zugrunde gingen. Berühmte Beispiele anderer Pianisten, die das Klavierspiel aufgrund einer Behinderung aufgeben mussten, wären Robert Schumann und Leon Fleisher. Beide sind nicht verzweifelt, obgleich sie ihr zentrales Ziel einer Pianistenkarriere nicht weiterverfolgen konnten: Schumann wurde Komponist und Fleisher Dirigent. Beiden gelang es also, ihr Ziel des Klavierspielens auf ein grundlegendes musikalisches Interesse an der Musik als solcher zurückzuführen. Dem Ideal einer musikalischen Tätigkeit kann man aber nicht nur als Pianist, sondern auch als Komponist oder als Dirigent gerecht werden. Wo eine solche Rückführung auf fundamentalere Lebensziele nicht möglich ist, könnte man es mit der Kompensation in anderen Lebensbereichen versuchen: Angesichts schwerer Enttäuschungen im beruflichen Bereich könnte man mehr Energien investieren im sozialen und familiären Bereich. In vielen Lebenssituationen bleibt allerdings nur eine flexible Anpassung der Ziele an unfreiwillig veränderte äußere Umstände übrig. So gibt es beispielsweise viele ältere Menschen, für die Unabhängigkeit und selbstständige Aktivitäten wichtige, scheinbar unverzichtbare Lebensinhalte darstellen. Gleichwohl gewinnen viele von ihnen im hohen Alter Freude am passiven Umsorgt- und Gepflegtwerden. Obgleich Lebenspläne also die unabdingbare Basis für ein gutes menschliches Leben bilden, sollten sie angesichts instabiler Umweltfaktoren und physisch-psychischer Veränderungen der Handlungssubjekte erfahrungs- und revisionsoffen bleiben. Wo eine kontinuierliche Adaption aufgrund der Unvorhersehbarkeit und des Ausmaßes der Umwälzungen nicht mehr möglich ist, braucht es die Bereitschaft für eine tiefgreifende hermeneutische Reinterpretation des Lebensentwurfs.

4.4 Lebensentwurf: Selbstverwirklichung

Verheißungsvolle Parolen wie „Selbstfindung" oder „Selbstverwirklichung" sind längst zu Schlüsselkategorien des postmodernen Selbstverständnisses avanciert. Da verwundert es kaum, dass von Lebensberatern, Popularphilosophen und Psychologen als Weg zum glücklichen und guten Leben in erster Linie die „Selbstverwirklichung" angepriesen wird. Aber auch Höffes theoretische Reflexionen nehmen ihren Ausgang vom weitreichenden philosophischen Konsens, Glück als Letztziel eines guten Lebens bestehe „ganz formal in der Verwirklichung der eigenen Wünsche und Interessen sowie in der Aktualisierung der eigenen Möglichkeiten. Das aber heißt, das Glück hat in weiterem Sinn mit Selbstverwirklichung zu tun."[330] Als wissenschaftlicher Terminus wurde „Selbstverwirklichung" oder „Selbstaktualisierung" (englisch „self-realization", „self-actualization") von den deutschen Idealisten in die Philosophie eingeführt. Nach dem Verfall der hegelianischen Tradition erlangte er aber erst wieder in der „humanistischen Psychologie" des 20. Jahrhunderts als theoretisches Rahmenkonzept maßgebliche Bedeutung. Die humanistischen Psychologen setzten sich ab sowohl von der Psychoanalyse, die den Menschen zum Triebbefriedigungsmechanismus degradiert, als auch vom Behaviorismus, der den Menschen mit einem Reiz-Reaktions-Automaten gleichsetzt. Im Zeichen einer neuen, ganzheitlichen Betrachtungsweise wollte man den Menschen als ein Subjekt und teleologisch ausgerichtetes Lebewesen rehabilitieren, dessen Ziel die Entfaltung und das Wachstum seiner persönlichen Potenzen darstellt.[331] Das Glück fungiert als Kriterium gelungener Selbstverwirklichung bzw. der „Tüchtigkeit in der Kunst des Lebens", die man im Rückgriff auf die antike Philosophie auch als „Tugend" deklariert. Erich Fromm proklamiert exemplarisch: „Glück deutet darauf hin, dass der Mensch die Lösung des Problems der menschlichen Existenz gefunden hat: die produktive Verwirklichung seiner Möglichkeiten".[332] Unter der Federführung der humanistischen Selbst-Theoretiker wurde in den 70er Jahren eine regelrechte „Me-Decade", ein „Zeitalter des Ich" ausgerufen. Eine ganze Generation von Selbstverwirklichern strömte in Selbsterfahrungsseminare und Therapieräume.

Je lauter aber der allgemeinmenschliche Ruf nach Selbstverwirklichung erschallt und je breiter sich das entsprechende Angebot an Lebenshilfeliteratur und Kursen gestaltet, desto undifferenzierter werden die Vorstellungen darüber, was denn hier als „Selbst" eigentlich gefunden und realisiert werden soll. Einen hilfreichen Klärungsversuch hat Alan Gewirth mit seiner Monographie *Self-Fulfillment* geleistet. Als Leitbegriff eines guten und glücklichen Lebens dient ihm allerdings nicht die „Selbstverwirklichung" oder „Selbstaktualisierung", sondern die „Selbsterfüllung". Er hat damit aber offenkundig denselben subjektiven Entwicklungsprozess im Auge, wenn er expliziert:

> According to this conception, self-fulfillment consists in carrying to fruition one's deepest desires or one's worthiest capacities. It is a bringing of oneself to flourishing completion, an unfolding of what is strongest or best in oneself, so that it represents the successful culmination of one's aspirations or potentialities. In this way self-fulfillment betokens a life well lived, a life that is deeply satisfying, fruitful, and worthwhile.[333]

Dieses Konzept eines guten Lebens sieht auch Gewirth auf Erfolgskurs sowohl in westlichen als auch nicht-westlichen Kulturen. Es ließen sich dabei grundsätzlich zwei verschiedene Modelle für das „Selbst" und seine „Erfüllung" finden:[334] Das Konzept des *capacity-fulfillment* zum Ersten definiere Selbstverwirklichung als Verwirklichung von bestimmten Kräften oder Fähigkeiten eines Individuums. Ihm gegenüber stehe das Modell des *aspiration-fulfillment* als der Verwirklichung der tiefsten oder höchsten Wünsche eines Menschen. Wenn man die Selbstverwirklichung gemäß der ersten Version als Entfaltung von Fähigkeiten begreife, gehe man eher von objektiven Kriterien oder Werten aus: von dem, was für einen Menschen objektiv gesehen gut ist im Sinne des allgemeinen Menschseins. Es handele sich dann um eine perfektionistische Position (vgl. Kapitel 2.2). Koppele man die Selbsterfüllung hingegen an die tiefsten Wünsche oder Bestrebungen eines Handlungssubjekts, scheine sie viel stärker eine subjektive Angelegenheit zu sein. Gewirth liest die „aspiration"-Konzeption denn auch als Ausdruck der liberalen und liberalistischen Tradition, die auf Rousseau und die deutschen Idealisten zurückgeht und durch John Stuart Mill fortgeschrieben wurde. Als Vertreter der perfektionistischen Variante des „capacity-fulfillment" führt er Platon und Aristoteles auf, später Kant und Hegel und schließlich T. H. Green und F. H. Bradley.[335]

Werfen wir zunächst einen Blick auf die Selbstverwirklichungstheorien der humanistischen Psychologen als Initiatoren der „Me-Decade": Die bedeutendsten Repräsentanten von Kurt Goldstein und Charlotte Bühler über Erich Fromm bis hin zu Abraham Maslow gehen von einem basalen „Entfaltungs"- bzw. „capacity-fulfillment"-Modell aus.[336] Selbstverwirklichung wäre dann der Prozess der optimalen Entfaltung der menschlichen Potentialitäten, d. h. seiner Bedürfnisse, Fähigkeiten und Begabungen in der Auseinandersetzung mit der Umwelt. Und das zu verwirklichende „Selbst" wäre nichts anderes als das Insgesamt von angeborenen natürlichen Kräften und Fähigkeiten, die auf Entwicklung hin angelegt sind. Ziel des Entfaltungsprozesses ist das „gute Leben" oder das „good functioning" der Person,[337] wobei dieser von Glück begleitet werden soll. Entweder plädiert man für eine wertneutrale Aktualisierung all dieser Fähigkeiten oder spricht ohne weitere Erläuterung der zugrunde gelegten normativen Unterscheidungskrite-

4.4 Lebensentwurf: Selbstverwirklichung

rien von „besten Potenzen".[338] Da zwischen vorgegebenen Naturzwecken und selbstgesetzten Zielen nur ungenügend oder gar nicht differenziert wird, scheint Psychologie zu einem Kapitel der Biologie zu mutieren. Man bemüht denn auch immer wieder die Samenkorn-Analogie und parallelisiert die Entwicklung eines Kindes mit dem Wachstum eines Samenkorns. Dabei übersieht man offenkundig, dass die optimale Entwicklung des Kindes ganz anders als das Wachstum des Samenkorns auf sorgfältige Erziehung und kulturelle Sozialisation angewiesen ist. Im Gegensatz zum biologischen Programm von Pflanzen oder den tierischen Instinkten sind die natürlichen Kräfte oder Tendenzen im Menschen äußerst vage und unbestimmt. Darüber hinaus können die Bedürfnisse und Talente wie bereits gezeigt einander widerstreiten (vgl. Kapitel 3.4). Auch lassen sich die wertmäßig zunächst indifferenten Anlagen der Menschen ebenso zu schlechten wie zu guten Zwecken einsetzen, sowohl bezüglich der individuellen Eigeninteressen als auch hinsichtlich des Gemeinwohls. Wenn der Mensch nur das zu werden brauchte, was er immer schon potentiell ist, könnte schließlich streng genommen die geistige Dimension gänzlich weggekürzt werden. Sobald wir nämlich den Selbstverwirklichungsprozess bewertend und regulierend kontrollieren, handelt es sich nicht mehr um ein potentiell vorhandenes Selbst, das auf „natürliche" Weise entfaltet wird.[339]

Als Gewährsmann dient vielen humanistischen Psychologen das Potenz-Akt-Schema des Aristoteles, der so zum Urvater des Fähigkeiten-Modells der Selbstverwirklichung gemacht wird. Obwohl auch Aristoteles tatsächlich von den angeborenen menschlichen Potenzen oder Fähigkeiten ausgeht, steht bei ihm die argumentative Erörterung, die Erwägung von Vor- und Nachteilen des Auslebens bestimmter Anlagen im Zentrum.[340] Seit den Anfängen der philosophischen Überlegungen zum Selbstverwirklichungsmodell hat man sich primär dafür interessiert, welches denn die „wahren" oder „eigentlichen" Fähigkeiten des Menschen sind.[341] In der antiken Philosophie führte man diese Frage zurück auf die Frage nach der „eigentümlichen Leistung", griechisch „Ergon" des Menschen. Nicht nur jede Gegenstandsklasse und alle Berufsgattungen wie etwa Messer und Tische oder Bildhauerei und Tischlerei hätten ihre artspezifische Funktionsfähigkeit oder Hervorbringung. Auch dem Menschen als solchem müsse eine typische und damit höherrangige Tätigkeit zukommen. Aristoteles erblickte – nicht anders als Platon – das spezifische menschliche „Ergon" in der Tätigkeit der Vernunft, im reinen Denken.[342] Für eine humane Selbstverwirklichung wären daher kontemplative Wissenschaften wie Philosophie, Mathematik oder theoretische Physik von höchster Bedeutung. Nun blieb auch Aristoteles nicht verborgen, dass zum einen nicht alle Menschen die Fähigkeit und Disziplin haben, sich ganz auf die Förderung ihrer intellektuellen Kompetenzen zu konzentrieren. Zum Zweiten sind auch diese wenigen theoretisch begabten Köpfe keine reinen Intelligenzwesen. Vielmehr haben auch sie noch andere Bedürfnisse und Interessen und pflegen zu diesem Zweck den Umgang mit anderen Menschen. Aristoteles zeichnet daher neben dem „reinen" Vernunftgebrauch auch die Einsicht in das ethisch richtige Handeln im Umgang mit den Mitbürgern aus.[343] Die Einübung und Verwirklichung der intellektuellen Tugenden soll also durch die sozialethischen Tugenden, die *theoretische* Lebensform durch die *ethisch-politische* ergänzt werden.

Für ein gutes und glückliches Leben gilt es nach Aristoteles somit keineswegs, unterschiedslos alle natürlichen Tendenzen zu entwickeln. Anders als viele humanistische Psychologen zog er vielmehr eine klare Trennlinie zwischen den theoretischen Wissenschaften wie der Mathematik, Physik und Biologie einerseits und den praktischen Wissenschaften wie Ethik, Politik und Ökonomie andererseits.[344] Dabei unterscheiden sich nicht nur die Intentionen dieser beiden Forschungsrichtungen, nämlich der Erwerb von Wissen um seiner selbst willen bei den theoretischen Wissenschaften, die normative Bewertung und Veränderung menschlicher Lebensführung bei den praktischen (vgl. Kapitel 1). Denn bereits auf der Gegenstandsebene zeichnen sich erhebliche Differenzen ab: Während die Natur oder die mathematischen Gegenstände in ihrer Charakteristik weitgehend unbeeinflusst sind vom Menschen, verhält es sich bei den menschlichen Angelegenheiten als Gegenständen der praktischen Wissenschaften gerade anders: Die menschlichen Handlungsweisen, Institutionen und Haltungen stehen offenkundig in Abhängigkeit von menschlichem Reflektieren, Entscheiden und Handeln. Das simple biologische Schema, demzufolge aus einem Apfelkern ein Apfelbaum oder aus einem menschlichen Embryo ein erwachsener Mensch wird, reicht daher in den praktischen Wissenschaften nicht aus. Um eines guten Lebens willen muss man vielmehr zum einen klare Bewertungen zwischen verschiedenen Fähigkeiten und Anlagen vornehmen. Zum anderen ist eine sorgfältige Förderung und Lenkung der ausgewählten Potenzen nötig, d. h. der gezielte Erwerb von festen Haltungen, den Tugenden. Zwischen Potentialität und Aktualität schiebt Aristoteles also begründeterweise das Konzept der Einübung oder Gewöhnung („hexis" oder „ethos").

Die aristotelische Konzeption des guten Lebens als einer bestmöglichen Verwirklichung der spezifischen menschlichen Fähigkeiten war zweifellos „ungemein erfolgreich".[345] Die antike und mittelalterliche Individualethik hat in verschiedenen Varianten an diesem Modell festgehalten, bis es im 20. Jahrhundert mit der Renaissance der Frage nach dem guten Leben revitalisiert wurde. Der Blick in die Geschichte zeigt allerdings auch, dass es bedeutend mehr Möglichkeiten menschlicher Selbstverwirklichung gibt als die von Aristoteles vorgeschlagene theo-

4.4 Lebensentwurf: Selbstverwirklichung

retische und ethisch-politische:[346] Für religiöse Kulturen ist es die demutsvolle Hinwendung zu Gott, für kriegerische das tapfere Heldentum. In der Neuzeit werden Ärzte und Lehrer zu neuen Vorbildern, die der leidenden bzw. ungebildeten Menschheit dienen. Daneben rücken die Ingenieure und Manager immer mehr in den Vordergrund, welche die Natur oder das Wirtschaftssystem zu beherrschen und zu steuern vermögen, aber auch ihr Pendant, die Künstler und Genies. Angesichts dessen kann man mit Höffe resümieren: „Weil der Mensch in seiner Multikompetenz höchst verschiedene Begabungen hat, würde man ihn seiner Sinnchancen berauben, wenn man diesen Reichtum a priori beschneidet."[347] Wie bereits in der Einleitung angemerkt, wuchs die Skepsis gegenüber einer einzigen Lebensform bzw. einer für alle Menschen gültigen Grundform des guten Lebens im Laufe der Neuzeit. Man nimmt von einem perfektionistischen „capacity-fulfillment"-Modell zunehmend Abstand, das festlegt, welche Fähigkeiten ein jeder Mensch objektiv betrachtet zur Entfaltung bringen soll. Als bleibende Erkenntnis aus der Auseinandersetzung mit Aristoteles könnte man festhalten, dass die menschliche Vernunft das entscheidende Vermögen bei der Auswahl, Ordnung und Ausbildung aller menschlichen Fähigkeiten und Existenzmöglichkeiten bildet. Zudem ist die soziale Dimension einer ethisch-politischen Lebensform wohl aus keinem Modell menschlicher Selbstverwirklichung ganz wegzudenken.

An die Stelle der Verwirklichung spezifischer allgemeinmenschlicher Fähigkeiten ist im Zuge verschiedener Individualisierungsschübe eine „Ideologie der Selbstverwirklichung"[348] getreten, die radikal aufräumt mit allen vorgegebenen wesensmäßigen natürlichen Fähigkeiten oder artspezifischen Leistungen („Ergon"). „Selbstverwirklichung" bedeutet dann nicht mehr die Aktualisierung des Allgemeinen, sondern nur noch des Individuellen, nämlich der je individuellen Wünsche oder Ideale. Gemäß Gewirths Typologisierung ließe sich erwarten, dass ein Trend vom Modell des „capacity-fulfillment" zum „aspiration-fulfillment" zu registrieren wäre. Infolge einer radikalisierten Individualisierung scheint allerdings selbst dieses Modell noch über Bord geworfen worden zu sein. „Individualisierung" meint dabei grundsätzlich die Abkehr von vorgegebenen Aufgaben und Pflichten innerhalb einer Kultur oder Gesellschaft und die zunehmende Orientierung an selbstgesetzten persönlichen Zielen. Der Individualisierungsprozess hat zum einen von der kapitalistischen Kultur mit ihrem Prinzip des freien Marktes wesentlichen Rückhalt erfahren. Gleichzeitig fand nach einhelliger Übereinkunft verschiedener Soziologen in den späten 60er Jahren des 20. Jahrhunderts ein Wertewandel statt von „materialistischen" hin zu „postmaterialistischen Werten": Materielle, Pflicht- und Akzeptanzwerte wurden substituiert durch Selbstentfaltungswerte und ästhetische Werte der Kreativität.[349] Im Sozialisationsprozess kommt dieser Wertewandel zum Ausdruck in einem überaus permissiven Erziehungsstil. Im Erziehungsmodus der „neuen Verwöhnung" wird den Bedürfnissen und Wünschen der Kinder ein absoluter Vorrang vor denjenigen der Erziehungspersonen eingeräumt.[350] Je weniger Selbstverwirklichung „Verwirklichung des Menschen als Menschen" ist, desto mehr wird sie reduziert auf die Verwirklichung der je eigenen Individualität. Da man keine vorgegebenen Zwecke oder Werte mehr zu realisieren hat, wird Selbstverwirklichung jetzt gerne verstanden als ein „Mit-sich-Experimentieren, als ein eigentlich zielloser Weg, auf dem das Individuum erst erfährt, was es ist"[351]. Doch geht infolge radikalisierter Individualisierung im postteleologischen Zeitalter nicht letztlich das „Selbst" verloren, das es eigentlich zu aktualisieren gibt? Kann das „Selbst" experimentell aufgespürt oder gar in jedem Augenblick wieder neu kreativ erfunden werden, wie bisweilen suggeriert wird?

Eine Untersuchung über das gute Leben in Form der Selbstverwirklichung kommt natürlich nicht darum herum, sich über die verschiedenen Facetten des Phänomens „Selbst" klar zu werden. Das „Selbst" erweist sich leider in der mannigfaltigen philosophischen, psychologischen und soziologischen Literatur geradewegs als ein Sammelkonzept. Nach einer von den Sozialpsychologen William James und George Mead eingeführten Differenzierung muss man aber am menschlichen „Selbst" zunächst einmal ein aktives und ein passives Moment auseinanderhalten:[352] Das aktive Moment, das „I" (Mead) oder „reine Selbst" (James) steht für die menschliche Möglichkeit, bewusst und reflexiv Stellung zu nehmen zu allen charakterlichen, biographischen und situativen Gegebenheiten. Das passive Moment hingegen weist als „me" (Mead) oder „empirisches Selbst" (James) Objektstatus auf. Es setzt sich zusammen aus einem „materiellen Selbst" mit Körper, Kleidung, Familie, einem „sozialen Selbst" als Status oder Rolle einer Person und dem „geistigen Selbst", d. i. der psychischen Disposition, dem Charakter. Während Aristoteles und die humanistischen Psychologen auf Seiten des passiven „empirischen Selbst" von angeborenen natürlichen Anlagen oder Fähigkeiten ausgingen, würden wir heute eher von genetischer Veranlagung sprechen. Genauso wenig, wie die menschlichen Fähigkeiten ein Handeln unmittelbar determinieren können, gibt es aber keine direkte Wirkung der Gene auf menschliches Verhalten. Ein zunächst „neutraler" Genotyp legt lediglich eine sogenannte Reaktionsnorm fest und lässt ganz unterschiedliche Handlungsorientierungen und Lebensformen zu. So hat eine empirische Zwillingsstudie konkret gezeigt, dass die angeborene Charaktereigenschaft „Raffinement" der Entwicklung völlig unterschiedlicher Persönlichkeiten Raum lässt: Während einer der Zwillingsbrüder ein raffinierter Krimineller wurde, hatte der andere als ebenso raffinierter Kriminalist Erfolg![353] Wie stark auch immer der Einfluss der genetischen Vorgaben sein mag,

4.4 Lebensentwurf: Selbstverwirklichung

darf das „Selbst" eines Menschen niemals auf diese psychische bzw. biologische Seite des „empirischen Selbst" reduziert werden. Nach Mead erlangt der Mensch ein „Selbst" oder eine „Ich-Identität" immer erst als ein Gleichgewicht zwischen den Aspekten des „empirischen Selbst", unter denen er vor allem die sozialen Rollen und gesellschaftlichen Erwartungshaltungen hervorhebt („me"), und dem „reinen Selbst" („I") als den persönlichen Bewertungen und Neuorganisationen dieser Tatsachen.[354]

Ein Identitätsproblem entsteht infolgedessen immer dann, wenn die ideelle Seite des „reinen Selbst" und die biopsychosoziale Seite des „empirischen Selbst" in ein Ungleichgewicht geraten. Jean-Paul Sartre hat die zwei möglichen Formen eines solchen Missverhältnisses im Selbstverhältnis ins Bild gesetzt: es sind die „Aufrichtigkeit" („la sincérité") und die „Unaufrichtigkeit" („la mauvaise foi").[355] Der „Aufrichtige" lehnt alles Empirische an seinem „Selbst" ab, sowohl seine Vergangenheit, seinen Körper als auch seinen Charakter. Er möchte das, was er („an sich") ist, nicht sein. Vielmehr möchte er in jedem Augenblick das sein, wozu er sich gerade entscheidet. Dieser Zustand erinnert an Kierkegaards Formen von „Verzweiflung" als Missverhältnis in einem „Selbst", das sich zu sich selbst verhält:[356] Entweder verzweifelt man aus Schwäche, weil man „verzweifelt nicht man selbst sein will", d.h. weil man das faktisch Gewordene an sich selbst nicht akzeptieren kann. Oder man verzweifelt mehr aus Trotz, indem man „verzweifelt man selbst sein will": Man möchte dann etwas Unmögliches oder Phantastisches sein wie Cäsar oder Nero. Auf diese Weise kann man aber kein Selbst gewinnen, sondern es bleibt bei einem bloßen Phantasieprodukt. Denn von einem „Selbst" lässt sich erst sprechen, wo erstens eine Objektwerdung in der Welt, also ein „empirisches Selbst" vorhanden ist, und wo zweitens relative Identität in der Zeit zu verzeichnen ist.[357] Einen genauso verheerenden Fehler begeht indes der „Unaufrichtige", der sich gerade völlig identifiziert mit dem, was er geworden ist. Indem er jede Freiheit und Eigenverantwortung verleugnet, möchte er sein, was er nicht ist; nämlich reine Faktizität, pures „An-sich-Sein". Weil die menschliche Reflexionsfähigkeit schwerlich zum Schweigen gebracht werden kann, ist auch dieser Versuch zum Scheitern verurteilt. Obgleich die Existenzphilosophen eher von „Selbstsein" oder „Eigentlichkeit" als von „Selbstverwirklichung" sprechen, haben sie damit die Grundschwierigkeiten rund um Selbstwerdung oder Selbsterfüllung scharf umrissen. Die Lösungen, für die sie plädieren, sind für uns allerdings kaum akzeptabel: Kierkegaard rät zum Sprung in den Glauben, weil nur Gott letztlich das Missverhältnis zwischen „reinem" und „empirischem Selbst", zwischen Idealität und Realität beheben könne. Und nach Sartre soll sich der Mensch eingestehen, dass er dazu verurteilt ist, immer das zu sein, was er nicht ist, und nie das zu sein, was er ist. Letztlich bedeutet dies das skeptische Eingeständnis, dass der Mensch über sich selbst nichts wissen und nichts feststellen kann.

Die existenzphilosophische Aporie in Sachen Identitätsfindung oder Selbstverwirklichung kann man meines Erachtens nur überwinden, wenn man ein zusätzliches Element im Selbstverhältnis in Rechnung stellt: Neben das „reine Selbst" und das „empirische Selbst" muss das „normative Selbst" gleichsam als Scharnier und Bindeglied treten. Sartre täuscht sich, wenn er meint, der Mensch sei nie sein Körper, seine berufliche Rolle oder sein Charakter, weil er sich in jedem Augenblick von neuem zu diesen ins Verhältnis setzen müsse. Der Mensch hat sich nämlich nicht immer wieder neu zu interpretieren oder gar zu erschaffen, sondern er entscheidet sich in einer außerzeitlichen transzendentalen Wahl für einen prospektiven Selbstentwurf. Dieser enthält eine bestimmte Interpretation der materiellen, körperlichen, sozialen und geistig-psychischen Dispositionen, die uns in allem künftigen Handeln leiten soll. Er ist insofern prospektiv oder zukunftsweisend, als er ein Bild davon in die Zukunft projiziert, was wir aus all diesen Bedingungen in unserem Leben tatsächlich machen möchten. Zugleich kann er als „normatives Selbst" bezeichnet werden, weil dabei klar eine Auswahl und Bewertung vorgenommen wird bezüglich all dessen, was uns zunächst insgesamt an Handlungs- oder Seinsweisen offensteht. Die „Selbst-Verwirklichung" wäre dann keineswegs ein wertneutrales Aktualisieren von Möglichkeiten und Fähigkeiten. Vielmehr hat man sie zu definieren als eine sukzessive Umsetzung des „normativen Selbst" in ein „faktisches" oder „empirisches Selbst" in der Außenwelt. Die beiden Ausdrücke „empirisches" und „faktisches Selbst" sind dabei austauschbar zu verwenden. Das „normative Selbst" dient also gleichsam als ein Kompass auf diesem teleologischen Selbstverwirklichungsprozess. Krämer erläutert diesen Vorgang so: „*Normativ* ist dasjenige Selbst, von dem wir uns wählend verstehen, der Entwurf, auf den hin wir uns verwirklichen wollen, das eigentliche, wahre, selbsthafte Selbst, das Selbst im Selbst; *faktisch* das, als welches wir uns jeweils vorfinden."[358] Verwirklicht wird hier also kein irgendwie schon vorgefundenes oder potentiell vorhandenes „faktisches Selbst" wie bei der Samenkorn-Analogie der humanistischen Psychologen. Das „normative Selbst" muss ganz im Gegenteil in einem reflexiven Vorgang der Interpretation und Entscheidung für bestimmte wertvolle Fähigkeiten oder Neigungen erst entworfen werden.

Bei Sartre wie bei anderen Existentialisten findet man für die innere Selbstverpflichtung auf ein „normatives Selbst" die Ausdrücke „absolute Selbstwahl", „Initialentwurf" oder „ursprüngliche Wahl seiner selbst".[359] Der Zeitpunkt dieser ursprünglichen Selbstwahl ist entwicklungspsychologisch betrachtet derselbe wie für den Entwurf eines Lebensplanes; nämlich das Ende der pubertären Krise. Spätestens an dieser

4.4 Lebensentwurf: Selbstverwirklichung

Stelle tritt der enge Zusammenhang zwischen einem solchen prospektiven Selbstentwurf und dem in Kapitel 4.3 erörterten Lebensplan ans Licht. Annemarie Pieper nennt die „Lebensform" geradezu einen „ausgebildeten Selbstentwurf": Es vollziehe sich dann die schrittweise Realisierung eines Lebensplans, für den man sich entschieden hat, als „Akt der Selbstverwirklichung".[360] Während der Lebensplan mannigfaltige Ziele in eine zeitliche und hierarchische Ordnung bringt, stehen im Zentrum von Selbstentwürfen eher Ideale. Ideale sind nicht wie die Lebensziele oder Projekte auf die Gestaltung der äußeren Welt ausgerichtet, sondern betreffen mehr die Seinsweise des Subjekts. Ideale wie „Schönheit" oder „Weisheit" sind weniger konkret, weniger realitäts- und realisierungsorientiert als berufliche Ziele wie eine Karriere als Top-Model oder Philosophieprofessorin. Obgleich wir bei den Lebensplänen nicht von Idealen sprachen, können die allgemeinsten, bedeutendsten weitreichenden Ziele an der Spitze der ganzen Hierarchie jedoch zumeist als Ideale umformuliert werden und umgekehrt. Das oben erwähnte Beispiel einer Person, die das vage globale Projekt verfolgt, in ihrem Leben „irgend etwas mit Philosophie" zu tun zu haben, könnte man klassischerweise als „Liebe zur Weisheit" verstehen und damit auf das Ideal der „Weisheit" zurückbuchstabieren. Genauso könnte vice versa das Ideal der „Schönheit" in Form der „Pflege und Zurschaustellung der körperlichen Qualitäten" im Leben eines Menschen die Hierarchie von Teilplänen anführen. Das „normative Selbst" mit den wichtigsten Idealen und Seinsvorstellungen einer Persönlichkeit stellte damit einen besonderen Teil ihres Lebensplans dar, indem es seine Spitze bildet.[361] Gleichzeitig kann andererseits mit Pieper der Lebensplan als konkretere Ausdeutung dieses normativen Selbstentwurfs gelesen werden.

Wenn wir jetzt den Bogen zurückspannen zu Gewirths Typologisierungsversuch, lässt sich hinter diesem Selbstverwirklichungsmodell das „aspiration-fulfillment"-Konzept erkennen. Denn Gewirth insistiert bei seinen Erläuterungen darauf, dass es sich bei den hier zu verwirklichenden „aspirations" oder „Bestrebungen" nicht einfach um irgendwelche „Wünsche" handelt. Ansonsten wäre diese Art von Selbstverwirklichung kongruent mit der in Kapitel 4.1 erörterten Wunschtheorie des guten Lebens. Während Gewirth zunächst eher unscharf von „tiefen" oder „tiefsten Wünschen" spricht, etikettiert er sie später in Frankfurts Terminologie als „Wünsche zweiter Ordnung":

> They express the most intimate yearnings of the self, and they reflect most directly the values and indeed the very definition of the self as an enduring conative entity. What one aspires to is rooted in one's conception of oneself as the kind of person one most wants to be as having a certain identity, living a certain kind of life, and attaining certain kinds of experiences and values. In this regard, aspirations are higher-order desires.[362]

„Wünsche zweiter Stufe" oder „Wünsche höherer Ordnung" definierten wir aber als Ideale, mit denen sich eine Person identifiziert. Sie machen also die „Identität" oder das „Selbst" einer Person aus. Allerdings muss man zur Vermeidung von Missverständnissen sofort wieder spezifizieren: Es handelt sich nur um das „normative Selbst", neben dem noch andere Aspekte des menschlichen „Selbst" zu unterscheiden sind. Im Rahmen der Selbstverwirklichung als Umsetzungsprozess des „normativen" in das „faktische Selbst" bzw. in die verschiedenen äußerlichen, körperlichen und sozialen Formen des „empirischen Selbst" spielt es aber zweifellos die Hauptrolle. Doch wie ist das von Gewirth selbst aufgeworfene Paradox zu lösen, dass das „Selbst" sich selbst verwirklichen soll?[363] Müsste es dann nicht schon vorher existieren?

Im Rekurs auf unsere oben eingeführte primäre Unterscheidung zwischen aktivem „reinem" und passivem „empirischem Selbst" dürfte die Antwort eigentlich nicht schwer fallen: Es kann eindeutig nur das „reine Selbst" sein, das zunächst in absoluter transzendentaler Selbstwahl das „normative Selbst" mit Idealen oder Wünschen zweiter Ordnung festsetzt. Das „reine Subjekt" ist das Subjekt identitätskonstitutiver praktischer Überlegungen und zugleich der Urheber und Motor des Selbstverwirklichungsprozesses.[364] Es ist aber nicht identisch mit dem „Selbst", das man werden möchte, nämlich dem „normativen Selbst" als Resultat praktischer Überlegungen. Dieses „normative Selbst" stellt dann zwar den höchsten Maßstab für die Wahl aller zukünftiger Handlungsziele dar. Da der Selbstentwurf genauso wie der Lebensplan in die Tiefen des Unbewussten hinabgeübt wird, muss er dabei auch gar nicht immer bewusst sein, um in seiner Maßstabsfunktion wirksam zu sein. Gleichwohl kann das aktive „reine Selbst" jederzeit reflexive Distanz nehmen zu diesen kognitiven teleologischen Konstrukten. Ihm kommt die permanente Aufgabe der Selbstkontrolle und Selbststeuerung zu, und im Krisenfall muss es eine Korrektur oder eine Neuinterpretation vornehmen. Nämlich dann, wenn sie sich als inadäquat entpuppen hinsichtlich der eigenen biologischen, psychischen oder charakterlichen Fähigkeiten oder der Umweltgegebenheiten. Höffe rät im Zeichen eines guten und glücklichen Lebens infolgedessen dazu, sich die Selbstreflexion zur Gewohnheit zu machen:

> Zur Steigerung der Glücksfähigkeit ist zunächst jene Selbstkontrolle oder Selbststeuerung zu empfehlen, die Platon im ‚Staat' (430e, 7) als ein Sich-selbst-überlegen-sein (kreitto hautou) oder auch als Besonnenheit (sophrosyne) bezeichnet. Besonnen ist allerdings noch nicht, wer lediglich hin und wieder zur Selbstkontrolle fähig ist. Besonnen ist erst, wem das Sich-selbst-überlegen-sein zu einer Grundhaltung geworden ist.[365]

Erfahrungsgemäß sehen sich viele Menschen erst zur Reflexion getrieben, wenn der Umsetzungsprozess des „normativen" ins „faktische Selbst"

4.4 Lebensentwurf: Selbstverwirklichung

infolge bestimmter Hindernisse gestört oder vereitelt wird. Oft behalten sie dann diese besonnene reflexive Grundhaltung bei, auch wenn der Selbstverwirklichungsprozess wieder ins Rollen gekommen ist.

Wenn es einem Menschen gelingt, sein Selbst- und Lebenskonzept erfolgreich in die Realität umzusetzen, kann er zweifellos sein Leben affektiv, voluntativ und kognitiv bejahen. Er kann ein positives Selbstbild und ein hohes Selbstwertgefühl entwickeln, die in psychologischen Studien stark mit Glück korrelieren.[366] Nun warnen allerdings Philosophen und humanistische Psychologen immer wieder vor einer falschen Orientierung am „Selbst". Gerd Gerhardt befürchtet, die Rede von „Selbstverwirklichung" wecke bei oberflächlichem Verständnis „die fatale Illusion einer Weltunabhängigkeit" und verführe allzu leicht dazu, eine „intensive Beschäftigung mit sich selbst zu assoziieren".[367] Diese gesteigerte Selbst-Aufmerksamkeit aber wäre ein Irrweg auf der Suche nach dem guten Leben. „Wie verführerisch ist doch die gängige Rede von Selbsterfüllung und Selbstverwirklichung des Menschen!", ruft auch der Logotherapeut und Existenzanalytiker Viktor Frankl aus. Nur in dem Maße, in dem wir uns ausliefern und hingeben an die Welt mit ihren zahlreichen Aufgaben und Forderungen, können wir uns selbst in seinen Augen verwirklichen: „Will der Mensch zu seinem Selbst, will er zu sich kommen, so führt der Weg über die Welt."[368] Während ich bereits mehrfach betonte, dass die Identitätswerdung und die Selbstverwirklichung nur im Medium der Welt, nicht etwa rein in der Phantasie stattfinden können, geht Frankl hierbei offenkundig wesentlich weiter. Ihm zufolge besitzt jede Handlungs- oder Lebenssituation einen ihr innewohnenden Forderungscharakter: Sie fordere die Handlungssubjekte geradewegs dazu auf, bestimmte Aufgaben zu erfüllen und damit objektiven Sinn zu finden.[369] Eine solche Außenorientierung oder Hingabe an die Erfordernisse der konkreten Wirklichkeit scheint ihrerseits aber die Gefahr eines Selbstverlusts oder einer Selbstentfremdung heraufzubeschwören. Man scheint sich bildlich gesprochen zwischen der Skylla einer irrtümlichen weltlosen Selbstverwirklichung und der Charybdis einer an die Welt verlorenen Entselbstung hindurchschlängeln zu müssen.

Statt Selbstintention und Selbstverwirklichung gegen Weltintention und Selbsttranszendenz ins Rennen zu schicken, gälte es aber vielmehr, mit Krämer verschiedene Hinsichten im Welt-Selbst-Verhältnis zu unterscheiden:[370] Dem „Selbst" kommt beim Selbstverwirklichungsprozess wie gesehen ein *transzendentaler-begründungslogischer* und *normativer Vorrang* gegenüber der Welt zu. Dies schon aus dem Grunde, weil die Möglichkeiten oder Aufgaben, die sich in der Außenwelt generell anbieten, natürlich viel zahlreicher sind als die Möglichkeiten, die wir als Handlungssubjekte tatsächlich realisieren können. Durch Art und Beschaffenheit unseres „empirischen Selbst" mit körperlichen und psychischen Prädispositionen und sozialen Verpflichtungen sind uns viele Handlungsoptionen von vornherein verschlossen. Je reicher sich das Angebot an Weltmöglichkeiten darstellt, desto stärker ist dabei die selektive Funktion des „normativen Selbst" als Maßstab gefordert. Der Welt hingegen kommt ein *hermeneutischer* und *praxeologischer Vorrang* beim Vollzug der Selbstverwirklichung zu: *Hermeneutische* Bedeutung zunächst erlangt die Welt, weil sich ein Mensch überhaupt nur in Begegnung mit der Außenwelt zum Objekt oder Interpretandum werden kann. Es war v. a. Meads großes Verdienst, die wichtige Rolle der gesellschaftlichen Erwartungshaltungen und Reaktionen gegenüber dem Heranwachsenden bei der Herausbildung eines „Selbst" oder einer „Ich-Identität" herausgestellt zu haben.[371] Nur dank der Fremdbeurteilungen durch andere Personen kann der Adoleszente die kognitive Fähigkeit entwickeln, reflexiv zu sich selbst Stellung zu beziehen. In Auseinandersetzung mit den Bildern, welche sich die anderen von ihm machen, kann er sich selbst gleichsam von außen betrachten und versuchen, einen eigenen, persönlichen Selbstentwurf zu entwickeln. *Praxeologisch* prioritär ist die Welt darüber hinaus in dem Sinne, dass sich die Selbstverwirklichung notwendig im Medium der Außenwelt vollziehen muss. Das „normative Selbst" kann nur zu einem „empirischen" oder „faktischen Selbst" werden, indem man handelnd seine Ziele und Ideale in der realen Wirklichkeit verfolgt. Eine solche notwendige Hinwendung zu Um- und Mitwelt ist aber individualethisch grundsätzlich nur geboten, solange sie im Dienst des Selbstverwirklichungsstrebens des Einzelnen steht. Verwirklicht wird immer nur der normative Selbstentwurf, auch wenn dieser sinnvollerweise den Umweltgegebenheiten Rechnung trägt und auf geringstmögliche Widerstände in der Welt angewiesen ist. Um man selbst zu werden, muss man entgegen Frankls Votum also nicht von sich selbst absehen, sondern seine persönlichkeitskonstitutiven Ideale und Projekte in der Außenwelt möglichst erfolgreich zu realisieren suchen.

5 Gütertheorie

Die beiden bisher präsentierten Theorien des guten Lebens, die hedonistische Theorie (Kapitel 3) und die Wunsch- oder Zieltheorie (Kapitel 4) ließen sich in gewisser Weise als *subjektive Theorien des guten Lebens* bezeichnen. Denn ob ein Leben gut ist, bemisst sich diesen Theorien zufolge an den subjektiven Gefühlen, Bedürfnissen, Wünschen oder Zielen der jeweiligen Person. Man könnte dann noch eine weitere Differenzierung vornehmen und von einem „einfachen oder radikalen" und einem „reflektierten oder aufgeklärten" Subjektivismus sprechen, wie wir es bisweilen taten.[372] Ganz im Gegensatz zu einem solchen subjektiven konzeptuellen Ausgangspunkt schlug man auch den Weg einer *objektiven Theorie des guten Lebens* ein. Die entsprechenden Modelle werden alternativ unter den Etiketten „objektive Werttheorien", „objektive Gütertheorien" oder „Objektive-Listen-Theorien" gehandelt. Sie alle gehen grundsätzlich davon aus, dass es im Leben aller Menschen etwas gibt, das objektiv betrachtet, „intrinsisch" oder „an sich" gut oder schlecht ist. Es ist also gut oder schlecht für jedes menschliche Leben unabhängig davon, wie es von den einzelnen Menschen tatsächlich bewertet oder subjektiv empfunden wird. Das „etwas" kann nun entsprechend der Werttheorie oder Gütertheorie als „Wert" oder „Gut" bezeichnet werden. Weil sie unabhängig vom tatsächlichen Wünschen und Wollen der Menschen gut sein sollen, lägen „objektive Werte" oder „objektive Güter" vor.

Da ich mich im Rahmen dieser Studie für den Ausdruck „Gütertheorie" entschieden habe, muss vorgängig der philosophische Begriff der „Güter" genauer erläutert werden. „Güter" sind generell Ziele des menschlichen Strebens, die „als Voraussetzungen, Mittel und ‚Material' den gelungenen Vollzug menschlichen Lebens ermöglichen".[373] Auch im alltäglichen Sprachgebrauch kennen wir die – wenngleich selteneren – Substantivierungsformen des Adjektivs „gut". So sagen wir etwa: „Das Leben ist ein Gut", „Gesundheit ist ein Gut" oder „Wohlstand ist ein Gut". Bei der Begründung solcher Güter stützt man sich zumeist auf intuitive Erkenntnisse, die man sich anhand eines Gedankenexperimentes verdeutlichen kann. Man stelle sich das jeweilige Gegensatzpaar vor und frage sich, wie man lieber leben wolle. Die meisten würden wohl darin übereinstimmen: Wir wollen lieber leben als tot sein, lieber gesund als krank sein und lieber wohlhabend als arm sein. Da „Güter" wie das Leben, Gesundheit oder Wohlstand als wertvoller beurteilt werden als Tod, Krankheit oder Armut, kommt ihnen ein höherer oder positiver Wert zu. Als Güter werden nur die Strebensziele anvisiert, die man grundsätzlich als wertvoll taxiert. „Güter" verkörpern daher immer bestimmte „Werte", so dass alternativ zur „Gütertheorie" problemlos von einer „Werttheorie" gesprochen werden kann. Normative oder wertende Urteile über „Güter" und „Übel" bilden die Grundlage der praktischen Orientierung des menschlichen Lebens. Sie sind weder aus dem individual- noch sozialethischen praktischen Diskurs wegzudenken.

Es lassen sich verschiedene Arten von „Gütern" unterscheiden: Als „Güter" in einem engeren Sinn gelten diejenigen Strebensziele, „die als Gegenstände bzw. Sachverhalte in der Welt gegeben sind oder sein können".[374] Dazu zählt jede Form von Besitz, also etwa Reichtum, Häuser, schöne Autos oder Kleider. Gemäß der aristotelischen Dreiteilung in „äußerliche", „körperliche" und „seelische Güter"[375] handelte es sich hier um „äußere Güter", d. h. um objektive Weltgegebenheiten. Da sie in Raum und Zeit materiell repräsentiert sind, bevorzuge ich den Terminus *materielle Güter*. Hinsichtlich solcher materiellen Güter gehen viele Menschen davon aus, ein Leben sei um so besser, je höher der Lebensstandard und damit der Besitz äußerer Güter sei. In Kapitel 5.1 wollen wir diese Konzeption eines guten Lebens kritisch prüfen. Neben äußerlichen materiellen Gütern werden von objektiven Theorien des guten Lebens immer wieder *anthropologische Güter* ausgezeichnet: Es sind wesensmäßige menschliche Bedürfnisse, Fähigkeiten oder Eigenschaften, die zu einem guten menschlichen Leben notwendig dazugehören sollen. Hier geht man also aus von einem allgemeinen Begriff des Menschseins oder sogenannten anthropologischen Konstanten. Wo diese Theorien zu einer Perfektionierung oder optimalen Entfaltung von spezifisch menschlichen Eigenschaften oder Fähigkeiten aufrufen, sind sie wie die aristotelische Konzeption den „perfektionistischen Theorien" zu subsumieren (vgl. Kapitel 4.4). Kapitel 5.2 ist den menschlichen Grundbedürfnissen gewidmet. Denn viele objektive Theorien postulieren, dass alle Menschen eine bestimmte Bedürfnisnatur teilen und dadurch dieselben *Grundgüter* erstreben. In Kapitel 5.3 sollen weitere *konstitutive Güter* wie Freiheit, Gesundheit oder Bildung zur Sprache kommen. Schließlich wird der Güterbegriff in Kapitel 5.4 ausgeweitet auf allgemeine physiologische, psychische und charakterliche Aspekte *psychischer Gesundheit*, die als Grundlage eines guten Lebens gelten kann.

Wenn man sich den subjektiven und objektiven Theorietypus freilich an konkreten Beispielen zu vergegenwärtigen sucht, scheinen die Unterschiede plötzlich zu verschwinden. Denn dass Freiheit, Bildung und gesunde Ernährung für ein gutes menschliches Leben wichtig sind, kann sowohl ein Subjektivist als auch ein Objektivist vertreten. In den Augen der Subjektivisten stellen sie aber nur „subjektive Güter" dar:

d. h. sie wären nur insofern gut für eine Person oder auch für alle Menschen, als sie von Einzelnen oder der Großzahl der Menschen gewünscht und erstrebt werden. Aus objektivistischer Sicht hingegen kommt in solchen faktischen Wünschen allenfalls zum Ausdruck, was unabhängig von ihnen gut ist. Etwas wäre nicht gut, weil wir es – wie vernünftig oder aufgeklärt auch immer – wollen, sondern wir sollen etwas vernünftigerweise wollen, weil es gut für uns ist. Der Streit zwischen Subjektivisten und Objektivisten ist damit „primär nicht ein Streit über das, *was* gut oder schlecht ist, sondern darüber, *warum* etwas gut oder schlecht ist."[376] Tatsächlich kämpfen Objektivisten sowohl mit der genauen Bestimmung als auch mit der Begründung der „objektiven Güter". Nur noch wenige Objektivisten rekurrieren wie G. E. Moore auf intuitiv erfassbare intrinsische Werteigenschaften von allgemeinmenschlichen Gütern. Mit einem solchen Postulat der Existenz und der Erkennbarkeit von universalistischen Gütern verträte man die philosophische Position eines moralischen Realismus. Viel häufiger nimmt man hingegen Zuflucht zu deskriptiven empirischen Aussagen, etwa zu empirisch allgemeinen Sätzen über menschliche Grundbedürfnisse. Aus einer solchen rein empirischen Ermittlung artspezifischer menschlicher Bedürfnisse, Fähigkeiten oder Seinsmöglichkeiten lassen sich aber wie gesehen keine normativen Aussagen schlüssig ableiten (vgl. Kapitel 3.3). Vielmehr droht der in der Philosophie gefürchtete „naturalistische Fehlschluss". Auf diese Begründungsfragen wollen wir die Aufmerksamkeit vornehmlich in Kapitel 5.3 fokussieren.

5.1 Lebensstandard: materielle Güter

Dass ein gutes menschliches Leben einen hohen Lebensstandard voraussetzt, ist in unserem westlichen Kulturkreis eine weithin geteilte Überzeugung. „Lebensstandard" fungiert dabei als Maßstab für materiellen Wohlstand, d. h. für das Pro-Kopf-Einkommen und die Ausstattung mit materiellen äußeren Gütern wie Nahrungsmitteln, Wohnung, Auto etc. Seit der frühen Neuzeit hat sich die Vorstellung immer mehr Raum verschafft, das gute und glückliche Leben sei machbar dank der vollständigen Beherrschung der äußeren Natur und dem Erwerb möglichst vieler materieller Güter. Unter dem Eindruck des neuen Menschenbildes des „homo faber" als des handwerklich tätigen Menschen setzte man nicht mehr wie in der Antike und im Mittelalter auf ein tugendhaftes Verhalten, das man sich in langjährigen philosophischen Studien und Übungen anzutrainieren hatte (vgl. Kapitel 2.2). „Tugend" changiert in der Renaissance zur „virtù", und meint anstelle einer habitualisierten Lebensform jetzt soviel wie Mut, Energie, Tatkraft, Entschlossenheit.[377] Das qualitative Verständnis von gutem Leben wird gleichsam quantifiziert, indem es an ein möglichst großes Quantum an technischem Können und äußeren Gütern gekoppelt wird. Je mehr sich im 18. Jahrhundert der „homo oeconomicus" als wirtschaftlich kalkulierender Mensch Geltung verschafft, scheinen Glück und gutes Leben durch Geld einlösbar: Zum Glücksritter avancierte der freie Unternehmer, der sein Leben kalkulierend in die Hand nimmt und wirtschaftlich auf Erfolgskurs geht. Im Zeichen des liberalen freien Marktes transformiert sich auch das gute und glückliche Leben in eine Angelegenheit der Ökonomie. Mit dem Erreichen des Hochkapitalismus im 19. Jahrhundert versprachen sich immer mehr Menschen alles von den materiellen Lebensbedingungen, weil für die bürgerlichen Schichten der Lebensstandard vielversprechend anstieg:

> Das Glück bedeutete auch damals so viel wie Zufriedenheit mit dem Leben, aber es schien, dass es keine Zufriedenheit mit dem Leben ohne Wohlstand, Gesundheit und Ruhe geben könne; dies wurde für eine unerlässliche Bedingung für das Glück gehalten, und diese unerlässliche Bedingung wurde mit dem Glück selbst identifiziert. Wer in Wohlstand und Sorglosigkeit lebte, galt als glücklich.[378]

Es dominierte also ein äußerliches Glücksverständnis wie im vorphilosophischen Verständnis des Altertums, auf das die Philosophen der griechischen Klassik mit einer Verinnerlichung reagierten (vgl. Kapitel 2.2).

Wenn man sich heute in der Werbewelt und der Unterhaltungsindustrie umsieht, stellt man fest, dass das Glück als Letztziel des guten Lebens überall als sozialtechnologische Strategie im Einsatz ist. Größte Bedeutung scheint in unserer Gesellschaft unter allen materiellen Gütern dem Auto beigemessen zu werden. Sein Besitz und Gebrauch werden weithin für selbstverständlich angesehen für ein gutes, erfolgreiches Leben und lösen bei den meisten positive Gefühle aus. Daher lautet dann etwa ein Werbespruch für die Automarke BMW: „Der neue BMW 3er. Kann ein Auto glücklich machen? Wenn Sie an Ihrem Auto nicht nur heute, sondern auch morgen Freude haben möchten, brauchen Sie ein Automobil mit Zukunftschancen".[379] Allerdings soll laut Reklame auch der Peugeot 205 ein Auto „voller Lebensfreude" sein, ein Fest für die Augen, und er lasse die schönsten Fahrtmomente erleben – und schließlich müsse, wer einen Renault-Clio besitze, gar bestätigen: „Automatisch ins Paradies"![380] Mit derselben Überzeugungskraft versprechen die Reisebüros: „Glück ist käuflich", so dass derjenige vom glücklichen Leben ausgeschlossen wäre, der sich kein 5-Sterne-Hotel in fernen Ländern oder keine Kajüte im Luxusdampfer leisten kann. Dahinter steht zweifellos das Fortschrittsparadigma der kapitalistischen Marktwirtschaft, die solche Werbekampagnen ankurbelt: „Die Rechtfertigung hierfür muss in einer Vorstellung des guten Lebens liegen, der zufolge das eigentliche Ziel des Lebens im Erwerb von immer mehr

5.1 Lebensstandard: materielle Güter

Konsumgütern liegt, deren Produktion die Stärke des Systems ausmacht."[381] Die Werbung versucht ihre Kunden augenscheinlich dadurch zu fangen, dass sie an positive Gefühle des subjektiven Wohlbefindens appelliert wie Genuss, Vergnügen, Freude oder Glück. Diese soll man aber nur empfinden können, wenn man genau die angepriesenen materiellen Güter besitzt oder konsumiert: „Die Reklame lässt durchblicken, welchen Zuwachs an Lebensfreude uns diese Zahnpasta, jene Zigarette, diese Touropareise, jenes Puddingpulver einbringen werden."[382] Trotz der Nähe zur hedonistischen Theorie des guten Lebens wird bei der lebenspraktischen Orientierung an äußeren Gütern nicht direkt das subjektive Wohlbefinden intendiert. Die Frage „Wie soll ich leben?" wird also nicht mit einem Maximum an Lust oder Genuss beantwortet, sondern mit dem Verweis auf die Inanspruchnahme bestimmter objektiver materieller Güter auf dem allerneusten Absatzmarkt.

Nicht erst in der Gegenwart zieht diese Vermarktung oder Ökonomisierung des Glücks und des guten Lebens Kritik auf sich: Bereits zur Zeit des aufgeklärten Absolutismus im 18. Jahrhundert opponierten die Bürger gegen einen Staat, der ihnen Glück und Wohlstand verordnete. Man erlebte die wohlmeinende Obrigkeit als bevormundend, die ihren Machtanspruch mittels des steigenden Wirtschaftswachstums zu legitimieren suchte.[383] Abwertend bis angewidert äußern sich die Philosophen der Gegenwart über ein „kleines Glück" oder sogenannte „Glücks-Surrogate"[384] und laufen Sturm gegen die Reduktion der Frage nach dem guten Leben auf rein quantitative Kategorien. Viele fürchten, dass der Anspruch des Menschen auf eine freie und rational-aufgeklärte Lebensgestaltung durch die Orientierung an äußeren materiellen Gütern untergraben wird. Denn was uns von den Werbeagenturen in raffinierter Weise als „objektive" Güter vorgegaukelt wird, verdiene dieses Prädikat nicht immer. Der Preis für das käufliche Glück scheint der *Freiheitsverlust* zu sein, weil eine distanzierte Haltung des Konsumenten häufig gezielt ausgeschaltet wird. Man gerät immer mehr in Abhängigkeit von einer übermächtigen Güterindustrie: „Wer die Realisierung seiner Wunschwelt durch den Konsum materieller Glücksgüter anstrebt, bleibt an die Konsummuster gebunden, die eine marktorientierte Produzentenordnung vorschreibt."[385] Zudem evoziert das Nachjagen nach materiellen Gütern häufig Ängste und Zwänge, die uns die Lebensfreude rauben können. Denn der Erwerb materieller Güter hängt oftmals von vielen Faktoren ab, die nicht in unserer Macht stehen. Der Ehrgeiz bei der Jagd nach Vermögen, Einfluss und gutem Aussehen kann laut empirischen Studien zu einem wahren Folterinstrument werden und depressive Neigungen verstärken.[386] Abgesehen von der Gefährdung der persönlichen Freiheit trägt die hauptsächliche oder ausschließliche Orientierung am Besitzen und Konsumieren von äußeren

Gütern auch dem spezifischen *Zeit- und Vollzugscharakter* des menschlichen Lebens zu wenig Rechnung. Allenfalls das Streben nach Reichtum als ein genuin instrumentelles Gut könnte auf eine reflektierte und zeitbewusste Lebensform hindeuten, sofern man das Geld als Vorrat für Notzeiten oder zukünftige Lebensziele aufhebt.

Neben diesen bereits aus der Analyse der hedonistischen Theorien bekannten Kritikpunkten reduzierter Selbstbestimmung und unzureichendem Zeitbewusstseins (vgl. Kapitel 3.4) kämpfen die Vertreter einer objektiven Gütertheorie mit dem schwerwiegenden *Unzufriedenheitsdilemma* bzw. *Zufriedenheitsparadox*. Als Unzufriedenheitsdilemma ist die empirische Tatsache angesprochen, dass die privilegierten Menschen der westlichen Welt mit ihrem sehr hohen Lebensstandard trotzdem mit ihrem Leben vielfach nicht zufriedener sind als Menschen in Drittweltländern. Vice versa hebt das Zufriedenheitsparadox gerade hervor, dass Menschen in sehr armen Ländern häufig genauso zufrieden sind mit ihren Finanzen und den äußeren Lebensbedingungen wie in reichen. Auch ergaben empirische Untersuchungen, dass die Bevölkerung der westlichen Industrienationen ihre materielle Situation im Abstand von 40 Jahren als gleich gut einschätzen, obwohl der Lebensstandard de facto enorm angestiegen ist.[387] Es handelt sich hier um ein „klassisches Erklärungsproblem" in der soziologischen Wohlfahrtsforschung. Denn es irritiert die Soziologen immer wieder, „dass der Zusammenhang zwischen objektiven und subjektiven Variablen, z. B. zwischen Sozialstatus und Lebenszufriedenheit oder zwischen Einkommen und Einkommenszufriedenheit, geringer ist, als man unter der Annahme rationalen Handelns und Bewertens eigentlich annehmen könnte."[388] Weder bei solchen Bereichszufriedenheiten noch auch bei den auf das ganze eigene Leben bezogenen Selbsteinschätzungen ergab sich bei Befragungen eine Linearität zwischen der Höhe des Lebensstandards und den Kategorien „sehr glücklich", „etwas glücklich" oder „unglücklich". Es existiert also offenkundig eine Kluft zwischen der subjektiven Dimension Zufriedenheit (vgl. Kapitel 6.1) und der objektiven Dimension, dem materiellen Wohlstand. Ein Leben, das zwar reich ist an materiellen Gütern, aber nicht bejaht werden kann und keine innere Erfüllung mit sich bringt, scheint das Prädikat „gut" aber kaum zu verdienen. In der Soziologie findet sich für diese paradoxale Situation eine schier unerschöpfliche Fülle von Erklärungshypothesen. Ich werde die wesentlichsten Faktoren erläutern, die für diese Diskrepanz verantwortlich sein dürften.

1. *Grundgesetz der Gewöhnung*: Der „homo oeconomicus" hadert zunächst mit dem empirisch bestätigten psychologischen „Grundgesetz der Gewöhnung". Es ist uns aus der alltäglichen Erfahrung nur allzu bekannt, dass der Besitz oder Gebrauch eines neu erworbenen Gutes zumeist nur sehr kurze Zeit Freude bereitet. Man gewöhnt sich nämlich

5.1 Lebensstandard: materielle Güter

ganz schnell an den jeweiligen Umgang mit dem äußeren Objekt, so dass die Befriedigung rasch abnimmt oder man überhaupt nichts mehr dabei empfindet. In der Psychologie ist dieses Prinzip bekannt als „Gesetz des abnehmenden Grenznutzens". Dieses besagt, „dass nach einer Abfolge gleichartiger Befriedigungen die Befriedigung, die wir aus einem zusätzlichen Befriedigungserlebnis gleicher Art gewinnen, stets abnimmt."[389] So wird der Besitz eines eigenen Personalcomputers zwar als unabdingbarer Bestandteil eines guten Lebens bewertet. Sobald das noch relativ klobige Modell aber eine Weile auf dem Schreibtisch stand, sind wir damit nicht mehr zufrieden. Ein kleineres, eleganteres Powerbook muss her, das uns freilich auch wieder nur kurzfristig zu beglücken vermag. Die neuen Reize sind bald ausgekostet, die Befriedigungserlebnisse schwinden und verschwinden schließlich ganz. Nicht anders kann es bei der immer bombastischeren Urlaubsgestaltung ergehen: Erfreute man sich anfänglich an einem kleinen Bungalow am Strand, muss es bald eine Villa mit eigener Jacht und Bediensteten sein. Das Steigen des Lebensstandards und der Fülle an materiellem Besitztum führt also global gesehen lediglich zu einem Anstieg der Ansprüche. Das jeweils Gegebene ruft beständig nach seiner Übertrumpfung, so dass man zum Opfer der wohlfahrtsstaatlichen Fortschrittsspirale wird (vgl. Kapitel 5.2). Auch bezüglich herausstechender Fortschritte wie etwa einem Hauptgewinn im Lotto oder einer plötzlichen Gehaltserhöhung um ein Vielfaches des bisherigen Verdienstes spricht man von einer „hedonistischen Tretmühle", weil die Glücksmomente in kurzer Zeit durch den Gewöhnungseffekt nivelliert werden. Gemäß dem Erklärungsmodell der „Adaption level theory" schnellt das individuelle Anspruchsniveau in die Höhe und dient in Zukunft als individueller Maßstab für die Bewertung der äußeren Lebensbedingungen.[390] Wo Glück und gutes Leben daher über den materiellen Wohlstand definiert werden, trifft man auf ein wohlfahrtsstatliches Bewusstsein, das untrennbar mit Verdrossenheit und Langeweile verbunden ist.[391]

2. *Genuine Negativität des Konzeptes*: Kaum jemand würde wohl bestreiten, dass es von materiellen Lebensbedingungen abhängt, wie gut oder schlecht ein Mensch leben kann. Allerdings muss diese verbreitete Meinung streng genommen folgendermaßen eingeschränkt werden: Die Lebensbedingungen können derart schlecht sein, dass ein gutes menschliches Leben nicht mehr möglich ist und die Betroffenen ins Unglück stürzen. Dies ist aber nur da der Fall, wo Grundbedürfnisse des Menschen nicht mehr gestillt werden können. Fehlen beispielsweise lebensnotwendige materielle Bedarfsgüter wie Nahrungsmittel, Kleider oder ein Dach über dem Kopf, wird sich keiner auch nur mit der Frage beschäftigen können, wie er sein Leben leben soll. Denn ihn interessiert erst einmal und ausschließlich, wie er die fehlenden Güter, also Nahrung oder Kleidung, beschaffen kann. Obwohl wir uns erst in Kapi-

tel 5.2 mit den menschlichen Grundbedürfnissen näher beschäftigen werden, gilt in diesem Bereich primärer oder physiologischer Bedürfnisse: Das Bewusstsein kann vollständig besessen sein vom Hunger, so dass sich alle geistigen und körperlichen Fähigkeiten ganz in den Dienst des einen Ziels stellen, möglichst schnell Nahrung zu finden. In diesem „negativen Bereich" eines Mangels an unentbehrlichen materiellen objektiven Gütern hat man tatsächlich eine lineare Beziehung zwischen den objektiven Lebensbedingungen und dem subjektiven Wohlbefinden konstatieren können: Je weiter jemand unter dem Existenzminimum leben muss, desto unglücklicher fühlt er sich.[392] Ist aber einmal die Armutsschwelle überschritten, so dass das regelmäßige Einkommen für das Lebensnotwendige ausreicht, scheint Wohlstand mit Wohlbefinden kaum mehr etwas zu tun zu haben. Auch Soziologen bemühen gerne das alte Sprichwort: „Geld macht nicht glücklich, aber es beruhigt"![393] Ein sehr niedriges Einkommen und das Fehlen lebensnotwendiger materieller Güter bedeutet also Unglück und vereitelt ein gutes Leben. Hingegen garantiert ein hoher Lebensstandard weder ein gutes Leben noch Glück. Mit der Bestimmung von einzelnen unentbehrlichen materiellen Gütern kann daher immer nur ein „negativer Begriff" von einem guten Leben gewonnen werden.[394] Es ließen sich im Rahmen einer objektiven Gütertheorie also lediglich die minimalen äußeren Lebensbedingungen festlegen, ohne die ein gutes und glückliches Leben nicht mehr möglich, aber beileibe noch nicht wirklich ist.

3. *Vergleichende Bewertung*: Während also im Bereich der lebensnotwendigen materiellen Güter die Zufriedenheit mit dem eigenen Leben umso geringer ausfällt, je größer die Not ist, spielt auf dem Feld der nicht-lebensnotwendigen Güter die kognitive Interpretation und die vergleichende Bewertung der eigenen Lebensbedingungen eine entscheidende Rolle. Denn wie man seine Lebenssituation oder einzelne Güter wie die finanziellen Verhältnisse einschätzt, hängt zumeist vom Maßstab des sozialen Vergleichs ab. In erster Linie vergleichen die Menschen ihren Besitz an materiellen Gütern mit dem zu einer bestimmten Zeit in ihrer Gesellschaft herrschenden Durchschnitt. Es gilt daher: „Wer für seine Zeit und sein Land überdurchschnittlich gut verdient, ist zufrieden, ganz egal wie hoch das Einkommen objektiv ist."[395] Andererseits ist es aber natürlich auch so, dass Menschen in Bevölkerungsgruppen der Entwicklungsländer unter großen Entbehrungen und schlechten Lebensbedingungen leben, ohne ihr Leben als schlecht oder benachteiligt zu erfahren. Vergleichen doch auch sie sich in erster Linie mit dem Durchschnitt an materiellen Gütern in dieser armen Bevölkerung und passen ihre Erwartungen und Hoffnungen dem niedrigeren Lebensstandard an. Dies führt aber zu „ideologischen Verzerrungen" in der Beurteilung der eigenen objektiven Lebenssituation. Daher attackieren engagierte Theoretikerinnen wie Martha Nussbaum die gängigen subjektiven

5.1 Lebensstandard: materielle Güter

Lebensqualität-Messverfahren rein anhand von Bevölkerungsbefragungen.[396] Solange solchen schlechter versorgten Menschen nämlich die Kenntnisse darüber fehlten, wie es ist, gut ernährt oder gut gekleidet zu sein oder eine Wohnung zu haben, seien solche Befragungen wenig aussagekräftig. Dessen ungeachtet müsste eine ausgeglichene Verteilung an Einkommen und materiellen Gütern in einer Bevölkerung der Zufriedenheit der einzelnen Mitglieder generell förderlich sein. Denn unglücklich macht es nicht, wenig zu haben, sondern weniger zu besitzen als andere. Tatsächlich sind in Ländern wie Skandinavien, den Niederlanden und der Schweiz, in denen sich die Menschen am zufriedensten fühlen, die Abstände zwischen Arm und Reich deutlich geringer als in Ländern wie Deutschland oder Italien.[397]

Oft vergleichen sich Menschen aber auch mit derjenigen sozio-ökonomischen Bezugsgruppe, die unmittelbar über der jeweiligen eigenen Besitzklasse liegt. Das sie aufgrund dieses Vergleichs notwendig befallende negative Gefühl des Benachteiligtseins ist unter dem Titel „economic stress" bekannt. Besonders mit Blick auf die materiell besser gestellten westlichen Konsumgesellschaften drängt sich daher die Frage auf, ob nicht solche bewertenden Vergleiche überhaupt einem guten Leben abträglich sind. Der uns allen vertraute soziale Wettlauf um das Mehr- oder Weniger-Haben scheint nur sozioökonomischen Stress, Neid und Rivalitätskämpfe zu provozieren. Bei genauerer Betrachtung tritt allerdings zutage, dass allzu oft nicht das ständige Vergleichen, sondern die völlige Beliebigkeit der Vergleichsobjekte einer Bejahung des eigenen Lebens einen Strich durch die Rechnung macht. Es scheint geradezu zum „Programm der egalitären Demokratien" unserer westlichen Kultur zu gehören, dass man sich dazu aufgefordert fühlt, sich mit jedem und in jeder Hinsicht zu vergleichen.[398] Ist doch angesichts der Chancengleichheit aller für den Besitz und die Konsumtion sämtlicher objektiver Güter jetzt jeder selbst für seinen Lebensstandard verantwortlich, nicht mehr das Schicksal oder die Herkunft. Da man aber in jedem Lebensbereich leicht auf Konkurrenten stoßen wird, die uns an irgendwelchen Gütern übertreffen, ist die eigene Unzufriedenheit damit vorprogrammiert. Insbesondere die in unserem ökonomischen Denken fest verankerten Gepflogenheiten, alles in unserem Leben unter rein materiellen Gesichtspunkten des Erwerbs zu messen und zu vergleichen, sollten unbedingt vermieden werden. Wenn sie ausschließlich nach ihrer materiellen Einträglichkeit bewertet werden, verlieren nämlich sämtliche nicht-materiellen Faktoren eines guten und glücklichen Lebens wie Freundschaften, soziales Handeln oder künstlerische Selbstentfaltung ihren Wert. Nur die materiellen Güter lassen sich sinnvollerweise unter rein quantitativen Aspekten vergleichen. Darüber hinaus sind Vergleiche auch bezüglich materieller Güter wie Wohnung oder Kleidung nur mit Bezug auf Personen sinnvoll, die sich unter ähnlichen

Lebensbedingungen befinden und ähnliche Prioritäten verfolgen. Es wäre also ein grober Fehler des technisch-ökonomischen Denkstils, das Mehr-Sein an den Mehr-Erwerb zu koppeln und alle Güter im Leben nach einem quantitativen Maßstab zu bewerten.

3. *Umgang mit Gütern*: Unter der bereits mehrfach erläuterten und kaum zu bestreitenden anthropologischen Prämisse, der zufolge sich ein menschliches Leben als eine Reihe von Handlungen vollzieht, wäre gegen die objektive Theorie des guten Lebens einzuwenden: Wie wichtig auch bestimmte objektive materielle Güter für ein gutes menschliches Leben sein mögen, zählt doch am Ende allein, wie man mit diesen Gütern umgeht. Neben der bewertenden Stellungnahme zum je eigenen Güterbesitz dürfte vor allem die unterschiedliche Umgangsweise mit den Dingen für Diskrepanzen zwischen objektivem Lebensstandard und subjektiver Zufriedenheit sorgen. Besonders Nussbaum und ihr Mitstreiter Amartya Sen insistieren bei ihren Objektive-Listen-Theorien darauf, dass es nicht nur auf objektive Güter ankomme, sondern wesentlich darauf, wie weit es Menschen gelingt, aus dem Umgang mit ihnen Nutzen zu ziehen. Entscheidend für ein gutes Leben sei nicht der Lebensstandard, sondern wozu die äußeren Güter die Menschen befähigen.[399] Statt den Besitz an vorhandenen Nahrungsmitteln oder Kleidern zum Maßstab dafür zu nehmen, wie gut es jemandem gehe, solle man den Blick darauf lenken, ob es den Menschen auf dieser Grundlage gelingt, sich gut zu ernähren oder sich ohne Scham in der Öffentlichkeit zu zeigen. Gerade in der Entwicklungshilfe entpuppt es sich immer wieder als gravierender Fehler, den hilfsbedürftigen Menschen nur materielle Güter wie Nahrung, Kleidung oder Wohngelegenheiten zur Verfügung zu stellen. Gemäß den langfristigen Eigeninteressen der Menschen müsste man ihnen gleichzeitig auch beibringen, wie man Felder effektiv anpflanzt und bewässert oder wie man für das ganze Jahr einen ausgewogenen Ernährungsplan zusammenstellen kann. Auch wenn die Ressourcen als solche natürlich nicht zu verachten sind, gilt in Sens eigenen Worten: „Was letztlich im Vordergrund stehen muss, ist das Leben, das wir führen: das, was wir tun oder nicht tun können, das, was wir sein oder nicht sein können."[400]

Da objektive materielle Güter grundsätzlich sowohl einen vernünftigen als auch einen unvernünftigen Gebrauch zulassen, kann der Umgang mit Gütern sowohl den Eigeninteressen dienen als auch sie durchkreuzen. Die Güter selbst können folglich nicht als letzte Strebensziele des Handelns fungieren, sondern verweisen auf übergeordnete ethische Gesichtspunkte. Dies kann die Art und Weise des Umgangs mit den Gütern sein oder die Lebensgestaltung etwa im Sinne einer Zieltheorie des guten Lebens. Werfen wir zum näheren Verständnis nochmals einen Blick in die Philosophie der Antike: Aristoteles zufolge sind zwar elementare Güter notwendig, um uns vor dem Sturz in großes Unglück zu

5.1 Lebensstandard: materielle Güter

bewahren. Darüber hinaus gebe es viele weitere Güter, die uns in Form von Werkzeugen beim Vollzug eines guten Lebens dienlich sein könnten: „Es ist nämlich unmöglich oder doch nicht leicht, das Edle zu tun, wenn man keine Mittel zur Verfügung hat."[401] Im Vordergrund steht bei Aristoteles aber wie bei den anderen antiken Philosophen das Bemühen um ein tugendhaftes Handeln bzw. die Einübung in die bestmögliche Lebensform. Er zieht den aufschlussreichen Vergleich der menschlichen Lebensführung mit der Musikausübung: Auch beim Musizieren ist man auf ein Instrument angewiesen, und die Qualität des gespielten Musikinstrumentes hat ohne Zweifel einen Einfluss auf das Klangresultat. Der *Grund* für ein schönes Spiel läge aber niemals in diesem äußeren Gut oder Werkzeug, sondern in der musikalischen Kunstfertigkeit des Spielers. Irrtümlicherweise vertreten jedoch „die Leute auch die Ansicht, die Ursachen der Glückseligkeit lägen in den äußeren Gütern, als gäbe man für ein helltönendes und schönes Kitharaspiel eher das Instrument als Grund an als die Kunstfertigkeit."[402] Aristoteles gibt aber zu, dass sich das hochvirtuose Musizieren eines begabten Künstlers niemals vollenden kann, solange dieser auf einem mittelmäßigen Instrument spielen muss. Genauso verhalte es sich bezüglich des menschlichen Lebens: Er ermahnt uns, dass man nur durch tugendhaftes Leben, nicht aber durch zufällige günstige Umstände glücklich werden könne. Wer in seinem Leben allerdings auf allzu viele Übel trifft, der werde nur „eudaimon", nicht „makarios".[403] Offenbar gibt es in seinen Augen noch eine Steigerungsform des mit einem guten Leben verbundenen menschlichen Glücks in Richtung auf göttliche Glückseligkeit.

Nicht ganz zu Unrecht wird den antiken Philosophen oft eine extreme Weltfremdheit zum Vorwurf gemacht. Denn viele Textpassagen deuten tatsächlich darauf hin, dass ein gutes Leben auf sämtliche äußere Güter verzichten könne. Es scheint dann gleichsam autonom gegenüber den vorgefundenen Lebensbedingungen. Wie bereits erwähnt plädiert Aristoteles für ein Leben in rein theoretischer Betrachtung, nicht zuletzt deshalb, weil der denkende Mensch größtmögliche Autarkie und Unabhängigkeit von der Außenwelt erlange.[404] Noch berüchtigter ist das stoische Paradox, demzufolge ein Mensch inmitten der schlimmsten Umstände und selbst unter Folterungen ein tugendhaftes, gutes und glückliches Leben führen könne. Laut Seneca etwa kommt es allein auf eine weise, vernünftige Einstellung zur Welt an, wohingegen sämtliche materiellen Güter irrelevant erscheinen:

> Was hinderte uns zu sagen, ein glückliches Leben bestehe darin, dass der Geist frei und hochgesinnt sei, unerschrocken und fest, erhaben über Furcht und Begierde, der nur ein Gut kennt, die Sittlichkeit, und nur ein Übel, die Unsittlichkeit, dem alles andere wertlos ist, nicht imstande, das glückselige Leben zu fördern oder es zu schmälern, und ohne Gewinn oder Schaden für das höchste Gut kommend oder scheidend.[405]

Die philosophische Tradition hat denn auch sorgfältig unterschieden zwischen den materiellen „Gütern" und dem „Guten". „Das Gute" bezeichnet im Gegensatz zu den äußeren Gütern die innere Beschaffenheit der Person, die richtige Einstellung zu den Gütern und den maßvollen und adäquaten Gebrauch derselben.[406] Eine solche Einseitigkeit ist in meinen Augen aber unbedingt zu vermeiden. Auch wenn es angesichts des Zufriedenheitsparadoxes bzw. des Unzufriedenheitsdilemmas naheliegen könnte, die äußeren Lebensbedingungen seien vernachlässigbar, wäre dies mit Sicherheit ein Trugschluss. Jedes menschliche Leben setzt einigermaßen günstige Außenweltbedingungen und ein permissives Umfeld voraus, damit die freie Gestaltung eines guten Lebens überhaupt möglich ist (vgl. Kapitel 5.3). Dies gilt wie gezeigt primär für den Bereich der überlebensnotwendigen Güter, die uns überhaupt erst Raum für die Reflexion darüber verschaffen, wie wir unser Leben führen wollen. Im aristotelischen Gleichnis gesprochen kann ein Mensch noch so musikalisch begabt und fleißig sein: Wenn er kein Musikinstrument zur Verfügung hat, nützt ihm die bestmögliche Einstellung nichts.

4. *Abhängigkeit von individueller Lebenskonzeption*: Das Angewiesensein tugendhaften Verhaltens auf äußere Güter setzt sich unstreitig im Bereich des Nicht-Notwendigen fort. Denn erfahrungsgemäß droht die musikalische Entwicklung des Musikliebhabers ins Stocken zu geraten, wenn er trotz großer Fortschritte weiterhin auf einem Anfängerinstrument spielen muss. Obgleich das Training in der Kunstfertigkeit, d. h. der kunstgerechte Umgang mit dem Instrument natürlich im Vordergrund stehen sollte, darf die Sorge um die angemessenen materiellen Güter nicht vernachlässigt werden. Einer objektiven Theorie des guten Lebens muss also insofern Recht gegeben werden, als neben der subjektiven Haltung zu den äußeren Gütern auch der praktische Erwerb von angemessenen Gütern eine wichtige Rolle spielt. Um ein gutes Leben zu leben, kommt es weder auf die eine noch die andere Seite ausschließlich an, sondern auf die komplexe Interaktion zwischen dem Individuum und seinen äußeren Lebensbedingungen. Welche Ressourcen für ein individuelles Leben notwendig sind, bemisst sich dabei nach den Zielen und Aufgaben, die ein Mensch in seinem Leben verfolgt. Je nachdem, ob sich jemand schon früh für die Musik als seinen Beruf entschieden hat oder das amateurhafte Musizieren ohne tägliches stundenlanges Üben vorzieht, sind andere materielle Güter erforderlich. Bei der Frage nach dem komplexen Verhältnis zwischen subjektiven und objektiven Faktoren sieht man sich also verwiesen auf den normativen Lebensentwurf eines Einzelnen, vor dessen Hintergrund sich entscheidet, wie er seine vorgefundenen Außenweltbedingungen bewertet. Ein gutes Leben dürfte wesentlich begünstigt werden durch das Ausmaß, in dem der Einzelne auf seine Lebensbedingungen selbst

5.1 Lebensstandard: materielle Güter

Einfluss nehmen kann (vgl. Kapitel 5.3). Nur wenn das Gelingen des Lebensplans dank ausreichender materieller Güter sichergestellt ist, werden sich eine positive Selbstaffirmation und Glücksempfinden einstellen. Aufgrund der heterogenen Lebenskonzepte kann daher ein ganz unterschiedlicher Aufwand an äußeren Gütern zu derselben subjektiven Lebenszufriedenheit führen. Die Verschiedenheit individueller Lebenskonzeptionen dürfte somit eine weitere Ursache darstellen für die Diskrepanzen zwischen dem äußeren Lebensstandard und der subjektiven Gratifikationsbilanz im Zufriedenheitsparadox bzw. Unzufriedenheitsdilemma.

Zusammenfassend lässt sich zur praktischen Orientierung an materiellen Gütern konstatieren: Auch wenn äußere materielle Güter für ein gutes menschliches Leben in angemessener Weise unabdingbar sind, darf diese Außenorientierung nicht zum ausschließlichen Bezugspunkt des Handelns erhoben werden. „In angemessener Weise" bedeutet zunächst, dass alle für das Überleben notwendigen Güter ausreichend und auch in näherer Zukunft vorhanden sein müssen. Darüber hinaus ist es vom jeweiligen individuellen Lebensplan abhängig, welche und wie viele zusätzliche Güter gebraucht werden, um einen solchen Entwurf erfolgreich in die Wirklichkeit umsetzen zu können. Die gegebenen äußeren Lebensbedingungen in den verschiedenen Lebensbereichen werden vom Handlungssubjekt zum einen auf diesen persönlichen Plan hin beurteilt. Zum anderen hängt die Zufriedenheit mit dem eigenen Leben vom bewertenden Vergleich mit der jeweiligen sozialen Bezugsgruppe ab. Denn was wir haben, vergleichen wir automatisch mit dem gesellschaftlichen Durchschnitt oder einzelnen relevanten Bezugspersonen. Solche Vergleiche können wie gezeigt v. a. dann unangebracht und der eigenen Selbstbewertung abträglich sein, wenn alles im Leben nur unter materiellen Gesichtspunkten taxiert wird. Die Monopolisierung des Maßstabs des materiellen Wohlstandes ist deswegen verfehlt, weil für ein gutes menschliches Leben neben quantifizierbaren äußeren Sachgütern noch soziale, körperliche und seelische Güter zählen. Zudem ist nicht das Haben an sich ausschlaggebend, sondern das, wozu die Ressourcen einen Menschen befähigen. Ob der Mensch sein Leben als Ganzes positiv bewerten kann, entscheidet sich daran, wie optimal er mit diesen Ressourcen mit Blick auf seine individuellen Ziele umgehen kann. Im Rahmen einer Theorie des guten Lebens scheint mir an die Stelle des „Lebensstandard"-Konzeptes das „Lebensqualitäts"-Modell treten zu müssen, welches neben materiellen auch soziokulturelle und seelische Güter in Rechnung stellt. Als Gegenkonzept zu einem einseitigen, zügellosen quantitativen Wirtschaftswachstum begann der Begriff „Lebensqualität" seine steile Karriere in den 70er Jahren des 20. Jahrhunderts.[407] Während beim „Lebensstandard" die objektive und subjektive Seite auseinanderzudriften drohen, wollte man unter

„Lebensqualität" von vornherein eine Relation, eine „individuelle Konstellation von objektiven Lebensbedingungen und subjektivem Wohlbefinden" verstanden wissen.[408] „Lebensqualität" legt die normativen und materiellen Bedingungen fest, die zu einem guten menschlichen Leben gehören.[409]

5.2 Menschliche Grundbedürfnisse: Grundgüter

Bei der Zusammenstellung von Listen objektiver Güter, die für ein gutes menschliches Leben unabdingbar sind, führen viele Theoretiker das Bedürfniskonzept ein. Menschliche Bedürfnisse fungieren dann als universelle anthropologische Konstanten, weil sie allen Menschen von Natur aus zukommen sollen. In der Philosophie unterscheidet man dabei häufig zwischen „subjektiven" und „objektiven Bedürfnissen", obgleich es sich eher um zwei Aspekte eines Phänomens handelt:[410] Nach der „subjektiven" Seite hin bezeichnen Bedürfnisse die subjektive Erfahrung eines Mangels, der an die Betroffenen appelliert, den Mangel zu beseitigen. Als „objektiv" gelten Bedürfnisse, die für die Erhaltung und die harmonische Entwicklung des Menschen als Menschen gestillt werden müssen. Während auch die „objektiven Bedürfnisse" subjektiv als Mangel erfahren werden, ist der Umfang von „subjektiven Bedürfnissen" zumindest in der Alltagssprache weiter als derjenige „objektiver": Die Ausdrucksweise „Ich habe das Bedürfnis, x zu tun" meint oft nur, „ich verspüre gerade den Wunsch" oder „ich habe ein Interesse daran, x zu tun". Es handelt sich dann jedoch lediglich um ein „Quasi-Bedürfnis", das sich aus einem kurzfristigen Vorsatz ergibt.[411] Zur Vermeidung von Missverständnissen wäre bei „objektiven", in der Natur des Menschen verankerten Bedürfnissen besser von menschlichen „Grundbedürfnissen" zu sprechen. „Grundbedürfnisse" („basic needs") stellen umfassende formale Bedürfniskategorien dar, die durch bestimmte Klassen von Zielen definiert sind. Solche Zielklassen sind etwa „Sicherheit" oder „Bewegung", so dass durch sie die Grundbedürfnisse nach Sicherheit oder Bewegung beschrieben wären. Diese artspezifischen Grundbedürfnisse müssten sich bei allen Menschengruppen zu allen Zeiten nachweisen lassen. Allerdings trifft man in der Realität nie direkt auf „Grundbedürfnisse", sondern immer nur auf „Bedürfnisse": Bedürfnisse sind zeit-, orts- und personengebundene Konkretisierungen von Grundbedürfnissen.[412] Bezüglich des Grundbedürfnisses nach Sicherheit und Witterungsschutz etwa findet man konkret bei steinzeitlichen Erdenbewohnern ein Bedürfnis nach Höhlen, in unseren gegenwärtigen westlichen Kulturen jedoch ein Bedürfnis nach klimatisierten Wohnräumen. Genau genommen gibt es ebenso

5.2 Menschliche Grundbedürfnisse: Grundgüter

viele konkrete spezifische Bedürfnisse, wie es mögliche Bedürfnisobjekte in der Außenwelt gibt, mittels derer die menschlichen Grundbedürfnisse gestillt werden können. Solche Objekte oder Gegenstände, mit denen sich die Ziele der Grundbedürfnisse erreichen lassen, wären als „Grundgüter" oder „Elementargüter" („basic goods") zu bezeichnen.[413]

Einer der einflussreichsten Versuche, die wesentlichen menschlichen Grundbedürfnisse zu benennen, ist derjenige von Abraham Maslow. Seine Liste basiert dabei auf einer Generalisierung experimenteller sowie beobachteter klinischer Befunde bei psychisch Kranken mit frustrierten Bedürfnissen.[414] Er unterscheidet 1. die physiologischen Grundbedürfnisse etwa nach Nahrung, Schlaf oder Sex, 2. Grundbedürfnisse nach Sicherheit, 3. nach Zugehörigkeit und Liebe, 4. nach Achtung und schließlich 5. nach Selbstverwirklichung.[415] Diese Grundbedürfnisse bilden nach Maslow eine Hierarchie in der genannten Reihenfolge, und zwar so, dass die höheren Bedürfnisse erst auftauchen können, wenn die niedrigeren gestillt sind. Die physiologischen Grundbedürfnisse (1) sind also die stärksten und mächtigsten. Solange konkrete Bedürfnisse wie Hunger oder sexuelles Verlangen nicht befriedigt sind, drängen die entsprechenden subjektiven Mangelgefühle alle höheren Bedürfnisse in den Hintergrund. Gemäß Gordon Allports „Prinzip funktioneller Autonomie" kann es allerdings zu Ausnahmen von dieser Grundregel kommen. Wenn die mächtigen niederen Grundbedürfnisse über einen längeren Zeitraum zuverlässig gestillt wurden, sollen sich höhere Grundbedürfnisse relativ autonom von diesen entwickeln und entfalten können.[416] Wer beispielsweise in seiner Kindheit und Jugend ausreichend viel Sicherheit, Geborgenheit und Liebe (2/3) erfahren hat, kann seinem Verlangen nach sozialer Anerkennung (4) nachgehen, obwohl er einen Mangel an Liebe erfährt. Auch das Grundbedürfnis nach Liebe selbst hat bei diesem Menschen relative „Autonomie" erreicht, indem es nicht mehr permanent nach Befriedigung verlangt. Grundsätzlich gilt aber zahlreichen psychologischen Studien zufolge, dass die Nichtbefriedigung menschlicher Grundbedürfnisse Angst, Frustration und Stress evoziert und eine selbstbestimmte, harmonische Entwicklung der Persönlichkeit vereitelt. Würde man mit Maslow selbst postulieren, der Mensch müsse seine Grundbedürfnisse befriedigen, allein weil er sie faktisch habe, beginge man natürlich den oben erwähnten naturalistischen Fehlschluss. Hingegen könnten objektive Theoretiker den Akzent legen auf die Frustration und den Schmerz, den alle Menschen bei ungestillten Bedürfnissen empfinden. Die negative Bewertung etwa des Hungerleidens beim unerfüllten Bedürfnis nach Nahrung scheint im Begriff bereits implizit zu sein, so dass es sich rein analytisch gesehen um ein universelles „objektives Übel" handelt.[417]

Zur Beantwortung der individualethischen Frage „Wie soll ich leben?" bietet es sich infolgedessen an, sich um die für eine Stillung der Grundbedürfnisse notwendigen Grundgüter zu sorgen. Denn ein Leben, das von den Übeln frustrierter Bedürfnisse gezeichnet ist, kann kein gutes sein. Krämer schlägt vor, im Rahmen einer Strebensethik solche „Grenzerfahrungen" wie Schmerz, Krise oder Bedrohung zu „Antizielen" zu machen.[418] Sie geben dem Handelnden entscheidende Anhaltspunkte, wie er seine Ziele setzen und welche Güter er verfolgen solle. Um positive Orientierungshilfen für die menschliche Praxis zu sein, scheinen die „objektiven" Grundbedürfnisse und ihre Zielklassen jedoch auf den ersten Blick allzu vage zu sein. Zudem wird zwar die Existenz menschlicher Grundbedürfnisse mit ihren besonderen Zielklassen und geeigneten Grundgütern als Mittel ihrer Befriedigung kaum geleugnet. Es besteht aber keine Einigkeit über ihre Art und Anzahl. Johan Galtung etwa benennt „Überlebens-Bedürfnisse", „Wohlergehens-Bedürfnisse", „Identitäts-Bedürfnisse" und „Freiheits-Bedürfnisse".[419] Ein weitgehender Konsens besteht lediglich bezüglich der untersten *physiologischen Grundbedürfnisse* (1), die man als „primäre" oder „Triebbedürfnisse" von den übrigen „sekundären" abgrenzen kann (vgl. Kapitel 3.1). Auf dieser basalen Stufe lassen sich auch die entsprechenden Grundgüter relativ eindeutig bestimmen: nämlich etwa Nahrungsmittel, Kleidung und Obdach. Das *Grundbedürfnis nach Sicherheit* (2) präzisiert Maslow als ein Verlangen nach „Sicherheit, Stabilität, Geborgenheit, Schutz, Angstfreiheit, (...) Struktur, Ordnung, Gesetz, Grenzen, Schutzkraft": Der erwachsene Mensch unserer Gesellschaft bevorzuge „eine sichere, ordentliche, voraussehbare, gesetzmäßige, organisierte Welt (...), auf die sie rechnen können, in der unerwartete, unbewältigbare, chaotische oder anders gefährliche Dinge nicht geschehen".[420] Die Bereitstellung der erforderlichen Elementargüter ist auf dieser Ebene bereits sehr anspruchsvoll und komplex. Vorausgesetzt wären friedvolle, glatt funktionierende stabile Gesellschaften, die ihre Mitglieder sich sicher fühlen lässt vor Mord, kriminellen Attacken, Tyrannei und extremen klimatischen Bedingungen. Auch Seel bezeichnet eine „relative Sicherheit" oder „minimale Verlässlichkeit" als notwendige Bedingung für ein gelingendes gutes Leben.[421]

Während das Grundbedürfnis nach Sicherheit in Europa oder Amerika zumindest bis zur allgegenwärtigen Bedrohung durch international agierende Terrororganisationen gestillt schien, sieht Maslow das *Grundbedürfnis nach Liebe, Zuneigung und Zugehörigkeit* (3) vielfach bedroht: Durch den Zusammenbruch traditioneller Gruppierungen, das Auflösen von Familienverbänden, die zunehmende Mobilität und den Verlust der dörflichen Nähe machen sich Gefühle der Entfremdung, Einsamkeit und Verlassenheit breit.[422] Der Mangel an Liebe, insbesondere in der frühen Kindheit unter Bedingung zerrütteter fami-

5.2 Menschliche Grundbedürfnisse: Grundgüter

liärer Verhältnisse, soll die Ursache der meisten Psychopathologien sein. Denn wer in den ersten Monaten vergeblich nach Liebe hungern muss, hat oft die Fähigkeit und das Verlangen verloren, Zuneigung zu geben und zu empfangen.[423] Um das Grundbedürfnis nach Kontakt, Intimität und Zugehörigkeit zu stillen, wären folglich wieder festere Familienstrukturen sowie Berufs- oder Freundesgruppen trotz verschärftem Konkurrenzkampf als Elementargüter wünschenswert. Das *Grundbedürfnis nach Achtung* (4) teilt Maslow in zwei Untergruppen ein:[424] Es kann sich gestalten als ein Bedürfnis nach Stärke, Kompetenz, Leistung und Vertrauen angesichts der Aufgaben in der Außenwelt. Daneben begegnet man dem Bedürfnis nach gutem Ruf, Anerkennung, Ruhm oder Berühmtheit. Ist dieses Grundbedürfnis gestillt, entwickelt der Mensch Selbstvertrauen und das Gefühl, nützlich und notwendig zu sein für die Welt. Bei der Frustrierung erfährt er Minderwertigkeit, Schwäche oder Hilflosigkeit. Noch weniger als beim Grundbedürfnis nach Achtung lassen sich universelle anthropologische Grundgüter bezüglich des höchsten *Grundbedürfnisses nach Selbstverwirklichung* (5) festlegen. Nachdem wir auf das humanistische Selbstverwirklichungskonzept bereits kritisch reflektiert haben (vgl. Kapitel 4.4), gebe ich hier nur Maslows Credo wieder: „Musiker müssen Musik machen, Künstler malen, Dichter schreiben, wenn sie sich letztlich in Frieden mit sich selbst befinden wollen. Was ein Mensch sein *kann, muss* er sein."[425] Unzufriedenheit und innere Unruhe keimen auf, wo ein Individuum nicht das tue, wofür er begabt oder geeignet sei. Wie Maslow richtig erkennt, sind auf diesem Bedürfnisniveau die individuellen Unterschiede hinsichtlich der Befriedigungsformen und der benötigten Grundgüter am größten. Doch lässt sich angesichts dieser zunehmenden Vagheit in der Grundbedürfnis-Hierarchie überhaupt eine objektive Gütertheorie aus einer solchen Bedürfnis-Anthropologie ableiten?

In der Tat scheint eine direkte Herleitung objektiver anthropologischer Grundgüter aus der menschlichen Bedürfnisstruktur nur bedingt möglich. Zwar sollen auch die höheren oder sekundären Grundbedürfnisse in der Natur des Menschen verankert sein. Im Unterschied zu den physiologischen Grundbedürfnissen von stark instinkthaftem Charakter werden sie aber mit zunehmender Höhe immer schwächer und schwieriger wahrnehmbar: „Die höheren Bedürfnisse sind subjektiv weniger dringlich. Sie sind weniger wahrnehmbar, weniger unmissverständlich, mehr mit anderen Bedürfnissen zu verwechseln, durch Suggestion, Imitation, falschen Glauben oder falsche Gewohnheit."[426] Während beim Tier die Bedürfnisbefriedigung nach instinktiven Reiz-Reaktionsmustern abläuft, hat sich der Mensch zu seinen Bedürfnissen zu verhalten, kann sie fehlinterpretieren, als Motive seines Handelns ernst nehmen, sie aufschieben oder sublimieren. Im Gegensatz zu den tierischen Instinkten, die wie beispielsweise der Nahrungstrieb auf ganz bestimmte Objekte gerichtet sind – etwa bei der Spinne auf das Elementargut der Mücken – sind die Grundbedürfnisse beim Menschen von hoher Plastizität und Gestaltbarkeit. Selbst die Art der Befriedigung des menschlichen Nahrungsbedürfnisses ist kulturell so stark geprägt, dass es Menschen gibt, die lieber verhungern, als die in ihrer Gesellschaft geächtete Nahrung wie z. B. Fisch zu verspeisen.[427] Die Wahl der Objekte für die Bedürfnisbefriedigung ist also nicht durch Instinktprogramme determiniert wie beim Tier. Vielmehr muss sie durch die Gesellschaft bestimmt und legitimiert werden: „Der Mensch schafft insofern seine Bedürfnisse selbst, als er den Anspruch auf ihre Befriedigung nicht natural, sondern sozial legitimiert."[428] Die angeborenen menschlichen Grundbedürfnisse werden also immer in einem gesellschaftlich-kulturellen Kontext orientiert. Diese „Bedürfnisorientierung", d.h. die Konkretisierung der Grundbedürfnisse zu zeit-, ort- und personengebundenen Bedürfnissen vollzieht sich in einem Interaktionsprozess der Menschen mit den sie jeweils umgebenden Umweltbedingungen. Bei der Produktion oder Beschaffung von Objekten zur Bedürfnisbefriedigung lernen die Menschen neue, bessere oder bequemere Mittel der Befriedigung kennen. Einerseits werden die Befriedigungsgestalten der Bedürfnisse durch die gegebenen wirtschaftlichen, politischen und kulturellen Gegebenheiten beeinflusst. Andererseits versuchen die Menschen, ihre Umwelt entsprechend ihren Bedürfnissen umzuformen.[429]

Entwicklungspsychologisch gesehen lernt der Heranwachsende die in einer Gesellschaft legitimierten und sanktionierten Bedürfnisorientierungen in einem schrittweisen Sozialisationsprozess kennen. Selbst hinsichtlich der Grundbedürfnisse der Selbstverwirklichung gibt es zweifellos starke kulturelle Vorgaben darüber, was ein guter Musiker oder ein guter Maler ist. Auch auf höchstem Niveau scheint sich die Bedürfnisstruktur letztlich intersubjektiv konstituieren zu müssen. In der Bedürfnisforschung gleich wie in der feuilletonistischen Kulturkritik erblickt man in einer solchen intersubjektiven Bedürfnisformation jedoch eine Gefahr für die individuelle Lebensgestaltung. Der Weg zu einem guten menschlichen Leben werde allzu oft verbaut durch manipulative Bedürfnisformationen seitens der Gesellschaft oder der Werbeindustrie. Man zieht daher eine Trennlinie zwischen „wahren" und „falschen" oder „vernünftigen" und „unvernünftigen" Bedürfnissen. Als vehementester Kritiker hat sich Herbert Marcuse einen Namen gemacht. „Falsche Bedürfnisse" werden in seinen Augen „dem Individuum durch partikuläre gesellschaftliche Mächte, die an seiner Unterdrückung interessiert sind, auferlegt": „Solche Bedürfnisse haben einen gesellschaftlichen Inhalt und eine gesellschaftliche Funktion, die durch äußere Mächte determiniert sind, über die das Individuum keine Kontrolle hat; die Entwicklung und Befriedigung dieser Bedürfnisse sind

5.2 Menschliche Grundbedürfnisse: Grundgüter 121

heteronom".[430] Angesichts dieser etwas irreführenden terminologischen Abgrenzung von „wahren" und „falschen" Bedürfnissen muss zunächst klargestellt werden: Nachdem sich die gesellschaftliche Formation von Grundbedürfnissen auf bestimmte Grundgüter und anerkannte Befriedigungsgestalten als unabdingbar entpuppt hat, kann nicht die *Tatsache* der intersubjektiven Formung oder Konkretisierung menschlicher Grundbedürfnisse kritisiert werden. Bedürfnisse oder Grundgüter können nicht deswegen falsch oder unvernünftig sein, *weil* sie kulturell bestimmt werden und damit nicht mehr „natürlich" oder „ursprünglich" sind. Attackiert werden kann sinnvollerweise nur die *Art* der Formung, also beispielsweise die „heterogene" Konkretisierung durch „partikuläre gesellschaftliche Mächte". Dies kann durch ein totalitäres Regime geschehen, aber auch durch eine Konsumgüterindustrie, welche die Menschen mit ihren angeborenen Grundbedürfnissen gezielt manipuliert, indem sie ihr kritisches Urteilsvermögen ausschaltet. Ist dieser Vorwurf gerechtfertigt, so dass man sich bei der Orientierung an objektiven Grundgütern vor Suggestionen der Werbewelt zu schützen hat?

Konkret macht man der kapitalistischen Wirtschaft und den Werbeagenturen zum Vorwurf, sie würde den Konsumenten die sachgerechten Informationen über die Bedürfnisobjekte vorenthalten und werbepsychologische Beeinflussungstechniken zur Anwendung bringen. Zum Ersten soll die attackierte Informationspolitik rein dem Absatz- und Gewinnziel der Anbieter dienen.[431] Es würden den angepriesenen Gütern Gebrauchseigenschaften attribuiert, die sie gar nicht besäßen, so dass der Gebrauch der Güter nicht zu der versprochenen Bedürfnisbefriedigung führe. Karl-Otto Hondrich kontert gegen diese Anklage, sie gehe vom „Mythos des dummen Verbrauchers" aus, der die Werbebotschaften für bare Münzen nehme.[432] In der Regel verhalte sich der Verbraucher aber rational und überprüfe nach dem Kauf, wie gut die erworbenen Güter seine Bedürfnisse tatsächlich befriedigen. Allerdings lässt sich wohl nicht jeder Kauf mit allen seinen Konsequenzen rückläufig machen. Hondrich opponiert auch gegen ein zweites grassierendes Verdachtsmoment, gegen den „Mythos der geheimen Verführer":[433] Neben der gezielten Desinformation des Kunden soll nämlich eine unterschwellige Beeinflussung zu inadäquatem Kaufverhalten führen. Eine solche Manipulation funktioniere am besten bei ultrakurzen Einblendungen von Werbespots in Filmprogrammen, welche eine rationale Auseinandersetzung mit dem blitzlichtartig Wahrgenommenen unterbinden. Tatsächlich appellieren Werbepsychologen häufig an unbewusste oder verdrängte Bedürfnisse wie etwa nach Liebe und Geborgenheit. So bietet man ein Haarmittel an gegen Haarausfall oder eine Zahnpasta gegen Mundgeruch und verheißt, mit deren Konsum würden soziale Isolation und Minderwertigkeitsgefühle ein jähes Ende finden. Jeder kennt darüber hinaus die Zigarettenwerbungen, die mit einer halbnackten attraktiven Zigarettenraucherin das Grundbedürfnis nach Sexualität ansprechen, ohne dass ein direkter Zusammenhang zwischen Liebe und dem Besitz oder Konsum einer spezifischen Zigarettenmarke bestünde. Obwohl gemäß Hondrich solche unterschwelligen manipulativen Effekte durch kognitive Prozesse durchschaut und in Schach gehalten werden sollen, verleiten sie doch viele Menschen immer wieder zu Spontankäufen, die der bewussten Kontrolle entzogen sind.

Wie damit klar zutage trat, ist für ein gutes Leben eine Orientierung der menschlichen Grundbedürfnisse auf bestimmte Konsumgüter insbesondere dann äußerst schädlich, wenn diese als Mittel zur Bedürfnisbefriedigung gar nichts taugen. Vornehmlich das soeben angesprochene Grundbedürfnis nach Liebe und Zuneigung wird von der Werbepsychologie gerne missbraucht, um einen kompensatorischen Konsumzwang in die Wege zu leiten. Ein Bettenhaus etwa annonciert, „man solle sich den Frühling ins Schlafzimmer holen, indem man neue Betten kauft".[434] Genauso wie beim Zigarettenkonsum liegt auf der Hand, dass diese Konsumgüter das fragile Grundbedürfnis nach mitmenschlicher Zuwendung schwerlich zu stillen vermögen. Generell besteht in unseren westlichen Gesellschaften die Tendenz, immer mehr Grundbedürfnisse auf Konsumgüter zu orientieren. Während man etwa das zu den physiologischen Grundbedürfnissen zählende Bedürfnis nach Bewegung früher aus eigener Kraft, d. h. mittels natürlicher Bewegungsverläufe am Arbeitsplatz oder bei alltäglichen Beschäftigungen stillte, wird es heute zunehmend auf äußere Güter umgelenkt: Um genügend Bewegung zu haben, sucht man öffentliche Institute auf wie Fitness- oder Wellnesscenter, wo uns eine Vielzahl von Trainingsgeräten erwartet. Im Unterschied zu den soeben genannten Zigaretten oder Frühlingsbetten, deren Besitz das Liebesbedürfnis weiterhin frustrieren dürfte, kommt hier das Bewegungsbedürfnis aber durchaus auf seine Rechnung. Seine Stillung erfolgt sogar schneller und effizienter, als dies bei einem Spaziergang von zuhause aus möglich wäre. Die Rede von „falschen" Bedürfnissen wäre also nur in jenen Fällen angebracht, in denen die angepeilten Bedürfnisobjekte ungeeignete Mittel für die Bedürfnisbefriedigung darstellen. Je mehr die soziokulturelle Bedürfnisformation allerdings konsumgüterbezogen erfolgt, wächst die Gefahr einer Bedürfnismanipulation durch heterogene Mächte. Bei der durchaus empfehlenswerten praktischen Orientierung an anthropologischen Grundgütern wäre also zu achten auf eine gemeinsame, autonome und erfahrungsgestützte Bestimmung solcher Güter im kontinuierlichen praktischen Diskurs.

5.3 Menschliche Grundfähigkeiten: konstitutive Güter

Während sich einige Vertreter der anthropologischen „objektiven Theorie des guten Lebens" ganz auf die menschlichen Grundbedürfnisse und die entsprechenden Grundgüter konzentrieren, sprengen andere Protagonisten diesen Ansatz: Neben menschlichen Grundbedürfnissen müssten auch die menschlichen Grundfähigkeiten als anthropologische Konstanten berücksichtigt werden. Man fragt dann allgemeiner nach den „wichtigsten Fähigkeiten und Tätigkeiten des Menschen, durch die sich menschliches Leben definieren lässt"[435]. In den vielfältigen menschlichen Lebensbereichen sucht man nach den invarianten Grunderfahrungen und Entwicklungsmöglichkeiten der Menschen, welche für die typisch menschliche Lebensform im Unterschied zu den Tieren und Göttern charakteristisch sind. Ein objektiv gutes Leben wäre jedoch nicht schon ein Leben mit den fraglichen anthropologischen Invarianten, da sonst jedes menschliche Leben immer schon ein gutes wäre. Erst wenn diese arttypischen Eigenschaften oder Fähigkeiten in einer besonderen Weise kultiviert und vervollkommnet werden, wäre tatsächlich von einem „guten" zu sprechen. Es handelt sich somit um eine Position der perfektionistischen Ethik, genauer um eine perfektionistische Variante des „capacity-fulfillment"-Selbstverwirklichungsmodells (vgl. Kapitel 4.4). Da diese anthropologischen Güter nicht auf menschliche Grundbedürfnisse zurückgeführt werden können, aber gleichwohl für jedes gute menschliche Leben notwendig sind, möchte ich im Gegensatz zu „Grundgütern" hier von „konstitutiven Gütern" („generic goods")[436] sprechen. Hauptsächlich werde ich mich bei der folgenden Zusammenstellung von konstitutiven Gütern auf die „Objektive-Liste-Theorie" von Martha Nussbaum stützen, welche diese mit dem entwicklungspolitischen Ziel einer internationalen Verteilungsgerechtigkeit projektierte. Da Nussbaum selbst ihre Liste als „sowohl vorläufig als auch offen" charakterisiert,[437] werde ich nicht alle Aspekte aufführen, zumal diejenigen ausgeblendet werden können, die in Zusammenhang mit den bereits genannten Grundbedürfnissen stehen. In den runden Klammern verweise ich jeweils auf den Punkt in Nussbaums Liste der Grundfähigkeiten von 1–10.[438] Auch Martin Seel vertritt keine reine Wunschtheorie (vgl. Kapitel 4.1), sondern fahndet nach „Bedingungen" und „zentralen Dimensionen" eines guten menschlichen Lebens: Es gibt seiner Ansicht nach bestimmte menschliche Verhaltensweisen oder Fähigkeiten, die in einem guten menschlichen Leben als existentielle Möglichkeiten unbedingt offen stehen müssen.[439] Bevor ich auf die Problematik eingehe, wie die Ernennung solcher wesentlichen menschlichen Fähigkeiten oder Tätigkeitsweisen zu konstitutiven Gütern begründet werden kann, werde ich einige von ihnen kurz zur Diskussion stellen:

1. *Gesundheit und Schmerzfreiheit (2/3)*: Neben der Fähigkeit, mit geeigneten Mitteln die physiologischen Grundbedürfnisse zu stillen, hebt Nussbaum die Fähigkeit hervor, sich guter Gesundheit erfreuen zu können. Sie ergänzt diese für ein gutes Leben unabdingbare menschliche Grundfähigkeit durch die Fähigkeit, „unnötigen Schmerz zu vermeiden und freudvolle Erlebnisse zu haben". Seel betont hinsichtlich dieser notwendigen Bedingungen für ein gutes menschliches Leben die Relativität von „Gesundheit" oder „Schmerzen".[440] Es lässt sich nämlich in keiner Weise ein klarer Grenzwert bestimmen, von dem an ein gutes Leben nicht mehr geführt werden kann. Während völlige Gesundheit oder Schmerzfreiheit sicherlich unrealistisch sind, lässt sich ein gutes Leben trotz schwächerer Formen von physischer oder psychischer Krankheit und entsprechender Beschwerden führen. Es wird aber dann vereitelt, wenn ein Leben von leiblichem Schmerz oder seelischem Leid vollständig beherrscht wird; wenn also die negativen Leiderfahrungen so groß sind, dass sie den Betroffenen an nichts anderes mehr zu denken erlauben. Natürlich hängt diese Schmerzgrenze von der leiblichen und seelischen Disposition der Betroffenen ab und ist damit individuell verschieden: Was für den einen noch erträglich ist, kann dem anderen unsägliche Qual bedeuten. Das schwierige Konzept „psychische Gesundheit" wird im nachfolgenden Kapitel 5.4 zur Diskussion stehen.

2. *Fähigkeit, Phantasie und Denkvermögen zu gebrauchen (4)*: Zentral für ein gutes menschliches Leben ist nach Nussbaum die Fähigkeit, seine Sinne, seine Phantasie und Denkkraft in einer Weise zu gebrauchen, dass man geistig bereichernde Werke entweder erleben oder selbst hervorbringen kann. Sie hat also unzweideutig kulturell gebundene Tätigkeiten des Denkens und Urteilens im Auge, etwa im Bereich der Literatur, Musik oder Religion. Konsequenterweise fordert sie für die Entfaltung dieser Fähigkeiten einerseits eine angemessene Erziehung und Ausbildung, den Unterricht in Lesen und Schreiben sowie den Erwerb von mathematischen Grundkenntnissen und einer wissenschaftlichen Grundausbildung. Andererseits müssten neben diesen Bildungsmöglichkeiten auch die politische und künstlerische Meinungsfreiheit sowie Religionsfreiheit staatlich garantiert sein. In expliziter Anlehnung an Aristoteles akzentuiert auch Seel die Bedeutung der „theoria", des selbstzweckhaften anschauenden oder denkenden Verweilenkönnens bei den Gegenständen einer Betrachtung.[441] Dabei hebt er nicht nur auf die große Wonne ab, die den Menschen bei der Ausübung dieser kognitiven Fähigkeit erfülle. Vielmehr sei das menschliche Vermögen zur distanzierten Betrachtung konstitutiv für die Gestaltung des eigenen guten Lebens. Sie ermöglicht es dem Betrachtenden, zu seinem eigenen Leben Abstand zu gewinnen und das Ganze seines Lebens in den Blick zu bekommen (vgl. Kapitel 4.4). Auch in kritischen

5.3 Menschliche Grundfähigkeiten: konstitutive Güter

Lebenslagen sind Vorstellungsvermögen und Denkkraft als instrumentelle Kompetenzen zweifellos von großem Vorteil, um eine konstruktive Lösung für die aufgetretenen Schwierigkeiten finden zu können. Intelligenz und Phantasie lassen sich daher als instrumentelle Dispositionen bezeichnen, die indirekt einem guten und glücklichen Leben förderlich sind.[442]

3. *Fähigkeit zur sozialen Interaktion (7)*: Zu einem gelingenden guten Leben gehört des Weiteren die „Fähigkeit, mit anderen und für andere zu leben". Im Zentrum sollen dabei soziale Interaktionen stehen, in denen es nicht um Resultate geht, sondern um die Art und Weise des Kontaktes selbst. Jeder Mensch sollte teilnehmen können an der Ausbildung und Bewahrung einer offenen Kommunikationskultur. Um solche Formen des Miteinanders zu schützen, plädiert Nussbaum für die Versammlungs- und politische Redefreiheit. Gepflegt werden sollen aber auch Fähigkeiten, die wir der moralischen Dimension sozialethischen Handelns zuordnen würden: Die Fähigkeit, sich in die Situation eines anderen Menschen hineinversetzen zu können und mit ihnen Mitleid zu empfinden. Daneben nennt sie ausdrücklich die Fähigkeit, Gerechtigkeit zu üben. Seel zeichnet die dialogische Interaktion mit anderen ebenfalls als wesentliche Dimension eines guten Lebens aus.[443] Zunächst kann es im Prozess einer wechselseitigen Artikulation von Gefühlen, Absichten, Interessen und Einstellungen gelingen, eine gemeinsame Welt zu gewinnen. Dieser Eindruck eines gegenseitigen Verstandenseins und einer intersubjektiv geteilten Lebenssituation fördert ein vertrauensvolleres Verhältnis zur Welt. Darüber hinaus ermöglicht die soziale Interaktion die Koordination der subjektiven Handlungspläne. Schließlich würden in Freundschaften „exemplarische Strukturen wechselseitiger Anerkennung" ausgebildet. Inwiefern die Anerkennung durch andere für ein gutes Leben konstitutiv ist, wollen wir erst in Kapitel 6.3 näher beleuchten. Auf die konkreten, für eine gelingende soziale Interaktion erforderlichen sozialen Kompetenzen werde ich im nachfolgenden Kapitel 5.4 näher eingehen.

4. *Arbeit und politische Mitbeteiligung (6)*: Das eigene Leben planen zu können, schließt nach Nussbaum die Fähigkeiten mit ein, „einer beruflichen Tätigkeit außer Haus nachzugehen und am politischen Leben teilzunehmen". Mit Seel müsste man wohl den Aspekt der beruflichen Tätigkeit ausweiten auf „Arbeit" in einem weiteren Sinn:[444] Gemeint wären alle „poietischen" Tätigkeiten, bei denen mit einem gewissen Aufwand an Zeit und Ressourcen externe Zwecke verwirklicht werden. Diese externen Zwecke dienen letztlich alle der Sicherung des Lebensunterhaltes oder der Verbesserung der Lebensbedingungen. Neben der gesellschaftlich eingebunden beruflichen Arbeit wäre auch die Gartenarbeit oder die Erziehungsarbeit dazuzuzählen, auch wenn bei Letzterer der Zweck der Förderung der Kinder nicht klar umrissen

oder artikulierbar ist. Nun ist natürlich nicht die Arbeit per se ein unveräußerlicher Teil eines guten Lebens. Vielmehr kann sie erfahrungsgemäß äußerst belastend, quälend und mühselig sein. Konstitutives Gut eines gelingenden Lebens stellt Arbeit nur dann dar, wenn der zu vollbringende Zweck etwas ist, das wir sehr schätzen, und wenn auch der Weg des Vollbringens grundsätzlich bejaht werden kann.[445] Dabei kann um eines lohnenden Ziels willen durchaus sehr viel Mühsal und Leid in Kauf genommen werden. Ausgeschlossen als Kandidaten sind aber alle Formen fremdbestimmter, sogenannter entfremdeter Arbeit, im Extremfall Zwangsarbeit. Denn hier wird nicht das verwirklicht, woran einem Menschen wirklich gelegen ist, sondern fremde Zwecke. Die menschliche Arbeitsfähigkeit kann nicht nur unter grassierender Arbeitslosigkeit leiden, sondern auch unter Arbeitsverhältnissen, die wie bei der Fließbandarbeit keinen Bezug zum angefertigten Produkt herzustellen erlauben. Auch kann sie dadurch unterminiert werden, dass sie keine soziale Anerkennung findet, wie etwa die Hausarbeit. Gelingende selbstbestimmte Arbeit aus eigenem Antrieb vermittelt demgegenüber ein praktisches Weltvertrauen und das Gefühl der Zufriedenheit. Auf die Bedeutung der politischen Mitwirkung für ein gutes menschliches Leben werde ich in Kapitel 6.2 zurückkommen.

5. *Spiel und Erholung (9)*: Zu einem guten menschlichen Leben gehört nach Nussbaum unabdingbar die „Fähigkeit zu lachen, zu spielen, sich an erholsamen Tätigkeiten zu erfreuen". Neben der Fähigkeit zu denken und wahrzunehmen figuriert das Spiel in der Literatur als Prototyp für selbstzweckhaftes intrinsisches Handeln. „Spiel" meint dabei eine grundlegende Verhaltensweise, deren Zweck im Vollzug des Handelns selbst liegt. Sie wird rein aus Vergnügen an der Tätigkeit als solcher vollzogen im Kontrast zum bloß nützlichen Handeln. Dabei beschränkt sie sich keineswegs auf das Spielen gesellschaftlich geregelter Spiele oder auf die zweckfreie künstlerische Tätigkeit. Vielmehr können die meisten menschlichen Verhaltensweisen zu Spielen umgestaltet werden (vgl. Kapitel 4.3). Ein wesentliches Kennzeichen ist die Scheinhaftigkeit, der Als-ob-Charakter des Spiels: Man tritt ganz bewusst aus der normalen Arbeits- und Alltagswelt hinaus und handelt nach anderen spezifischen Spielregeln. Die lineare Zeit des gewöhnlichen Lebens ist aufgehoben, indem man sich ganz der Gegenwart hingibt. Damit schafft das Spiel Freiräume in der Alltagswelt und bedeutet eine wenigstens vorübergehende Entlastung von den bedrängenden und nagenden Alltagssorgen und Existenzängsten. Dank dem beim Spielen gewonnenen Selbstvertrauen und der neuen Lebensfreude wird ein kreativer, flexibler und selbständiger Umgang mit der Wirklichkeit gefördert. Das Spiel stellt auch nach Seel eine unverzichtbare komplementäre Tätigkeit zur menschlichen Arbeit dar, die immer auf äußere Zwecke gerichtet ist.[446] Er nennt das Spiel vor allem deswegen ein konstitutives Gut, weil

5.3 Menschliche Grundfähigkeiten: konstitutive Güter

es den Menschen offen und frei macht für den erfüllten Augenblick (vgl. Kapitel 4.2). Anzustreben wäre im Zeichen eines guten menschlichen Lebens infolgedessen ein Ausgleich zwischen Arbeit und Spiel, Anstrengung und Erholung. Gemäß unserer Ausführungen in Kapitel 4.3 stellte eine geeignete Verschränkung von extrinsisch-zweckgerichteter und intrinsisch-selbstzweckhafter Handlungsmotivation die optimale Lösung dar.

6. *Fähigkeit zur Freiheit oder Selbstbestimmung (10)*: Im Laufe ihrer intensiven Bemühungen um eine essenzialistische Entwicklungstheorie trat in Nussbaums Listen die Freiheit der persönlichen Selbstverwirklichung und aller eigenen Entscheidungen vornehmlich im Bereich der Reproduktion und Religion immer stärker in den Vordergrund. Es geht um nichts Geringeres als um die „Fähigkeit, sein eigenes Leben und nicht das eines anderen zu leben". Dazu müssten die Menschen gewisse Garantien haben gegen „Eingriffe in besonders persönlichkeitsbestimmende Entscheidungen wie Heiraten, Gebären, sexuelle Präferenzen, Sprache und Arbeit". Um solche selbstbestimmten Entscheidungen vornehmen zu können, braucht der Mensch die Fähigkeit, „eine Vorstellung des Guten zu entwickeln und kritische Überlegungen zur eigenen Lebensplanung anzustellen" (6). Das Vermögen, das Menschen zu solchen Reflexionen über das eigene Leben befähigt und die Beantwortung der praktischen Grundfragen erlaubt, was gut ist und wie man leben soll, ist zweifellos die „praktische Vernunft". Wer sein Leben selbstbestimmt gestaltet, lässt sich also nicht von irgendwelchen zufälligen faktischen Wünschen, Bedürfnissen oder gesellschaftlichen Vorgaben leiten, sondern von angebbaren und rechtfertigbaren Gründen. In der Philosophie nennt man diese Fähigkeit zur vernünftigen Selbstbestimmung auch „Willensfreiheit".[447] Willensfreiheit setzt voraus, dass man die Fragen „Wie soll ich leben?", „Wie soll ich mein Leben führen?" für sich beantwortet hat, indem man sich für bestimmte Wünsche zweiter Ordnung entschieden hat. Ein Mensch ist nur zu einem selbstbestimmten Leben fähig, wenn er ein bestimmtes Selbstverständnis entwickelt hat und sich als jemand versteht, der über die Zeit hinweg bedeutsame Ziele und Projekte verfolgt. Ein Wesen, dem die Fähigkeit zu urteilen, eine bestimmte Lebensform zu wählen und dementsprechend zu handeln fehlte, würde nach Nussbaums Mutmaßung „wahrscheinlich in keiner Gesellschaft als ein im vollen Sinne menschliches Wesen betrachtet"[448] werden. Ohne diese Fähigkeiten wäre also nicht nur kein „gutes menschliches Leben", sondern auch kein „menschliches Leben" möglich.

Es mag allerdings irritieren, dass Freiheit und praktische Vernunft in Nussbaums Listen lediglich als ein Merkmal unter anderen figurieren. An anderer Stelle macht sie aber durchaus deutlich, dass die Fähigkeit zur Selbstbestimmung oder praktischen Vernunft in ihrer Fähigkeits-Ansatz eine architektonische Sonderrolle spielt. Denn offenkundig ist es die Vernunft, mittels derer sich der Mensch zu allen bisher aufgeführten materiellen, elementaren und konstitutiven Gütern ins Verhältnis setzt, eine Auswahl trifft und den Umgang mit ihnen regelt. Sie ist es, die alle Güter und entsprechenden Tätigkeiten in einen übergeordneten Lebensplan integriert: „Die praktische Vernunft hat eine einzigartige architektonische Funktion. Sie durchdringt alle Tätigkeiten und Pläne im Hinblick auf deren Realisierung in einem guten und erfüllten menschlichen Leben."[449] Zu Recht macht Nussbaum auch darauf aufmerksam, dass die menschliche Entscheidungsfreiheit oder Fähigkeit zur Selbstbestimmung nicht reine Spontaneität ist, die sich in allen nur denkbaren Lebensbedingungen naturgemäß entfaltet. Ihre Entwicklung setzt vielmehr sehr komplexe gesellschaftliche, institutionelle und materielle Bedingungen voraus, welche von einem staatlichen Bildungssystem und politischen Strukturen protegiert werden müssen.[450] Sowohl die Entfaltung und Ausbildung der praktischen Vernunft als auch die Entwicklung einer persönlichen Vorstellung des Guten vollzieht sich nie in der sozialen Isolation, sondern immer nur in der kommunikativen Interaktion mit den Mitmenschen: „Alles was wir tun, tun wir als soziale Wesen; und unsere eigene Lebensplanung ist eine Planung mit anderen und für andere."[451]

Eng liiert mit der „Fähigkeit, sein eigenes Leben zu führen" (10) ist die „Fähigkeit, sein Leben in seiner eigenen Umgebung und seinem eigenen Kontext zu führen" (10a). Damit der Kontext ein gutes menschliches Leben zulässt, müssten in ihm wiederum bestimmte Garantien gelten wie Versammlungsfreiheit, Integrität der Person und Schutz vor Willkür. Bei diesem Fokus auf die Außenwelt klingt eine zweite Dimension menschlicher Freiheit an: nämlich die „Handlungsfreiheit". Wenn Seel die „Freiheit" des Menschen gleichfalls zu den notwendigen Voraussetzungen eines guten, gedeihlichen Lebens zählt, hat er beide Aspekte im Auge: neben der Wahl- oder Willensfreiheit auch die Bewegungsfreiheit als Teil der Handlungsfreiheit.[452] Wie der Name schon sagt, betrifft die „Handlungsfreiheit" das menschliche Handeln, während die „Willensfreiheit" oder „Selbstbestimmung" sich auf den menschlichen Willen bezieht. „Handlungsfreiheit" meint in der Philosophie üblicherweise die Abwesenheit von Einschränkungen, Hindernissen und Zwängen. Es geht hier nicht um „Freiheit wozu" wie bei der Willensfreiheit, sondern um „Freiheit wovon", nämlich von bestimmten Hindernissen. Dies können sowohl *interne*, also im Menschen selbst liegende Behinderungen, oder *externe* Schranken in der Außenwelt sein. *Externe* Beschränkungen bilden sämtliche natürlichen Hindernisse, die uns als faktische Gegebenheiten oder unumstößliche Naturgesetze im Wege stehen. Es gibt aber auch gesellschaftlich bedingte Barrieren, die von kollektiven Normen oder Einzelpersonen ausgehen.

5.3 Menschliche Grundfähigkeiten: konstitutive Güter

Zu denken wäre an legale Zwänge durch Gesetze wie etwa der Zwang zur Einhaltung von Verkehrsregeln, aber auch der Gruppendruck, sich in einer Gemeinschaft auf konforme Weise verhalten zu müssen. *Interne* Grenzen der eigenen Handlungsfreiheit sind dem Menschen durch angeborene oder erworbene physische, psychische oder geistige Eigenschaften oder Dispositionen gezogen. Wer etwa unter einer Gehbehinderung leidet oder an einem Waschzwang, dessen Handlungsfreiheit ist zweifellos mehr oder weniger stark beeinträchtigt. Doch in welchem Sinne kann neben der Willensfreiheit auch die Handlungsfreiheit als konstitutives Gut für ein menschliches Leben bezeichnet werden? Befindet sich der Mensch nicht in einem ganzen Netz von Abhängigkeiten von Menschen und Dingen, so dass die Abwesenheit aller Handlungsschranken völlig utopisch wäre?

Da sich ein menschliches Leben tatsächlich immer in der realen Außenwelt im Umgang mit Mitmenschen und äußeren Gütern vollzieht, kann Unabhängigkeit und Schrankenlosigkeit keine sinnvolle Voraussetzung eines gelingenden Lebens sein. Seel fordert für ein gutes Leben einen „Spielraum der Weltbegegnung", der auf vielfache Weise eingeschränkt und verstellt werden könne. Durch solche Einschränkungen werde es „zu einem weniger guten, schlechten oder elenden Leben".[453] Er verweist auf Beispiele von benachteiligten schwachen Personengruppen wie Kinder, Schwerkranke und Behinderte. Als konstitutives Gut dürfte man also nicht die absolute Unabhängigkeit von allen Schranken annehmen, sondern einen ausreichenden Handlungsspielraum für eine selbstbestimmte Lebensgestaltung. Bezüglich der sozialen externen Handlungsschranken wäre im Sinne der humanistischen Psychologen eine „permissive Umwelt" wünschenswert:

> Um zu entdecken, was ein menschliches Wesen braucht und was es *ist*, ist es notwendig, besondere Bedingungen herzustellen, die den Ausdruck dieser Bedürfnisse und Fähigkeiten fördern, und die sie ermuntern und ermöglichen. Im Allgemeinen können solche Bedingungen unter dem Titel der Permissivität, zu befriedigen und auszudrücken, zusammengefasst werden.[454]

Neben die negativen Bedingungen müsste also ein Minimum an positiver Unterstützung und Förderung durch das soziale Umfeld treten. Auch wenn Maslows Schilderung sozialutopische Züge annimmt, gibt es doch fraglos eine Grenze gesellschaftlicher Einflüsse und Zwänge, deren Überschreitung ein gutes Leben vereiteln. Zu einem schlechten menschlichen Leben wäre man gezwungen in einer Gemeinschaft und Kultur, in der die Beziehung zur Außenwelt auf teilnahmslose Anpassung und resignative Zurücknahme aller eigenen Lebensziele reduziert wird. Wie beim konstitutiven Gut der Gesundheit tritt hier deutlich die Relativität einer solchen Schwelle ans Licht: Sie ist hier weniger abhängig von einer individuellen physischen und psychischen Konstellation, sondern vom persönlichen Lebensplan mit ganz bestimmten Ansprüchen an die Lebenswelt und der Hoffnung auf die nötige Handlungsfreiheit und soziale Unterstützung.

Kehren wir nun zur eingangs angekündigten Problematik der Begründung der hier erläuterten konstitutiven Güter zurück. Nussbaums Liste objektiv guter menschlicher Merkmale oder Fähigkeiten provozierte in der Sekundärliteratur immer wieder die Frage, ob es sich dabei lediglich um eine empirisch-deskriptive Untersuchung über die „menschliche Natur" handle.[455] Empirisch ist ihr methodischer Ansatz aber sicherlich nicht in dem Sinne, dass die auf naturwissenschaftlich-experimentelle Weise die physiologischen Merkmale des Menschen zu erheben sucht. Ebenso wenig geht es ihr um eine empirische Ermittlung des Durchschnitts derjenigen Güter, nach denen faktisch alle Menschen tatsächlich streben. Würde nämlich eine empirisch erhobene Liste von menschlichen Verhaltensweisen zu objektiven Gütern erklärt, würde das Faktische irrtümlicherweise zur Norm erkürt. Nussbaum selbst insistiert darauf, die universellen anthropologischen Konstanten seien „weder biologisch noch metaphysisch begründet"[456]. Sie favorisiert augenscheinlich ein hermeneutisches Vorgehen, das seinen Ausgangspunkt bei historisch-gesellschaftlichen Menschenbildern nimmt: Sie setzt an bei einer großen Vielfalt an Interpretationen und Selbstauslegungen von Menschen zu verschiedenen Zeiten und an verschiedenen Orten, die sich fragen, was es heißt, als Mensch zu existieren. Auch wenn ihre Deutungen auf positiven und negativen Erfahrungen im Umgang mit bestimmten Bedürfnissen und Fähigkeiten basieren, seien sie immer schon evaluativ oder wertend. Anstelle einer neutralen wissenschaftlichen Analyse legt sie daher in ihren eigenen Worten „eine evaluative und im weiten Sinne ethische Untersuchung"[457] vor. Die gesammelten und systematisierten Erkenntnisse darüber, welche Arten von Tätigkeiten oder Bedürfnisbefriedigungen den Menschen Glück oder Freude bereiten, müssen also nicht vernachlässigt werden. Gleichwohl werden sie von den Menschen immer schon bewertet vor dem Hintergrund moralischer Überzeugungen oder normativer Vorstellungen vom wahrhaft Menschlichen. Bei diesen Werturteilen spielt der Austausch von Gründen und Argumenten eine wichtige Rolle. Während man sich hier auf den ersten Blick im Kreise zu drehen scheint, nennt man dieses Vorgehen in der Philosophie eine *hermeneutisch-rekonstruktive Begründung*: In einem gemeinsamen praktischen Diskurs diskutiert man so lange seine Überzeugungen darüber, welche Eigenschaften oder Fähigkeiten als intrinsisch wertvoll gelten sollen, bis sich ein Überlegungsgleichgewicht einstellt.

Nussbaum hat damit sicherlich keine neuartige Lösung des Rechtfertigungsproblems anzubieten, mit dem objektive Theorien des guten Lebens ringen. Sie vergleicht ihr hermeneutisch-ethisches Projekt viel-

5.3 Menschliche Grundfähigkeiten: konstitutive Güter

mehr selbst mit einem „Gang auf dem Hochseil"[458]. Denn wie soll man Menschen begegnen, denen es an wesentlichen menschlichen Grundgütern oder konstitutiven Gütern mangelt, ohne dass sie nach diesen Gütern begehren? In Kapitel 5.1 warnten wir bereits vor gruppenspezifischen „ideologischen Verzerrungen", welche die Entwicklung einer Vorstellung von einem guten menschlichen Leben beeinträchtigen können. Aufgrund einer restriktiven Erziehung oder mangelnder Ausbildung geschehe es leicht, dass viele Menschen „die falschen Dinge oder eine falsche Menge von Dingen haben möchten"[459]. Wenn etwa gewisse Dinge oder Tätigkeiten in einer ärmeren Gesellschaft nicht vorhanden sind bzw. nicht erlernt werden können, bringt man ihnen oft bei, diese seien kein Bestandteil eines guten Lebens. Da ein externer objektiver Bewertungsmaßstab fehlt, befinden sich die Entwicklungsarbeiter dann auf einer Gratwanderung zwischen einer notwendigen Aufklärung über menschenunwürdige Lebensverhältnisse und einem fragwürdigen Ethnozentrismus, d.h. am sturen Festhalten an Lebensmodellen unserer westlichen Kultur. Als Beispiel diene Nussbaums Bericht aus einem Dorf in Bangladesch, in dem die Frauen in jedem Lebensbereich benachteiligt waren, ohne sich unzufriedener zu fühlen als die Männer:[460] Sie waren schlechter ernährt, weniger gebildet, weniger geachtet. Aufgrund des Zusammenspiels von Unwissenheit und kulturellem Druck kam aber kein Wunsch nach besserer Nahrung, nach Bildung oder Anerkennung auf. Dies änderte sich auch nicht, als man damit begann, die Frauen mit umfangreichem Unterrichtsmaterial zu versorgen. Erst als Frauenkooperativen ins Leben gerufen wurden und man gemeinsam die Rolle der Bildung im Leben dieser Frauen diskutierte, ließ sich eine tiefgreifende Veränderung im Selbstverständnis ins Rollen bringen. Letztlich zeigt dieses Beispiel in meinen Augen aber auch, dass niemand mit bloßen Argumenten und Gründen zu einer lebenspraktischen Einstellungsänderung gebracht werden kann. Ein Mensch muss vielmehr gleichsam am eigenen Leib erfahren können, dass ein Leben mit den entbehrten Gütern tatsächlich als besser bewertet und erlebt werden muss.

Trotz einer rekonstruktiven Begründung vom internen Standpunkt aus erhebt der Objektive-Liste-Ansatz den universellen Anspruch, ein Leben ohne diese Güter sei kein gutes menschliches Leben. Sie erhebt ihn auch und gerade gegenüber Menschen, die ihr Leben faktisch anders führen und dieses andere Leben auch bejahen. Man ist davon überzeugt, dass auch für diese prinzipiell einsichtsfähigen Menschen ein Leben mit den fraglichen Gütern „erfahrbar besser" wäre.[461] Auf eine alternative Begründung solcher objektiven Güter trifft man etwa bei Alan Gewirth und Klaus Steigleder. Anstelle einer rekonstruktiven Begründung gehen sie den Weg einer *reflexiven Begründung*. Ein reflexiver Begründungsgang geht zurück auf die Bedingungen der Möglichkeit dessen, was untersucht werden soll. Wenn man sich beispielsweise dafür interessiert, wie Menschen miteinander interagieren sollen, können die notwendigen Bedingungen des Miteinander-Kommunizierens freigelegt werden (Diskursethik). Oder man macht Handlungsfähigkeit als Grundlage ethischen Handelns überhaupt zum Ausgangspunkt und fragt nach den konstitutiven Bedingungen erfolgreichen Handelns (Gewirth). Bezüglich unserer Untersuchung über das gute Leben lässt sich ähnlich ausgehen von der grundlegenden Fähigkeit, eine Konzeption vom guten Leben zu entwickeln und sein Leben selbstbestimmt zu führen. Denn wie sich unter Punkt 6 erwies, spielt diese Grundfähigkeit eine architektonische Sonderrolle im fraglichen Unternehmen. Definiert man „Handlungsfähigkeit" als Fähigkeit, sich frei zwischen verschiedenen Zielen zu entscheiden und diese zu verfolgen,[462] kann man sich dabei durchaus an Gewirths Begründungsgang anschließen. Es lässt sich dann rein reflexiv überlegen, welche materiellen und gesellschaftlichen Bedingungen erfüllt sein müssen, damit ein Mensch diese Fähigkeit überhaupt ausüben kann. Sicherlich wären die Elementar- oder Grundgüter zur Stillung der menschlichen Grundbedürfnisse erforderlich. Darüber hinaus setzt das menschliche Zweckverfolgen nach Gewirth Nichtverminderungs- und Zuwachsgüter voraus wie Achtung, gelingende Interaktion, Erziehung und Bildung,[463] welche an unsere konstitutiven Güter 2–4 erinnern. Es liegt jedenfalls die Vermutung nahe, dass man auf reflexivem Begründungsweg auf eine ganz ähnliche Liste objektiver Güter stoßen würde.[464] Sie wären in dem Sinne konstitutiv, als ihr Nichtbesitz die Willens- und Handlungsfreiheit bzw. die Autonomie und den Aktionsradius der betroffenen Person derart verringern würde, dass ein gutes Leben nicht mehr möglich wäre. Je weiter sich die Güter allerdings von den basalen Grundgütern wegbewegen, desto weniger dürfte auch das reflexive Unternehmen ohne hermeneutisch-rekonstruktive Verfahren auskommen.

Ungeachtet der gewählten Begründungsfigur ist bezüglich der in diesem Kapitel vorgestellten Liste konstitutiver anthropologischer Güter genauso wie bei den Grundgütern menschlicher Grundbedürfnisse zu akzentuieren: Auch diese Grundfähigkeiten müssen in einem historisch-kulturellen Kontext spezifiziert und durch konkrete Institutionen gefördert und geschützt werden. Nussbaum erachtet es geradezu als Vorzug, „dass wir eine ziemlich allgemeine Liste der menschlichen Tätigkeiten aufstellen können (z. B. Erziehung erhalten oder Unehrenhaftigkeit vermeiden), ohne zu leugnen, dass es in jeder Kultur etwas sehr Verschiedenes bedeuten kann, eine Erziehung zu erhalten oder ehrenhafte Beziehungen zu seinen Mitmenschen zu entwickeln."[465] Auch an der historischen Bedeutungsvielfalt des konstitutiven Gutes der „Gesundheit" (1) lässt sich dies vergegenwärtigen: Wurde „Gesundheit" im Mittelalter als Leidensfähigkeit, in der Renaissance und im

5.4 Psychologische Forschung: Psychische Gesundheit

Barock hingegen als Genussfähigkeit definiert, versteht man im Industriezeitalter darunter primär Leistungsfähigkeit. Abgesehen von dieser kulturellen Variationsbreite bilden die anthropologischen Konstanten auch für das persönliche gute Leben lediglich einen Orientierungsrahmen. Es bleibt dem Einzelnen anheimgestellt, die verschiedenen Güter wie etwa Arbeit und Spiel zu gewichten und in ein Verhältnis zueinander zu setzen. Ihre Koordination und subjektive Aneignung ist die Aufgabe der praktischen Vernunft (6), die sie in einem Selbst- und Lebensentwurf integriert und zu konkreten Zielen ausformuliert. Die Grundfähigkeiten sind somit nicht anders als die Grundbedürfnisse in einer objektiven Theorie des guten Lebens sowohl gesellschaftlich wie individuell prinzipiell unterbestimmt. Da es letztlich auf die je individuelle Planung und Gestaltung der objektiven Güter ankommt, muss man vielleicht bescheiden konzedieren, dass solche Listen am Ende nicht „mehr benennen als (allenfalls) notwendige Bedingungen für ein gutes Leben"[466].

5.4 Psychologische Forschung: psychische Gesundheit

Als Abschluss dieses kursorischen Rundgangs durch die objektiven Theorien des guten Lebens möchte ich einen kurzen Blick in die psychologische Forschung werfen. Freilich werden in psychologischen Studien zum gelingenden oder glücklichen Leben keine expliziten Gütertheorien entworfen. Gleichwohl lassen sich einige zusätzliche erwähnenswerte Aspekte finden, die in den bisherigen Kapiteln noch außer Acht gelassen wurden. Es handelt sich im weitesten Sinn um „seelische Güter": um psychische, psychosoziale oder charakterliche Bedingungen, welche das Wohlbefinden oder die Glücksfähigkeit des Menschen steigern. Obgleich die praktisch orientierten Psychologen oder Psychotherapeuten vordergründig den Patienten dazu verhelfen wollen, dass es ihnen subjektiv gesehen „besser geht", zielen sie doch letztlich auf ein objektives Gut ab, nämlich auf die in Kapitel 5.3 bereits benannte „psychische Gesundheit" (1). Dies ist natürlich ein schillernder Begriff, zumal die meisten Psychologen und Psychiater zum Gesundheitsbegriff der WHO auf Distanz gehen. Gesundheit als Zustand vollkommenen körperlichen, seelischen und sozialen Wohlbefindens scheint nicht nur völlig utopisch zu sein, sondern orientiert sich zu stark am subjektiven Faktor des Wohlbefindens. Für psychische Gesundheit reicht es aber nach neueren Forschungserkenntnissen nicht aus, sich subjektiv wohlzufühlen. Vielmehr muss man bestimmte Kompetenzen entwickelt haben, um mit Konflikten und Belastungssituationen konstruktiv umgehen zu können.[467] Mit Peter Becker könnte man seelische Gesundheit daher definieren als „Fähigkeit zur Bewältigung externer und interner Anforderungen"[468]. Ein Mensch wäre umso gesünder, je besser es ihm gelingt, dank vielfältiger erworbener Kompetenzen die auf seinem Lebensweg auftretenden Schwierigkeiten zu bewältigen. Zu unterscheiden ist grundsätzlich „psychische Gesundheit" als Zustand und als Eigenschaft. Als *Zustand* wäre sie ein Maß dafür, wie gut es einem Menschen zu einem bestimmten Zeitpunkt gerade gelingt, mit den Anforderungen des Lebens umzugehen. Psychische Gesundheit als *Eigenschaft* wäre einer Person demgegenüber in umso höherem Grad zuzusprechen, je bessere Voraussetzungen sie dafür mitbringt, prinzipiell solchen Anforderungen gerecht zu werden. Doch um welche Voraussetzungen handelt es sich genau, die auch das Gelingen eines Lebens im zieltheoretischen Sinne wahrscheinlicher machen, weil hier das erfolgreiche Bewältigen von Aufgaben ausschlaggebend ist?

1. Kognitive Differenziertheit und Integration: Als kognitives Basiskriterium psychischer Gesundheit fungiert in der Forschungsliteratur das Ausmaß an Wissen über physikalische, psychische, soziale und kulturelle Aspekte der Umwelt:[469] Je breiter und tiefer das Verständnis der Conditio humana wie auch konkreter menschlicher Lebensprobleme ist, desto gesünder wäre der Mensch. Neben das vorhandene erworbene Wissen muss allerdings noch eine hohe begriffliche Verarbeitungskapazität treten. Gemessen wird die Fähigkeit zur produktiven Erlebnisverarbeitung hinsichtlich der beiden Dimensionen „Differenziertheit" und „Integration":[470] Die *Differenziertheit* eines Denkens ist abhängig von der Anzahl der Kategorien, Begriffe, Beurteilungs- und Unterscheidungskriterien, die einem Individuum zur Verfügung stehen. Je mehr kognitive Strukturen zur Selektion und Ordnung von Wirklichkeitssegmenten es in seinem Repertoire hat, desto differenzierter kann die reale Außenwelt wahrgenommen und beurteilt werden. Mit *Integration* meint man die Fähigkeit, komplexe Situationen nach verschiedenen Perspektiven und Gesichtspunkten zu beleuchten. Nachdem man sämtliche mögliche Sichtweisen auf einen bestimmten Sachverhalt kritisch gegeneinander abgewogen hat, gelangt man dann zu einer integrativen, umfassenden Gesamtbeurteilung. Während der psychisch kranke Mensch die Umwelt oft aufgrund unbewusster Motive oder Wünsche verzerrt wahrnimmt, setzt sich ein gesunder Mensch mit differenzierten und integrativen kognitiven Kompetenzen offen mit der Wirklichkeit auseinander.

2. Funktionaler Optimismus:[471] Irrtümlicherweise wird vornehmlich in der populärpsychologischen Lebenshilfeliteratur hartnäckig ein „naiver Optimismus" propagiert. Wenn man nur recht fest an die eigenen Ziele und an eine positive Entwicklung der zukünftigen Ereignisse glaube, scheint man den Weg zu einem gelingenden guten Leben gar nicht verfehlen zu können. Eine derartige „Es-wird-schon-gut-gehen-

5.4 Psychologische Forschung: Psychische Gesundheit

Mentalität", bei der man alles buchstäblich rosa sieht und sämtliche Gefahren und Gesundheitsrisiken ausblendet, hat sich aber als ausgesprochen gesundheitsschädigend entpuppt. Im Zeichen psychischer Gesundheit ist anstelle eines „naiven" vielmehr ein „funktionaler Optimismus" zu empfehlen. Obwohl man auch bei dieser optimistischen Einstellung grundsätzlich mit einem guten Ausgang der Dinge rechnet, investiert man sehr viel Energie, um den internen und externen Anforderungen gewachsen zu sein. Eine optimistische Welt- und Lebenseinstellung bildet wohl dann die beste Grundlage für ein gutes menschliches Leben, wenn man zwar die drohenden Gefahren nicht ausblendet, sich aber auf die positiven Aspekte einer Lebenssituation konzentriert. Denn statt wie der Pessimist gebannt auf die belastenden negativen Seiten zu starren, kann es auf diese Weise gelingen, die offen stehenden Handlungschancen wahrzunehmen und optimal zu nützen. Während der „naive Pessimist" überall nur schwarz sieht und sich damit die realen Handlungschancen verbaut, scheinen gemäß empirischen Studien die *defensiven Pessimisten* im Leben genauso erfolgreich zu sein wie die „funktionalen Optimisten":[472] Denn diese lassen sich vom antizipierten Schreckensszenario der schlimmstmöglichen Zukunftsentwicklung nicht zu Passivität und Fatalismus verleiten. Vielmehr sehen sie sich zu gesteigertem Einsatz aller Kräfte und Fähigkeiten angespornt, um den befürchteten Misserfolg zu verhindern. Allerdings dürfte ihr Aufwand an psychischer Energie erheblich größer sein als bei Optimisten, weil sie zusätzlich zur situativen Anforderung noch ihre subjektiven Ängste und Befürchtungen bewältigen müssen.

3. *Flexibilität und Gelassenheit*: In verschiedenen Untersuchungen zur psychischen Gesundheit entdeckte man zwei grundlegend verschiedene Bewältigungsstrategien, die jemand zum Einsatz bringen kann, wenn sich ihm ernsthafte äußere Hindernisse bei der Zielverfolgung in den Weg legen: Die Betroffenen entscheiden sich entweder für „Tenazität" oder „Flexibilität".[473] „Tenazität" meint ein hartnäckiges, sturesFesthalten an einmal gefassten Zielen. Typisch für diese Menschen sind Redeweisen wie die folgenden: „Wenn sich mir Schwierigkeiten in den Weg stellen, verstärke ich gewöhnlich meine Anstrengungen", oder: „Je schwieriger ein Ziel zu erreichen ist, um so erstrebenswerter erscheint es mir." Eine andere Haltung legt der „flexible" Mensch an den Tag. Er ist fähig und gerne dazu bereit, seine Ziele an die Wirklichkeit anzupassen und sein Anspruchsniveau und seine Wertmaßstäbe zu korrigieren. Dies drückt sich aus in folgenden Äußerungen: „Veränderten Umständen kann ich mich im allgemeinen gut anpassen", oder: „Nach schweren Enttäuschungen wende ich mich bald neuen Aufgaben zu."[474] Wie beim Erwartungs-mal-Wert-Modell nach Atkinson (vgl. Kapitel 4.2) scheint die ideale Verhaltensweise in einer nicht genau zu berechnenden Mitte zwischen „Tenazität" und „Flexibilität" zu liegen. Falsch wäre es sicher-

lich, im Zeichen maximaler Flexibilität sofort von seinen einmal gesetzten Zielen abzuweichen, sobald sich die geringsten Schwierigkeiten bei der Zielerreichung anmelden. Wenn sich aber die Erfolgsaussichten als höchst unwahrscheinlich und die Ziele als deutlich überhöht entpuppen, soll man das Unabänderliche akzeptieren und die Ziele aufgeben oder anpassen. Wo dauerhaft keinerlei positive Rückmeldungen zu verzeichnen sind, muss man aufhören, die Anstrengungen zur Zielerreichung ständig zu erhöhen. Denn eine permanente Selbstüberforderung ohne jegliche Erfolgserlebnisse dürfte der eigenen psychischen Gesundheit abträglich sein und zu Pathologien führen. Natürlich ist es in der Praxis nicht leicht, die Eintrittswahrscheinlichkeit des Erfolgs für die Zukunft vorauszusagen und den fraglichen richtigen Zeitpunkt für die Kapitulation zu finden.

Für einen moderaten, flexiblen Umgang mit Hindernissen, die einen Lebensplan zu durchkreuzen drohen, dürfte auch die affine charakterliche Eigenschaft der *Gelassenheit* von Bedeutung sein. Damit ein Leben trotz der mannigfaltigen Abhängigkeiten von materiellen und soziokulturellen Lebensbedingungen gelingen könne, setzt der Philosoph Höffe nicht auf ausreichende Flexibilität, sondern auf Gelassenheit: als „Fähigkeit und Bereitschaft, die Dinge und Menschen, mit denen wir Umgang pflegen, in ihrer Eigenart sein zu lassen; sie in ihrer Besonderheit zu sehen und anzuerkennen."[475] Er lokalisiert die Gelassenheit in ähnlicher Weise in einer idealen Mitte zwischen der Einstellung der Ungeduld und derjenigen der Nachgiebigkeit. Wer der Außenwelt mit Ungeduld begegnet, der kann sich nämlich nicht auf die gegebene Situation einlassen. Er versucht von vornherein und hartnäckig, sie mit Blick auf seine persönlichen Ziele zu verändern. Damit übersieht er möglicherweise erfolgversprechende realistische Handlungsmöglichkeiten und agiert übereilt. Hingegen sollte man sich auch nicht im Zeichen der Nachgiebigkeit und Schwäche den gegebenen Situationen willenlos unterwerfen und sich als schöpferisch handelnde Person aufgeben. Gelassenheit als Grundhaltung ist damit zwischen Erzwingenwollen und Gefügigkeit, zwischen Aktivität und Passivität situiert.

4. *Selbstvertrauen und Kontrollüberzeugung*: Sowohl in philosophischen Theorien des guten Lebens als auch in psychologischen Studien zur psychischen Gesundheit kursiert „Selbstvertrauen" geradezu als Fundamentalkategorie. *Selbstvertrauen* kann definiert werden als Zuversicht im Hinblick auf die Fähigkeit, die eigenen Handlungsziele und Absichten erfolgreich auszuführen. Es ist das positive Gefühl, dass man sich auf die eigenen Kompetenzen verlassen kann.[476] Damit bildet das Selbstvertrauen die emotionale Entsprechung zur subjektiven „Kontrollüberzeugung". Bereits in Kapitel 4.2 trafen wir auf die Kontrollfähigkeit als wichtige Komponente einer erfolgreichen Realisierung eines teleologischen Lebensplans. *Kontrollüberzeugung* meint die per-

5.4 Psychologische Forschung: Psychische Gesundheit

sönliche Erwartung, in einer bestimmten Situation auf die Entwicklung der entscheidenden Ereignisse Einfluss nehmen zu können. Ein Merkmal psychischer Gesundheit ist allerdings nur diejenige Kontrollüberzeugung, die der objektiven Kontrollwahrscheinlichkeit einigermaßen angemessen ist und auf tatsächlich vorhandenen Kompetenzen basiert. Wo die persönliche Beeinflussungserwartung weit über der objektiven Beeinflussungswahrscheinlichkeit liegt, dürfte lediglich von einer subjektiven *Kontrollillusion* die Rede sein. Gründet sich das Welt- und Selbstvertrauen auf eine bloße Kontrollillusion, ist der Prozess der Zielverfolgung auf kurz oder lang zum Scheitern verurteilt.[477] Sie bildet damit keine Grundlage für psychische Gesundheit als Eigenschaft.

Die Wurzeln des menschlichen Selbstvertrauens liegen in der frühen Kindheit. Erik Erikson hat den Begriff des „Urvertrauens" geprägt, das für die Entwicklung einer gesunden und glücklichen Persönlichkeit zentral sei.[478] Idealerweise entwickelt sich das Urvertrauen in der Mutter-Kind-Symbiose der ersten Kindheitsjahre als ein Gefühl des Sichverlassen-Dürfens. Es hängt davon ab, wie zuverlässig, sicher und liebevoll die Mutter die Bedürfnisse des Babys befriedigt und wie behutsam die Entwöhnung von der Mutterbrust vollzogen wird. Verhält sich die Mutter unzuverlässig, unsicher oder lieblos, bildet sich im Kinde eine misstrauische Grundeinstellung gegenüber der Außenwelt, die später nur noch schwer zu korrigieren ist. In einer Atmosphäre familiärer Geborgenheit hingegen kann sich das Kind jedoch eine positive Haltung sowohl in Bezug auf die Glaubwürdigkeit der anderen als auch der Zuverlässigkeit seiner eigenen Person erwerben. Vor dem Hintergrund dieser entwicklungspsychologischen Erkenntnisse folgert der Glückstheoretiker Günther Bien: „Einen solchen sicheren Stand in der Welt durch Akzeptieren seiner selbst, verbunden mit aktiver Zuwendung zu anderen und zu anderem zu vermitteln, gehört zu dem Wichtigsten, was Eltern ihren Kindern mitgeben müssen."[479] Allerdings muss es dem begünstigten Heranwachsenden dann noch gelingen, unter familiärer Unterstützung das kindliche Urvertrauen gleichsam ins Erwachsenenalter hinüberzuretten. Dies kann aber nur geschehen, wenn er sich entsprechend seinen Lebenszielen die benötigten Kompetenzen und Qualifikationen aneignet. Denn nur dann gewinnt er eine realistische Kontrollüberzeugung als kognitive Basis für ein eigentliches, reifes Selbstvertrauen.

5. *Soziale und Handlungskompetenzen*: Die Vorstellung der Konzepte „Kontrollfähigkeit" und „Vertrauen" förderte bereits zutage, dass psychische Gesundheit sich niemals auf irgendwelche Kontrollillusionen gründen kann, sondern nur auf tatsächlich vorhandene Kompetenzen. Im Bereich des Verhaltens ist neuerdings in der psychologischen Forschung hauptsächlich von „Coping" die Rede. Unter „Coping" versteht man das individuelle „Bewältigungsverhalten" eines

Menschen im Umgang mit Anforderungen, welche die eigenen Ressourcen stark beanspruchen oder übersteigen.[480] Es meint also die gezielte Anwendung von Handlungskompetenzen, die zur Bewältigung von Belastungen oder Beeinträchtigungen dienen. Ich kann hier nur einige der immer wieder genannten wichtigsten Copingstrategien kurz erwähnen:[481] 1. die aktive und gezielte Suche nach relevanten Informationen über die Handlungssituation; 2. das Abklopfen der eigenen Erfahrungen auf ähnliche Situationen hin; 3. das gedankliche Durchprobieren aller alternativen Handlungsmöglichkeiten; 4. das Zerlegen des Problems in handhabbare Teilschritte und das Setzen konkreter, begrenzter (Teil-) Ziele und 5. der Einsatz von Problemlösungsstrategien. Auf einer mehr philosophisch-abstrakten Ebene könnte man die möglichen Handlungsstrategien in drei verschiedene Typen einzuordnen versuchen: a) Wo immer möglich müsste man im Zeichen einer *dionysischen* Weltstellung versuchen, dank der genannten Copingstrategien die Welt tatkräftig-dynamisch umzuformen entsprechend unserer individuellen Lebensziele. b) Gelingt dieses aktive Eingreifen nicht, hat man nach *prometheischem* Vorbild mit List vorzugehen und die Handlungssituation sorgfältig zu analysieren und neu zu deuten. c) Erst wenn alle Copingstrategien versagen, gilt es zu einer *buddhistischen* Zurücknahme und Bescheidung des Ziel- und Anspruchsniveaus Zuflucht zu nehmen.

Hinsichtlich psychischer Gesundheit verdienen die sozialen Kompetenzen besondere Aufmerksamkeit unter allen Handlungskompetenzen. Konkrete soziale Copingstrategien wären etwa das Einholen von Ratschlägen bei Freunden, Verwandten oder Fachpersonen, die aktive Suche nach Unterstützung oder die Bitte um Hilfe.[482] Damit solche Strategien greifen können, ist aber wenigstens ein Minimum an sozialer Integration Voraussetzung. „Soziale Integration" gilt allgemein als ein Maß für die sozialen Aktivitäten eines Individuums und für die Intensität und Beständigkeit seines kommunikativen Austausches. Es wären folglich zuverlässige Netzwerke aufzubauen, die man in Notlagen mobilisieren könnte. Eine feste Partnerschaft oder ein Kreis von guten Freunden können in Krisensituationen eine Art Pufferfunktion übernehmen, indem sie das bedrohte Selbstvertrauen stützen und beim Krisenmanagement behilflich sind. Allerdings kann ein enges soziales Netz gegenseitiger Verbindlichkeiten unter Umständen die Belastungssituation noch erhöhen, etwa bei hohem Erwartungsdruck seitens der Eltern oder Partner. Soziale Netzwerke stellen also nicht per se ein konstitutives Gut dar, sondern es kommt zusätzlich auf die Art der Beziehungen an. Grundsätzlich dürfte der Aufbau solcher für psychische Gesundheit und ein gutes Leben unabdingbaren positiven Beziehungen umso besser gelingen, je höhere „Soziabilität" oder „Geselligkeit" ein Individuum aufweist. Gemeint ist mit dieser psychologischen

5.4 Psychologische Forschung: Psychische Gesundheit

Variablen die Kontaktfreudigkeit oder die Fähigkeit zur Ein- oder Anpassung in eine Gesellschaft. Zudem ist zur Aufrechterhaltung einer hohen sozialen Integration „soziale Kompetenz" vonnöten. Sie liegt da vor, wo es einer Person gelingt, sowohl die eigenen als auch die fremden Ansprüche und Wünsche sensibel wahrzunehmen, zu artikulieren und zu verarbeiten. Menschen mit hoher Soziabilität und Sozialkompetenz, die also aufgeschlossen und sensibel auf andere Menschen zugehen können, erwiesen sich in empirischen psychologischen Studien als besonders glücklich.[483] Dies dürfte zum einen darauf zurückzuführen sein, dass gute Sozialbeziehungen meist mit freudvollen gemeinsamen Aktivitäten und positiven Erlebnissen verbunden sind und einen gewissen Schutz gegen negative Erfahrungen bieten. Zum anderen erweitern soziale Beziehungen den eigenen Aktivitätsradius, so dass die Erfolgswahrscheinlichkeit der persönlichen Zielerreichung steigt.

6. *Impulskontrolle:* Psychische Gesundheit setzt nicht nur ausreichende Handlungs- und soziale Kompetenzen in der aktiven Auseinandersetzung mit einer möglicherweise widerständigen Außenwelt voraus. Vielmehr muss auch auf die geeignete Weise des Umgangs mit den eigenen inneren Gefühlen Acht gegeben werden. Oft wird auch die Fähigkeit zur Regulation und Bewältigung von Emotionen zu den Coping-Strategien gezählt. Insbesondere hat natürlich der Umgang mit heftigen und negativen Emotionen wie Angst, Wut oder Ärger das Interesse psychologischer Forscher auf sich gezogen.[484] Denn solche unkontrollierten Impulse von Angst oder Wut können zu oberflächlichen Situationseinschätzungen führen und verhindern, dass man die Lage bedächtig und differenziert analysiert. Man wird dann gerne zu vorschnellen, unbedachten Handlungsweisen verleitet. Um solche Kurzschlussreaktionen zu verhindern, müsste man sich eine generelle Achtsamkeit auf das eigene Gefühlsleben antrainieren, wie sie bereits die Stoiker propagierten. Nur dank einer habituellen emotionalen Selbst-Aufmerksamkeit kann es gelingen, sich von heftigen Impulsen zu distanzieren und sie bewusst unter Kontrolle zu bringen. Dabei hat die Gefühlskontrolle vor allem auf die Unterscheidung von vernünftigen und unvernünftigen Gefühlen aufzupassen, die schon die Stoiker betont haben. Unvernünftige Gefühle, die auf falschen Einschätzungen oder Bewertungen der Außenwelt basieren, bringen die menschliche Seele zu unnötigen Aufwallungen und machen sie krank.[485] Eine vernünftige Angst beispielsweise tritt in lebensgefährlichen Situationen auf wie etwa bei einem Feuerausbruch in einem Kaufhaus. Sie führt zu einem lebensrettenden Fluchtverhalten und kann in der Regel nach der Überwindung der Bedrohung auch wieder verarbeitet werden. Irrationale Angst wie z. B. die Angst vor Spinnen oder öffentlichem Auftreten gründet sich jedoch auf ungeprüfte, meist unbewusste Phantasien und Meinungen, die das bewusste Erleben und Verhalten tyrannisieren. Im-

pulskontrolle und die dadurch erreichte „emotionale Stabilität", d. h. eine ausgeglichene Gefühlslage mit vernünftigen, situationsadäquaten Gefühlen sind ein zuverlässiges Zeichen für psychische Gesundheit.

7. *Frustrationstoleranz*: Wer über eine gute Impulskontrolle und große emotionale Stabilität verfügt, hat in der Regel auch eine höhere Frustrationstoleranz aufzuweisen. „Frustrationstoleranz" ist die Fähigkeit, gut mit Stress und Belastungen umgehen und unfreiwillige Entbehrungen auch über eine längere Zeit ertragen zu können. Obgleich angeborene Persönlichkeitseigenschaften einen großen Einfluss auf das je individuelle Ausmaß an Frustrationstoleranz haben, ist die Fähigkeit doch auch trainierbar, vorwiegend während der ersten Kindheitsjahre. Sie hängt nämlich nicht nur ab von der Entwicklung eines gesunden Urvertrauens (vgl. oben), sondern auch von der Art und Weise, wie das Kind lernt, frustrierende Ereignisse wahrzunehmen, sie zu interpretieren und zu bewerten. Als ungünstig erwies sich in psychologischen Studien ein antiautoritärer Erziehungsstil mit allzu großer Permissivität und einem Übermaß an Wunscherfüllungen. Indem man nämlich das Kind vor sämtlichen Widerständen in der Außenwelt und allen Enttäuschungen zu bewahren sucht, leistet man ihm letztlich keinen Dienst. Viel wichtiger wäre es, wenn man bereits als Kind lernte, kleinere Frustrationen zu verkraften und mit Entbehrungen zu leben.[486] Unter den angesprochenen Persönlichkeitseigenschaften, die eine unliebsame Senkung des persönlichen Niveaus an Frustrationstoleranz zeitigen können, wären „Vulnerabilität" und „Sensitivität" zu nennen. Diese Persönlichkeitseigenschaften bezeichnen das Ausmaß an psychischer Erregbarkeit und Irritierbarkeit. Sensitive oder vulnerable Persönlichkeiten sind innerlich sehr empfindlich und unsicher, leiden oft unter Minderwertigkeitsgefühlen und geraten in schwierigen Situationen leicht in ängstliche Verwirrung. Es liegt auf der Hand, dass hohe Vulnerabilität und eine niedrige Frustrationstoleranz sowohl dem erfolgreichen Durchsetzen seiner Lebensziele als auch einer positiven Bilanz bezüglich des bisherigen Lebens abträglich sind. Ein hohes Selbstvertrauen und eine erhebliche Frustrationstoleranz gegenüber Misserfolgen und Krisen begünstigen dagegen ein psychisch gesundes und gutes Leben, das affektiv, voluntativ und kognitiv bejaht werden kann.

6 Das Verhältnis von Glück und Moral

Nach der Darstellung dreier Modelle einer Theorie des guten Lebens, nämlich der hedonistischen Theorie (Kapitel 3), der Wunsch- oder Zieltheorie (Kapitel 4) und der objektiven Gütertheorie (Kapitel 5) wollen wir den Bogen zurückspannen zur Ausgangsproblematik: zur Verhältnisbestimmung von Individual- und Sozialethik, von Glück und Moral (Kapitel 2). Im Zentrum stehen dabei folgende Fragen: Inwiefern und in welchem Maße könnte es im Interesse des Einzelnen liegen, sich für das Allgemeinwohl einzusetzen? Muss der Mensch sein natürliches Selbstinteresse einschränken zugunsten des Wohlergehens seiner Mitmenschen, um ein gutes und glückliches Leben führen zu können? Dass der Mensch in vielfältiger Hinsicht ein soziales Wesen ist, trat im Laufe unserer Erörterung verschiedentlich zutage und wird auch von niemandem ernsthaft in Zweifel gezogen. Doch was aus diesem Eingebettetsein und der Angewiesenheit auf die anderen genau folgt, ob sich daraus etwa die Notwendigkeit einer sozialethischen Einstellung des Individuums zu seinem sozialen Umfeld ableiten lässt, darüber gehen die Meinungen auseinander. Zum Zwecke einer solchen Untersuchung müssten sicherlich die Hinsichten geklärt werden, in denen der Mensch in soziale Zusammenhänge involviert ist. Bevor wir diese schrittweise Klärung in Angriff nehmen, wollen wir nochmals die grundlegenden Differenzen zwischen den beiden Perspektiven der Individual- und Sozialethik in Erinnerung rufen. Denn stellt es nicht bereits ein Missverständnis des genuin moralischen oder sozialethischen Standpunktes dar, wenn man nach den Interessen der Einzelnen fragt? Fordert die moralische Sichtweise nicht gerade das Ausblenden der eigenen Bedürfnisse, Interessen oder Ziele, zu deren Realisierung wir immer schon unmittelbar motiviert sind?

Wie ich in Kapitel 2.1 herauszustellen suchte, bilden die individual- und sozialethischen Perspektiven zwar keine kontradiktorischen Gegensätze, unterscheiden sich aber deutlich voneinander. Während man vom individualethischen Standpunkt aus nach dem für das handelnde Individuum jeweils Gute fragt, fokussieren sich sozialethische Betrachtungen auf das für eine betreffende Gemeinschaft Gute. Im Brennpunkt der individualethischen Überlegungen steht daher das gute Leben oder Glück des Einzelnen, bei sozialethischen das gerechte Zusammenleben. Sozialethisches oder moralisches Räsonnement oder Handeln ist also dadurch charakterisiert, dass die Interessen oder Ziele aller von der Handlung Betroffenen in angemessener Weise berücksichtigt werden.

Eine *universelle* Moral appelliert dabei an den Einzelnen, sämtliche Interessen aller Personen, auch der indirekt Betroffenen oder erst in der Zukunft tangierten künftigen Generationen in Betracht zu ziehen. Man fordert von einer Handlungsmaxime dann strenge Universalisierbarkeit, d. h. Verallgemeinerbarkeit. In einem schwächeren Sinn kann eine Moral auch partikularistisch sein und als *partikulare* oder *Gruppenmoral* nur die Interessen eines bestimmten begrenzten Personenkreises in Rechnung stellen.[487] Grundsätzlich fordert die Einnahme eines unparteilichen Standpunktes zwar nicht das vollständige Absehen von den eigenen Interessen, aber die gleiche, eben unparteiische Erwägung der Ansprüche anderer Gruppenmitglieder, der Gemeinschaft oder aller (auch zukünftiger) Menschen. Es geht dann nicht um eine optimale Erfüllung aller persönlichen Wünsche oder Ziele, sondern um die gerechte Verteilung der Vor- und Nachteile der Handlungsfolgen. Im Unterschied zu individualethischen Reflexionen, die ihren Niederschlag höchstens in empfehlenden Ratschlägen finden, werden in einer Gemeinschaft zumeist Regeln oder Normen sozialethischen Handelns statuiert, die für alle Gemeinschaftsmitglieder uneingeschränkt gültig sein sollen. Praktische Normen sind Handlungsregeln, welche die Mitglieder einer Gemeinschaft zu bestimmten Zielen und Handlungsweisen auffordern und die Form der Gemeinschaft vorgeben. Dazu gehören Gebote oder Verbote wie „Du sollst leistungsfähig sein!" oder „Du sollst nicht die Ehe brechen!". Im Unterschied zu juristischen Gesetzen haben Missachtungen hier keine institutionellen juristischen Sanktionen zur Folge, sondern lediglich soziale wie Verachtung, Tadel oder Ausgrenzung. Solche soziale Normen lassen sich auf grundlegende Wertvorstellungen einer Gemeinschaft zurückführen wie „Leistung" oder „Treue". Es handelt sich um kollektive Zielsetzungen, die den Kern einer Kultur oder Gemeinschaft bilden. Normen und Werte werden geschützt durch spezifische Institutionen wie Schule oder Ehe, in denen solche gewünschte Handlungsweisen organisiert und gefördert werden.[488]

Obgleich immer wieder postuliert wird, die individualethische Frage „Warum moralisch sein?" werde dem unparteilichen Standpunkt keineswegs gerecht, hat Andreas Luckner diese vermeintliche Ungereimtheit mit einem schönen Bild widerlegt: Mit einer Wegbeschreibung zu einem Tempel wird das in ihm verwahrte Heiligtum mitnichten in seiner Heiligkeit herabgesetzt. Man würde der Moral in seinen Worten allzu „wenig zutrauen, wenn man sie schon durch die Frage nach ihrem Status in der individuellen Lebensführung angetastet sähe."[489] Wer nach dem Nutzen der Moral für das persönliche Weiterkommen fragt, stellt allerdings keine moralisch-sozialethischen Überlegungen an, sondern prudentiell-individualethische. Zu diesem Zeitpunkt kümmert man sich also weniger um moralische Fragen nach dem für die

6 Das Verhältnis von Glück und Moral

Gemeinschaft Guten als um die Bedingungen der bestmöglichen Art seiner individuellen Lebensführung. Dies hat aber nicht zwangsläufig zur Folge, dass die Moral hier instrumentalisiert wird und die an ihrem persönlichen gelingenden Leben interessierten Personen nur moral*konform* statt moralisch handeln würden. Ein solcher Fall läge allerdings bei jenem Händler vor, der seine Kunden nur deswegen nicht betrügt, weil er gute Geschäfte machen will, also nur aus Gewinnsucht. In den Augen der meisten Moralphilosophen ist einem solchen Händler echte Moralität abzusprechen, solange er nicht aus Einsicht in die moralische Richtigkeit seines Tuns bzw. aus einem moralischen Pflichtgefühl heraus agiert. Wahre Ehrlichkeit würde sich ihnen zufolge erst dann unter Beweis stellen, wenn der Händler auch da niemanden übervorteilte, wo sein Betrug garantiert nicht herauskäme oder seine Ehrlichkeit ihm persönlichen Schaden bescherte.[490] Ungeachtet eines solchen moralischen Rigorismus kann man sich aber auch aufgrund höherstufiger Klugheitsüberlegungen für die Einnahme des moralischen Standpunktes entscheiden und dann tatsächlich moralisch aus Einsicht in die gerechte Verteilung von Nutzen und Lasten aller Beteiligter handeln. Solche höherstufigen individualethischen Gründe für (echtes) moralisches Handeln könnten die Überlegungen sein, dass nur so eine zuverlässige Kooperationsbasis für individuelle Selbstverwirklichungsprojekte geschaffen wird (vgl. Kapitel 6.2) oder dass ein gutes und glückliches Leben soziale Anerkennung (vgl. Kapitel 6.3) oder wohlwollende Freundschaftsbeziehungen (vgl. Kapitel 6.4) voraussetzt.

Bevor ich auf die verschiedenen Integrationsmodelle von strebensethischen und sollensethischen Momenten, von Glück und Moral näher eingehe (Kapitel 6.2-6.4), soll ein einheitliches theoretisches Konzept für den schillernden Terminus „Glück" erarbeitet werden (Kapitel 6.1). Bezüglich der „Moral" gehe ich, wie bereits deutlich wurde, von einem weiten Begriff aus: Während viele Moralphilosophen in den Fußstapfen Kants (vgl. Kapitel 2.3) lediglich eine *universelle* Moral akzeptieren, die moralische Richtigkeit an strenger Verallgemeinerbarkeit misst, möchte ich eine *partikulare* Moral im Sinne der „moral-sense"-Tradition („Sympathieethik": Kapitel 6.4) oder des Traditionalismus („Kommunitarismus": Kapitel 6.2) nicht von vornherein ausschließen. Zum Zweiten fordert die Sozial- oder Sollensethik vom Menschen zumeist, dass er sich nicht nur *sporadisch*, also ab und zu für den moralischen Standpunkt entschließt, sondern *kontinuierlich* moralisch eingestellt ist. Anstelle eines opportunistischen Perspektiven- und Motivationswechsels verlangt man ein habituelles Richtighandeln im Sinne der antiken Tugendethik (vgl. Kapitel 2.2). Obgleich eine durchgehaltene Moralität zweifellos aus sozialethischer Warte wünschenswert ist, darf die Möglichkeit des Perspektivenwechsels aus einer individualethischen Studie zum guten Leben nicht ausgeblendet werden: Es handelt sich grundsätzlich um zwei mögliche Sichtweisen auf die eigenen und fremden Zielsetzungen, die man einnehmen kann und zwischen denen ein Hin- und Herwechseln jederzeit möglich ist. Man kann sein eigenes Handeln immer zugleich unter der Perspektive der ersten Person hinsichtlich des eigenen Glücks als auch vom unparteilichen Standpunkt der Moral aus betrachten. Konflikte sind zwar im Alltag nicht selten, lassen sich aber erfahrungsgemäß häufig durch Kompromisse in Form von geeigneten Motivkombinationen lösen (vgl. Kapitel 2.1).

6.1 Was ist Glück?

„Glück" fungiert allgemein als Inbegriff dessen, was jemand im eigenen Interesse und zu seinem eigenen Vorteil verfolgen oder erleben kann. Auch wenn die Menschen auf ganz unterschiedliche Weise das für sie „gute Leben" gestalten, möchten sie alle dabei glücklich werden. Wie wir bereits in Kapitel 2.1 konstatierten, steht das „Glück" somit unzweideutig im Brennpunkt der individual- oder strebensethischen Fragestellung. Weder haben wir aber bis jetzt eine Begriffserklärung für „Glück" geliefert noch die Abgrenzung des „glücklichen" gegenüber dem „guten Leben" in Angriff genommen. Obgleich bei den Griechen „eudaimonia" und „eu zen" und auch bei vielen modernen Autoren „Glück" und „gutes Leben" austauschbar verwendet werden (vgl. Kapitel 2.2), lassen sich kategoriale Unterschiede zwischen beiden Ansätzen eruieren: Zum einen bildet das „gute Leben" eine Art Vorstufe oder Vorbedingung des „glücklichen Lebens". Mit allen Reflexionen und Theorien zum guten Leben verknüpft man zwar die Hoffnung auf Glück, ohne dass man aber bezüglich seines Eintreffens Sicherheit besäße.[491] Was beim Konzept des „glücklichen" gegenüber dem „guten" in den Vordergrund tritt, ist die emotionale Komponente. Glück kann nämlich definiert werden als eine höchst positive, lang anhaltende Stimmung aufgrund der Beurteilung des eigenen Lebens als eines „guten".[492] Gemäß emotionspsychologischer Theoriebildung lassen sich die intentional strukturierten, durch kognitive Bewertungen konstituierten „Gefühle" (vgl. Kapitel 3.1) unterteilen in „Gefühlsregungen" (wie Freude) und „Stimmungen" (wie Glück). Während sich „Gefühlsregungen" auf klar begrenzte, konkrete Situationen oder Ereignisse richten und von kurzer Dauer sind, urteilt man bei „Stimmungen" über das Leben als Ganzes.[493] Sie werden von Emotionspsychologen bestimmt als atmosphärische, relativ stabile Hintergrundtönungen des gesamten Erlebens, die also auch sämtliche Gefühlsregungen eines Menschen auf spezifische Art „einfärben". Über dieses emotionale Charakteristikum hinaus ist das „glückliche Leben" anders als das „gute" nicht direkt in-

6.1 Was ist Glück?

tendierbar und mittels geistiger oder praktischer Übungen erwerbbar. Als zweites differenzbildendes Merkmal kann man dem Glück daher mit Höffe „Transzendentalität" attestieren: Das Endziel menschlichen Lebens ist insofern „transzendental", als „dieses Ziel auf einer höheren Stufe als die gewöhnlichen Ziele steht und doch nur ‚innerhalb' dieser Ziele realisiert werden kann."[494] Das „hedonistische Grundparadox", welches ein direktes Anpeilen des persönlichen Glücks als Irrtum entlarvt, illustrierten wir bereits in Kapitel 3.4.

Nach der Kennzeichnung der beiden wichtigsten artspezifischen Unterschiede zwischen „Glück" und „gutem Leben", der emotionalen Qualität („Stimmung") und des transzendentalen Charakters, gilt es noch Folgendes zu beachten: Wenn im Rahmen der praktischen Philosophie von „Glück" gesprochen wird, ist nicht das Glück gemeint, das man *haben* kann (im Sinne von „da habe ich Glück gehabt!"), sondern das *Glücklich-Sein*. In den meisten anderen Sprachen existieren für diese beiden Phänomene auch zwei verschiedene Begriffe:[495] Im Griechischen „eutychia" und „eudaimonia", im Englischen „luck" und „happiness", im Französischen „fortune" und „bonheur". Der erstgenannte Begriff bezeichnet jeweils das uns schicksalsmäßig ohne unser eigenes Zutun Zufallende wie ein Lottogewinn oder das Überleben eines schweren Unfalls. Während hier also unerwartete günstige Lebensumstände gemeint sind, steht der zweite Ausdruck der Begriffspaare für ein höchst positives inneres Erleben, für die eben erläuterte Glücks-Stimmung. Natürlich ist das Glücklich-Sein nicht völlig gleichgültig gegenüber äußeren, zufälligen oder schicksalhaften Widerfahrnissen. Wer unerwartet tödlich erkrankt oder infolge eines Unfalls seinen Lebenspartner verliert, dessen Glück wird durch solche „unglücklichen Umständen" mit großer Wahrscheinlichkeit getrübt. Die Glückskandidaten sind, wie in Kapitel 5 gezeigt wurde, auf bestimmte elementare Güter und Grundgüter angewiesen. Diese stehen durchaus nicht immer in ihrer Macht, sondern sind teilweise abhängig von unbeeinflussbaren Ereignisketten. Im Gegensatz zum Zufalls-Glück oder Glück-Haben kann das Erfüllungsglück oder Glücklich-Sein aber nicht ohne Mitwirkung der „Beglückten" gedacht werden. In dem von mir favorisierten *transaktionalen Glücksverständnis* basiert das Erfüllungsglück auf einem gelingenden, kompetenten Umgang mit den – zufälligen oder vorhersehbaren – Umständen.[496] Man trägt mit diesem transaktionalen, die Transaktionen zwischen Mensch und Umwelt akzentuierenden Modell dem Umstand Rechnung, dass die objektiven Lebensbedingungen und die subjektive Lebenszufriedenheit oft nur schwach korrelieren.[497] Im Einklang mit der an ein tugendhaftes („tüchtiges") Leben gekoppelten Eudaimonia-Konzeption der Griechen wird Glück hier „als Grundzug eines tätigen Lebens verstanden".[498] Es handelt sich um ein gelingendes *Welt-Selbst-Verhältnis* mit Betonung auf das qualifizierte Sich-Verhalten zu den anderen und zur Welt.

Mit der transaktionalen Bestimmung von Glück als Begleiterscheinung der erfolgreichen tätigen Erfüllung menschlicher Lebens- und Handlungsmöglichkeiten („Erfüllungsglück") haben wir ein weiteres Mal klar Distanz markiert zum „Empfindungsglück" der Hedonisten.[499] Wo Glück auf einen genussreichen, passiven Zustand subjektiven Wohlbefindens reduziert wird, blendet man wie gesehen das charakteristische Zeit- und Freiheitsbewusstsein des Menschen aus, dessen Leben sich in einer Reihe von Entscheidungen und zielorientierten Handlungen vollzieht (vgl. Kapitel 3.4). Allerdings soll damit keiner radikalen Lustfeindlichkeit das Wort geredet und die genussreiche Befriedigung physiologischer Grundbedürfnisse verdammt werden. Nur kann und darf der Genuss nicht zur primären oder ausschließlichen Orientierungsgrundlage eines glücklichen Lebens arrivieren, wie sie für pathologische Existenzweisen typisch ist. Ausschlaggebend für das glückliche wie für das gute Leben eines gesunden Erwachsenen ist vielmehr das aktive Involviertsein in das Leben, die Entwicklung und Erfüllung außenorientierter Ziele und Interessen. Für die *Ziel*- anstelle der *Wunschtheorie des Glücks* sprechen dieselben Gründe wie für die entsprechenden Konzepte des guten Lebens: Ein Erfüllungsglück stellt sich nicht ein dank der Erfüllung beliebiger augenblickshaft aufleuchtender Wünsche, sondern nur kraft einer höherstufigen Reflexion derselben. Die Erfüllung eines faktischen Wunsches leistet zu unserem Glück nämlich nur dann ihren Beitrag, sofern der Wunsch übereinstimmt mit Idealen oder Projekten, die uns in unserem Leben wichtig sind. Solche Ideale und langfristige Projekte oder Lebensziele erlauben es, die ansonsten unkoordinierten und oft konfligierenden Wünsche in eine zeitliche und hierarchische Ordnung zu bringen. Letztlich ist zu diesem Zweck ein individueller Lebensplan erforderlich als ein ganzes Netzwerk von vagen Idealen und generellen Lebenszielen bis hin zu mannigfaltigen Teilplänen und situativen Konkretisierungen.[500] Glücklich wäre ein Mensch, „wenn seine Pläne vorankommen, wenn seine wichtigen Ziele sich erfüllen, und wenn er sicher ist, dass dieser Zustand fortdauern wird."[501] Entgegen Seels Vorwurf einer irreführenden Finalisierung des Glücks rennt man bei diesem transaktionalen, zieltheoretischen Glücksverständnis nicht dem Glück qua Endzustand vollständiger Zielerreichung nach.[502] Vielmehr ist der Weg hier selbst das Ziel bzw. es ist „das Glück nicht ein Ziel unter anderen, sondern die Erfüllung des gesamten Plans selbst".[503] Da sich der Mensch mit seinen Idealen und Lebenszielen identifiziert, die sein „normatives Selbst" ausmachen, wäre das „Erfüllungsglück" zugleich ein „Selbstverwirklichungsglück", bei dem der Einzelne seine Fähigkeiten in Interaktion mit seiner Umwelt optimal zur Entfaltung bringt (vgl. Kapitel 4.4).

Wenn sich ein Leben in einer aktiven und erfolgreichen Verwirklichung von Zielen vollzieht, die einem Menschen viel bedeuten, wird es nicht nur kognitiv als ein gutes und sinnvolles bejaht, sondern auch voluntativ und affektiv. „Glück" wäre folglich die höchst positive Stimmung, bei der das Leben als Ganzes aufgrund der prozessualen Realisierung eines selbstgewählten Lebensplans affektiv bejaht wird. Die dabei freigesetzte Selbstachtung und Motivationskraft dürften die Chance erhöhen, dass der Selbstverwirklichungsprozess weiterhin gelingen wird.

6.2 Kollektivismus: kollektiver Orientierungshorizont

Der philosophische Kollektivismus nimmt seinen Ausgangspunkt bei der These, der Mensch sei essentiell ein soziales Wesen. Sein Leben vollziehe sich notwendig innerhalb einer Gemeinschaft oder Sozietät, auf die er schon zum Zwecke des Überlebens angewiesen sei.[504] Denn er benötigt für die Erfüllung seiner Bedürfnisse Güter, die er nicht im Alleingang, sondern nur in wechselseitiger Kooperation mit anderen produzieren kann. Der Mensch sei aber nicht nur infolge seiner natürlichen Bedürftigkeit auf mitmenschliche Hilfe angewiesen, sondern er hätte auch ein genuines Bedürfnis nach Geselligkeit und Überwindung der Einsamkeit. Urs Thurnherr erläutert dieses Bedürfnis im Rückgriff auf Wilhelm Kamlah und Ernst Tugendhat. Wenn der Einzelne aber einer Gemeinschaft angehören wolle, so müsse er notwendig ein Interesse am gesellschaftlichen Guten haben: „Das Individuum hat mithin vor allem diesen *einen* guten Grund, nicht immer nur das zu tun, was es selber will, sondern auch das zu berücksichtigen, was es aus der Sicht der Sozietät tun soll: dass es nämlich aufgrund seiner sozialen Bedürftigkeit auf seine Zugehörigkeit zu einer Gemeinschaft angewiesen ist, dass es einer Gemeinschaft angehören möchte."[505] Um den Verdacht eines naturalistischen Fehlschlusses von sich zu weisen, will er dabei gar nicht ein von Natur aus angeborenes Streben nach Gesellschaft im Auge haben. Er betont stattdessen, dass es immer einen Entschluss brauche, mit anderen Menschen in einer bestimmten Weise zusammenzuleben. Wer aber in einer Gemeinschaft leben wolle, hätte sich notwendig die moralischen Normen und Werte einer Gemeinschaft zu eigen zu machen. Denn die Moral bilde gewissermaßen das Fundament, auf dem allererst eine Gemeinschaft aufgebaut werden könne. Er bezeichnet die moralischen Regeln geradezu als „Regeln der Gemeinschaftsbildung".[506] Es sei also nicht so, dass eine bestehende Gemeinschaft wie die Kirche, die Universität oder eine politische Partei ihre gemeinsamen Wertvorstellungen und Weltanschauungen erst *nach* ihrer Gründung entwerfen würden. Vielmehr entstehen diese gesellschaftlichen Gruppen gerade nur aufgrund eines Bekenntnisses aller Mitglieder für bestimmte Regeln und Zwecke des Zusammenlebens.

Gesellschaftstheoretisch betrachtet ist Thurnherr zweifellos Recht zu geben: Verschiedene sozialwissenschaftliche Studien haben nachgewiesen, dass eine Gesellschaft niemals ausschließlich durch technisch-pragmatische Normen und Institutionen zusammengehalten werden kann, sondern moralische Werte und Normen braucht. Eine Gesellschaft von individualistischen rationalen Nutzenoptimierern würde langfristig gesehen in einen anarchistischen „Bellum-omnium-contra-omnes"-Zustand (Thomas Hobbes) übergehen. Jedes soziale System setzt die Verpflichtung aller Teilnehmer auf gemeinsame Zielvorstellungen und kollektive Grundwerte als Regelinstanzen für die sozialen Prozesse voraus.[507] Thurnherr lässt aber bei seiner Darstellung einige Fragen offen. So könnte man sich überlegen, dass die Gemeinschaft wohl kaum zusammenbricht, wenn ich als einzelne Trittbrettfahrerin die Regeln des Zusammenlebens missachte (vgl. Kapitel 6.3). Zudem wird nicht klar, aus welchem Grund sich ein Mensch überhaupt entscheiden soll, in einer Gemeinschaft und nicht vielmehr in gänzlicher Einsamkeit als Eremit zu leben. Wenn man nicht auf so etwas wie die „soziale Natur" des Menschen rekurrieren will, könnte man allerdings verweisen auf den *hermeneutischen* und *praxeologischen* Vorrang der (sozialen) Welt (vgl. Kapitel 4.4): Insbesondere als Heranwachsender ist der Mensch zum einen auf die Spiegelbilder der Mitmenschen angewiesen, um sich selbst zum Objekt werden zu können und in Auseinandersetzung mit den verschiedenen Interpretationsweisen der anderen einen eigenen Selbstentwurf zu gestalten. Neben dieser hermeneutischen Funktion der Mitwelt kommt ihr eine praxeologische Bedeutung zu, weil sich der Selbstverwirklichungsprozess grundsätzlich im Medium der Außenwelt vollziehen muss. Doch handelt es sich hier nicht immer nur um einen kleinen Ausschnitt aus den größeren makroskopischen sozialen Zusammenhängen, die für das persönliche gute Leben des Einzelnen jeweils relevant werden? Brauchen wir für unseren Selbstverwirklichungsprozess bestimmte soziale Institutionen wie Universitäten, Verlage und Wissenschaftsfonds faktisch nicht nur in einem rein technischen Sinn?

1. *Gemeinsame materiale Weltprobleme*: Dass der Einzelne zum Zwecke seiner Selbstverwirklichung auf ein ganzes Institutionennetz von den Verkehrsmöglichkeiten über die Bildungsinstitutionen und Dienstleistungsbetriebe bis hin zum Immobilienmarkt angewiesen ist, steht außer Frage. Selbst wer sein Glück gemäß Epikurs Weisung „im Verborgenen" sucht, in einem kleinen Kreis von Freunden oder gar als Einsiedler, kann sich niemals ganz von diesen sozialen Abhängigkeiten befreien. Wie Höffe aufzeigt, brauchen auch sie zumindest die Ungestörtheit äußeren Friedens.[508] Darüber hinaus profitieren sie, sofern sie

6.2 Kollektivismus: kollektiver Orientierungshorizont 149

nicht radikale Selbstversorger sind, von den florierenden wirtschaftlichen Verhältnissen der sie umgebenden Gesellschaft. Im Rahmen eines kollektivistischen Denkansatzes kehrt man gerne hervor, dass infolge der vielfältigen und immer weitgreifenderen Verflechtungen der menschlichen Handlungszusammenhänge die soziale Abhängigkeit um ein Beträchtliches zugenommen hat. Man legt den Finger auf die Fern- und Langzeitwirkungen von Handlungen, die vermutlich immer schon bestanden, aber teilweise erst durch die modernen Messmethoden internationaler empirischer Langzeitstudien deutlich ans Licht traten. Mit bloßem Auge zu erkennen ist vorab unsere wirtschaftliche Abhängigkeit von ausländischen Märkten hinsichtlich der Rohstoff- und Energiequellen. Die weltweite Verflochtenheit im politischen Bereich illustriert Höffe anhand von sozialen oder politischen Unruhen in weit entfernten Ländern, die über internationale Netzwerke auf andere Regionen übergreifen können. Schließlich führt er die sich verschärfende Umweltproblematik ins Feld, welche eine Verantwortlichkeit gegenüber zukünftigen Generationen erforderlich machten: Zunehmende Verschmutzung der Gewässer und der Luft, die Ausrottung von Tier- und Pflanzenarten und die neu registrierte Klimaerwärmung scheinen untrüglich auf einen ökologischen Kollaps zuzusteuern. Höffe suggeriert mit dieser Darstellung, dass man sich auf der Suche nach dem persönlichen Glück und guten Leben nicht auf gegenseitige Unterstützung im Nahbereich beschränken dürfe. Vielmehr konkludiert er angesichts der globalen Ausweitung der Handlungszusammenhänge: „Schon aus Gründen des eigenen Wohlergehens bedarf es einer Solidarität auch mit den Bewohnern entfernter Regionen und mit den künftigen Generationen."[509]

Während Höffe selbst die normative Bedeutung solcher Handlungszusammenhänge für das persönliche Glück nicht überschätzen will, finden seine Reflexionen Unterstützung durch zwei weitere namhafte Vertreter der philosophischen Ethik: durch Michael Theunissen und Friedrich Kambartel. Auch ihre Positionen möchte ich kurz skizzieren, bevor ich zu einer kritischen Stellungnahme übergehe. Theunissen zum ersten wendet sich in seiner Studie *Selbstverwirklichung und Allgemeinheit* gegen die in Kapitel 4.4 ins Bild gesetzte moderne „Ideologie der Selbstverwirklichung" mit ihrer gänzlichen Privatisierung und Subjektivierung der Vorstellung vom guten Leben. Eine wahre „Selbstverwirklichung" liegt in seinen Augen erst da vor, wo „das menschliche Individuum sein Leben an in sich vernünftigen Sachen ausrichtet und an der Allheit gleicher Subjekte orientiert ist"[510]. Er knüpft bei diesem Appell an Allgemeinheit und Vernünftigkeit explizit an G. W. F. Hegel an. Anders als Hegel findet er diese für ein gutes Leben angeblich notwendigen Eigenschaften aber nicht mehr im Staatsleben realisiert. Denn der Staat habe seine ursprüngliche politische Funktion zugunsten administrativer Funktionen eingebüßt und sei zum bloßen Verwaltungsapparat herabgesunken.[511] Vernünftige Allgemeinheit finde man stattdessen gegenwärtig in der Hinwendung zu den dringlichen Weltproblemen, wie sie auch Höffe zur Sprache brachte:

> Die Weltprobleme, das sind heute die weltweite Ausbeutung der Natur, der Hunger in der Welt und die Bedrohung des Weltfriedens. Damit sind die in sich vernünftigen Sachen vorgegeben, deren Vernunft aus ihrer Relevanz für die Allheit gleicher Subjekte zu ersehen ist. Die Selbstverwirklichung, die von uns gefordert ist, konkretisiert sich heute also in der Bekümmerung um die weltweite Ausbeutung der Natur, in der Betroffenheit vom Hunger in der Welt, in der Sorge um den Weltfrieden.[512]

Die materiale Bestimmung der drei heute zum Plan eines jeden individuellen Lebens gehörenden Weltprobleme: Naturausbeutung, Hunger und Frieden wird von Theunissen nicht weiter begründet oder erläutert. Ob die Dreierliste wirklich vollständig ist, soll aber hier nicht weiter zur Diskussion stehen. Wer nicht nur ein gutes, sondern ein vernünftiges gutes Leben führen will, wie wir dies in der Regel alle tun wollen, dürfte also keine privaten Ziele verfolgen, sondern hätte sich an allgemeinen globalen Dringlichkeiten zu orientieren.

Etwas weniger konkret lautet der Argumentationsgang in Kambartels Referat zum Thema *Universalität als Lebensform*. Auch hier wird, wer sich selbst verwirklichen und ein gutes Leben führen will, zu einer „transsubjektiven Handlungsorientierung" aufgerufen: zu einer Orientierung an überindividuellen Zielen.

> Um in einem wesentlichen, praktischen Sinne zu uns selbst zu gelangen, müssen wir unsere (individuelle) Subjektivität überwinden. Ich möchte diese Einsicht das vernünftige Begreifen des guten Lebens und ein Leben aus dieser Einsicht vernünftiges Leben nennen. Das bedeutet dann: Im vernünftigen Leben begreifen wir unsere Verwirklichung als gemeinsamen Selbstzweck unseres Handelns. Kurz: Das vernünftige Leben ist das gemeinsame gute Leben.[513]

Kambartel beschränkt den Horizont der gemeinsamen Ziele zunächst auf diejenigen Menschen, die in einem gemeinsamen Handlungszusammenhang stehen. Auch er erkennt aber untrüglich die Globalisierungstendenz der Gegenwart, die zu einer wahrhaft globalen „Universalität" des guten Lebens führen müsse: „Insofern dieser Handlungszusammenhang inzwischen die ganze Menschheit umfasst, ist das gute Leben ein Menschheitsprojekt geworden."[514] Im Unterschied zu Theunissens ausschließlicher Orientierung an negativen kollektiven Zielen, d. h. der Weltprobleme wie Hunger oder Umweltkrise legt sich Kambartel inhaltlich nicht fest auf bestimmte materiale Zwecke. Er lässt auch offen, auf welche Weise sich die Vernünftigkeit der gemeinsamen Ziele ausweisen kann und soll. Augenscheinlich schränkt er „Rationalität" oder „Vernünftigkeit" wie Theunissen von vornherein auf „moralische Rationalität" der sozialethischen Perspektive ein, so dass die „prudentielle

6.2 Kollektivismus: kollektiver Orientierungshorizont 151

Rationalität" der individualethischen Perspektive außen vor bleiben muss. Für unsere Ausgangsfrage, wieso sich der Einzelne zum Zwecke seiner persönlichen Selbstverwirklichung an gemeinsamen oder universellen Zielen orientieren soll, wäre damit nichts gewonnen.

Aus kritischer Distanz muss zu solchen normativen Folgerungen aus der sukzessiven Ausweitung der Handlungszusammenhänge mit Höffe konzediert werden: Es fehlt ihnen letztlich die normative Kraft, die Solidarität mit allen Mitmenschen und mit künftigen Generationen wirklich zu begründen.[515] Wenn die gravierenden „Weltprobleme" wie Hungersnöte oder Umweltkrise sind gerade von der Art, dass sie den Einzelnen und sein persönliches Glücksstreben kaum spürbar beeinträchtigen, so handelt es sich bei den meisten Umweltschäden um „Kumulationsprobleme", die sich als Folge nicht-koordinierten Handelns vieler Akteure ergeben. Da die individuellen Beiträge der Einzelnen wie etwa die eigenen Autoabgase kaum ins Gewicht fallen und die globalen Folgen beispielsweise der Klimaerwärmung auch nicht direkt spürbar sind, bleiben viele Menschen unbeschwert. Eine parasitäre Haltung scheint sich hier geradezu anzubieten. Der Einzelne könnte also daraus Vorteile ziehen, dass sich die meisten anderen an die allgemeinen Umweltgebote halten. Desgleichen beeinträchtigt ein Krieg in Nigeria oder im Nahen Osten mein individuelles gutes Leben schwerlich. Es ist daher nicht nachvollziehbar, wieso man angesichts einer Bedrohung des äußeren Friedens in der Welt die individuelle Selbstverwirklichung vollständig „den Imperativen der Friedenssicherung unterzuordnen" hätte und sich ausschließlich dem Engagement für den Weltfrieden widmen sollte. Theunissen fragt rhetorisch: „Wenn es aber tatsächlich unmöglich sein sollte, in Frieden mit mir zu leben, ohne Frieden mit meinem Nächsten geschlossen zu haben – wie könnte es mir dann gelingen, meinen inneren Frieden im Unfrieden der Welt zu bewahren"?[516] Doch selbst wenn irgendwelche friedensstörenden Diktatoren wie einst Mobutu ihre Konten in der Schweiz haben mögen, lässt sich schwerlich behaupten, ich würde mich im Unfrieden mit dem sich wehrenden unterdrückten Volk befinden. Zudem könnte man sich fragen, ob es nicht besser oder genauso gut wäre, sich gegen die Ausbeutung der Natur einzusetzen statt für die Menschenrechte in Zaire. Und würde die Fixierung auf den globalen Aktivitätsradius nicht unverständlicherweise sämtliche Lebensprojekte im Nahbereich wie Kindererziehung oder wissenschaftliche Grundlagenforschung entwerten? Auf jeden Fall scheint der Mensch zur Wahrnehmung der Weltprobleme erst erzogen oder für sie sensibilisiert werden zu müssen. Viele sehen sich heute auch deswegen zur Gleichgültigkeit gegenüber solchen globalen langfristigen Verflechtungsproblemen veranlasst, weil man den Eindruck gewinnt, es handle sich um Aufgaben der Wirtschafts- oder Außenpolitik.[517]

2. *Gemeinsame Traditionen und Werte*: Eine zweite Gruppe von kollektivistischen Konzeptionen geht nicht von gemeinsamen dringenden Weltproblemen als Leitlinien für die individuelle Lebensführung aus, sondern von gemeinsamen Traditionen und Wertvorstellungen. Man kann sie zusammenfassen unter der etwas unscharfen Bezeichnung „Kommunitarismus", abgeleitet von englisch „community", „Gemeinschaft", auch wenn die führenden Repräsentanten zu dieser Etikettierung auf Distanz gehen. Es handelt sich um eine Familie von soziologischen, sozialphilosophischen und moraltheoretischen Ansätzen, welche die Bedeutung von konkreten, überschaubaren Gemeinschaften betonen. Die von Nordamerika ausgehende Welle kommunitarischen Denkens hat sich am Problem des atomistischen Individuums unserer westlichen Gesellschaften entzündet. Man attackiert das liberale Menschenbild eines „ungebundenen Selbst" (Michael Sandel) oder einer „bindungslosen Monade". Mit einigem Recht pocht man darauf, die liberale Organisationsform entbinde den Einzelnen zunehmend von familiären und traditionellen Beziehungsnetzen und zeitige eine wachsende soziale Isolation. Eine Person könne aber eine Identität nur entwickeln und aufrecht erhalten, solange sie lebensweltlich und traditionell in konkreten Gemeinschaften verankert sei. Genauso basiere auch die liberale Vorstellung von gutem Leben und individueller Selbstverwirklichung auf einem grundlegenden Irrtum. Denn die Liberalen wähnen, durch vollständige soziale Entpflichtung und immer größeren individuellen Freiraum würde das individualethische Glücksstreben begünstigt. Stattdessen werde es aber gerade untergraben, weil die Freiheit von sämtlichen Bindungen und Aufgaben kein „Gut an sich" darstelle. Eine möglichst große Auswahl von Lebensmöglichkeiten, Beziehungsmustern und Bildungschancen bedeute vielmehr eine Orientierungsunsicherheit und Überforderung oder gar Entfremdung des Einzelnen. Charles Taylor beanstandet v. a. die liberale Reduktion von „Freiheit" auf „negative Freiheit", d. h. auf die Unabhängigkeit des Individuums von sozialen Zwängen und Einflüssen.[518] „Negative Freiheit" meint entsprechend unserer obigen Definition augenscheinlich soviel wie „Handlungsfreiheit" (vgl. Kapitel 5.3). Zentral für ein gutes menschliches Leben sei demgegenüber die „positive Freiheit" als Form der „Willensfreiheit". Um diese auszuüben, sind wir aber Taylor zufolge auf die Gemeinschaft angewiesen. Die Kommunitarier sind davon überzeugt, „dass Freiheit zumindest zum Teil auf der kollektiven Kontrolle über das gemeinsame Leben beruht."[519] Doch wie ist das zu verstehen?

Erinnern wir uns an die Ausführungen zum konstitutiven Gut „Fähigkeit zur Freiheit oder Selbstbestimmung" als Punkt 6 der Güterliste in Kapitel 5.3. Ich bezog mich dort auf Martha Nussbaum, ebenfalls eine Vertreterin des Kommunitarismus:[520] Wer sein Leben selbstbe-

6.2 Kollektivismus: kollektiver Orientierungshorizont

stimmt oder frei im Sinne der Willensfreiheit leben will, muss für sich die Frage beantwortet haben, wie man leben soll. Er lässt sich nicht einfach leiten von irgendwelchen zufälligen subjektiven Wünschen, Bedürfnissen oder gesellschaftlichen Vorgaben, sondern nur von vernünftigen Gründen. In Frankfurts Terminologie hat er sich entschieden für bestimmte Wünsche zweiter Ordnung, die zum Ausdruck bringen, was für ein Mensch er sein will. Man muss daher eine Vorstellung vom Guten entwickelt und kritische Überlegungen zur eigenen Lebensplanung angestellt haben. Taylor führt zum näheren Verständnis solcher höherstufigen Wertungsweisen zusätzlich die Unterscheidung zwischen „starken" und „schwachen Werten" ein: Wenn jemand eine „schwache" Bewertung seiner Wünsche vornimmt, entscheidet er sich für einen Wunsch, weil er sich eine angenehmere Wunscherfüllung davon verspricht. Er macht sich also darüber Gedanken, „welches von zwei gewünschten Objekten ihn am meisten anzieht, so wie man eine Konditoreiauslage studiert, um zu überlegen, ob man ein Eclair oder ein Blätterteigstückchen nehmen will"[521]. Solche Entscheidungen werden ohne externen Maßstab gefällt, allein in Bezug auf die Anziehungskraft von Wünschen bzw. auf den Grad an subjektivem Wohlbefinden oder Bequemlichkeit, die man sich von der Wunscherfüllung erhofft. Wer jedoch seine Wünsche an „starken Werten" misst, prüft sie auf qualitative normative Unterschiede hin, die für seine ganze Lebenskonzeption prägend sind: Starke Werte sind „Unterscheidungen zwischen Richtig und Falsch, Besser und Schlechter, Höher und Niedriger, deren Gültigkeit nicht durch unsere eigenen Wünsche, Neigungen oder Entscheidungen bestätigt wird, sondern sie sind von diesen unabhängig und bieten selbst Maßstäbe, nach denen diese beurteilt werden können."[522] Hier geht es also nicht darum, welche faktischen Wünsche die stärksten sind oder am meisten Befriedigung versprechen, sondern um die Frage, durch welche Qualitäten oder Ideale ein Leben lebenswert wird.

Wie die anderen Kommunitarier insistiert Taylor darauf, ein Mensch könne niemals für sich allein solche starken Werte begründen. Sie seien vielmehr immer das Produkt geteilter sozialer Praxis und Tradition. Der Einzelne beziehe sich daher immer auf einen bereits vorgegebenen Rahmen von traditionellen Werten, innerhalb dessen er sein gutes Leben konzipiere.[523] Ein grundlegender Sinn für das Wichtige und Unwichtige, Richtige und Falsche und damit für die Vorstellung eines guten Lebens bilde sich immer erst in der Auseinandersetzung mit konkreten Lebensformen und Praktiken heraus. Niemals könne eine umfassende Vorstellung des Guten allein aufgrund abstrakt-theoretischer Einsichten entwickelt werden. Entscheidet sich beispielsweise ein früh mit der Musik seines Landes konfrontierter Heranwachsender, Musiker zu werden, vollzieht sich seine Selbstverwirklichung inmitten einer anerkannten Musiktradition mit bestimmten Vorstellungen von „guter

Musik". Diese kulturellen Werte werden durch entsprechend ausgerichtete Musikhochschulen, Subventionsstrukturen und Orchestervereine geschützt und gefördert. Taylors Mitstreiter Alasdair MacIntyre nennt solche Ziele gemeinsamer Praxis „interne Güter", welche eine bestimmte kulturelle Gemeinschaft prägen und konstituieren. „Die Suche des einzelnen nach seinem Gut erfolgt daher im allgemeinen und charakteristischerweise in einem Kontext, der durch die Traditionen definiert wird."[524] Das Streben nach einem guten Leben sei eine Suche nach einer narrativen Form des individuellen Lebens, die sich nur in einem überindividuellen Erzählhorizont finden lasse. Die Geschichte eines Lebens, von der sich die Identität einer Person ableite, sei notwendig eingebettet in die Geschichte der Gemeinschaft, in die man hineingeboren wurde. Daher könne der Einzelne nicht für sich allein die Frage beantworten, was denn ein gutes Leben sei. Denn er finde sich immer schon vor als Sohn oder Tochter von jemandem, Bürger dieser oder jener Stadt, Mitglied dieser oder jener Berufsgruppe: „Was also gut für mich ist, muss gut für jemanden sein, der diese Rollen innehat. Als solcher erbe ich aus der Vergangenheit meiner Familie, meiner Stadt, meines Stammes, meiner Nation eine Vielzahl von Schulden, Erbschaften, berechtigten Erwartungen und Verpflichtungen."[525] Wie die Identitätstheoretiker seit Mead unermüdlich wiederholen, definiert ein Mensch sich selbst und sein Leben tatsächlich wesentlich über soziale Rollen, das „soziale Selbst" als Teil des „empirischen Selbst" (vgl. Kapitel 4.4).[526]

Kehren wir zurück zu unserer Eingangsfrage, ob das moderne Individuum sich eines kollektiven Institutionennetzes von Verkehrsmitteln, Universitäten und Dienstleistungsbetrieben nicht in einem rein technischen Sinn bedienen könne. Die Kommunitarier opponieren nämlich genau gegen diese liberale Sichtweise, die gekoppelt ist mit einem Ideal maximaler „negativer Freiheit" der Einzelindividuen. Lautet doch die liberalistische Losung: Jeder Mensch ist seines eigenen Glückes Schmied! Der liberale Staat hätte folglich die Glückssucher lediglich als Nachtwächterstaat zu schützen vor unliebsamen Übergriffen. Jeder könnte aber seine eigene Konzeption von gutem Leben entwerfen und frei wählen zwischen einer unendlichen Pluralität von Lebensformen. Bei ihrer Attacke gegen den liberalen Atomismus weisen die Kommunitarier darauf hin, dass solche kollektive Verbände weit mehr seien als technische Hilfsmittel für das sich selbst verwirklichende Individuum.[527] Sie sollen in Wahrheit nicht nur der Maximierung der Wahlfreiheit des Einzelnen dienen, der zwischen einer möglichst großen Palette an Bildungs- und Arbeitsmöglichkeiten auswählen kann. Vielmehr verkörpern sie bewährte und anerkannte Werte einer lebendigen Tradition, die einen Orientierungshorizont für die Gestaltung des eigenen Lebens bilden:

6.2 Kollektivismus: kollektiver Orientierungshorizont

> Wenn also eine Institution – eine Universität zum Beispiel, oder ein Bauernhof oder ein Krankenhaus – Träger einer Tradition einer Praxis ist, wird ihr Alltagsleben zum Teil, aber auf ganz entscheidende Weise, aus einer ständigen Erörterung darüber bestehen, was eine Universität ist und sein sollte, was gute Landwirtschaft ist oder was gute Medizin ist.[528]

Erst diese kollektiven Werte und intersubjektiv kontrollierbaren Anforderungen ermöglichen eine „positive Freiheit", die mehr ist als bloße Wahlfreiheit. Um eine gehaltvolle „freie" Wahl zwischen verschiedenen Handlungs- und Lebensmöglichkeiten treffen zu können, brauche man schon einen Werthorizont, der festlegt, worauf es ankommt. Dabei gilt nach Taylor, dass „die Freiheit umso größer ist, je bedeutsamer die Ziele sind, die wir verfolgen"[529]. Bei der Beurteilung der Bedeutsamkeit seiner Ziele könne der Einzelne aber „nicht die oberste Autorität" sein.[530] Doch ist angesichts dessen nicht dem Vorwurf der Liberalen an die Adresse der Kommunitarier Recht zu geben, dem Individuum würden starke Werte und Vorstellungen vom guten Leben von einer Gemeinschaft rücksichtslos aufoktroyiert?

Tatsächlich haben alle Kommunitarier mit dem grundlegenden Problem eines Traditionalismus und Relativismus zu kämpfen, der auch repressive Gesellschaftsformen zu legitimieren scheint: Wenn Wertvorstellungen oder Güter sich nur kontext- und praxisabhängig rechtfertigen lassen, müsste man jede Art von traditionellen gemeinschaftlichen Lebensformen mit ihren Werthaltungen bejahen, also auch solche von unterdrückten und hungernden Völkern der Dritten Welt oder des deutschen Nationalsozialismus. Viele Kommunitarier plädieren wohl nicht zuletzt aus diesem Grund für einen anthropologischen Essenzialismus (Nussbaum) oder ein diskursethisches Modell, bei dem verschiedene Kulturen oder Lebensweisen argumentativ miteinander verglichen werden können.[531] Wenn MacIntyre von einer kontinuierlichen „Erörterung" der kollektiven Werte spricht (vgl. oben) oder Taylor von einer „Gesellschaft wechselseitigen Respekts oder gemeinsamen Beratens"[532], scheint ihnen eine diskursive Begründung und ständige Überprüfung der Werte in einem gemeinsamen praktischen Diskurs vorzuschweben. Es handelte sich dann um eine *hermeneutisch-rekonstruktive* Begründung starker Werte (vgl. Kapitel 5.3). Grundlage dieser Diskussion bilden die gesammelten und systematisierten Erfahrungen mit bestimmten Tätigkeiten oder Bedürfnisorientierungen, seien sie alltagspraktischer Art, seien es wissenschaftlich-kontrollierte Untersuchungen. So können sich verschiedene Gründe dafür angesammelt haben, wieso Theater im Leben der Menschen einen höheren Stellenwert verdient als Boxen:[533] Theater wirke anregend, Boxen aber frustrierend; Boxfans würden ihr Tun im Rückblick häufiger bereuen als Theaterbesucher; oder die Mehrzahl derer, die beides ausprobiert hätten, würde das Theater vorziehen. Um sich nicht darüber zu täuschen, was sich im Leben wirklich lohnt, scheint eine gemeinsame reflexive Anstrengung hilfreich zu sein. Denn der Mensch will allein aufgrund seiner Reflexionsfähigkeit seine Konzeption eines guten Lebens nicht auf etwas gründen, das er im Augenblick gerade für gut hält. Er ist vielmehr an einem tatsächlich guten Leben interessiert und möchte sich über den Wert seines Tuns nicht täuschen. Daher mühen wir uns manchmal bis zur Verzweiflung ab mit eigenen und fremden Gründen oder Gegenargumenten.[534] Spannungen und Konflikte zwischen anerkannten Werten und individuellen Umdeutungen oder Neubewertungen gehören aber nach MacIntyre zu jeder „lebendigen Tradition".[535]

Eine andere Möglichkeit zur Begründung der Intersubjektivität starker Werte könnte zum Ersten die Analogie zu Ludwig Wittgensteins prinzipiellem Privatsprachenargument sein: Wie ein Mensch für sich selbst keine private Sprache erfinden kann, wären auch private Werte sinnlos. Denn einem sprachlichen Ausdruck oder einer lebensbezogenen Wertvorstellung kommt nur dann eine Bedeutung zu, wenn der korrekte Gebrauch in der Praxis geregelt ist. Ein solches Regelbefolgen ist nach Wittgenstein aber nur möglich, wo intersubjektive Anwendungskriterien feststehen und in einer Gemeinschaft überprüft werden. Der private Umgang mit Wörtern oder Werten ist indes nicht kontrollierbar und lässt sich von einer willkürlichen, jeden Augenblick verschiedenen subjektiven Einstellung nicht unterscheiden. Folglich sind solche rein privaten oder „schwachen" Werte nicht definierbar. Die für eine Konzeption eines guten Lebens unerlässlichen „starken" Werte müssen dagegen mit dem allgemeinen Gebrauch der Unterscheidungen „höher" oder „niedriger", „besser" oder „schlechter" übereinstimmen.

Zum Zweiten spricht für den Kollektivismus starker Werte, dass wir uns sehr oft darüber täuschen, welche faktischen Wünschen oder Ziele die bedeutsamsten sind. Bereits im Rahmen der Analyse der Wunschtheorie des guten Lebens trat zutage, dass die stärksten Wünsche, die uns am heftigsten mitreißen, mitnichten immer zur größten Erfüllung führen (vgl. Kapitel 4.1). Auch Taylor warnt entsprechend vor nicht-informierten und neurotischen Wünschen.[536] Ob wir ausreichend informiert und frei sind von unbewussten Motiven, zeigt sich aber erst, wenn wir die Perspektiven anderer einzunehmen gewillt sind. Denn unsere Freunde oder ausgewählte Fachpersonen verfügen über mehr Distanz und weitreichendere Erfahrungen auf dem Gebiet der Selbsterkundung, so dass sie uns vor privatperspektivischen Verzerrungen bewahren können. Während diese Absicherung gegen Irrtümer im Selbstverständnis lediglich auf ein kleines Netz von Freunden und Familienangehörigen verweist, muss die Adäquatheit der starken Werte sich in einem größeren Lebenskontext unter Beweis stellen. Beides stellen *sozial-interaktive Bedingungen* wirklicher Freiheit dar.[537] Ein dritter, eher pragma-

6.2 Kollektivismus: kollektiver Orientierungshorizont

tischer Grund für die Orientierung an intersubjektiven Werten wäre die Notwendigkeit gegenseitiger Anerkennung, die Gegenstand des nachfolgenden Kapitels 6.3 sein wird.

Als Ergebnis unserer Prüfung des philosophischen Kollektivismus lässt sich festhalten: Für eine kollektivistische Position spricht grundsätzlich, dass der Mensch erstens nur in der Auseinandersetzung mit den Einschätzungen und Erwartungshaltungen der Mitmenschen eine Identität entwickeln und aufrecht halten kann (hermeneutischer Vorrang). Zweitens hat er sich selbst größtenteils in gemeinsamer Praxis zu verwirklichen (praxeologischer Vorrang). Auch wenn die Handlungszusammenhänge, in die wir im Zeitalter der Globalisierung involviert sind, sich ständig ausweiten, entpuppte sich der Verweis des Glückssuchers auf die globalen Weltprobleme als unzureichend bzw. überzogen: Da die sukzessive Klimaerwärmung oder Hungersnöte in der Dritten Welt unser persönliches Glück kaum direkt tangieren, fehlt dieser Argumentationsstrategie die nötige normative Kraft. Demgegenüber sprechen für die individualethische Orientierung an gemeinsamen Werten und Traditionen folgende Argumente: Was uns als wertvoll erscheint und in einem starken Verlangen seinen Ausdruck findet, das kann ein bloßer Irrtum sein. Sei es, dass wir uns täuschen über die wahren epistemischen Sachverhalte, sie es, dass wir von neurotischen Ängsten oder augenblickhaften Begierden getrieben werden. In Anwendung von Wittgensteins Privatsprachenargument auf die Wertdebatte scheint es ganz so, als ließen sich Werte grundsätzlich niemals rein privat mit Bezugnahme auf das eigene faktische Wünschen und Wollen begründen. Denn es macht keinen Sinn, im jeweiligen Moment und nur für uns selbst Werte ins Spiel zu bringen. Es handelte sich hier um einen willkürlichen Gebrauch von Werten, der weder geregelt noch kontrollierbar ist. Erst ein intersubjektiv überprüfbarer, kriteriell bestimmter Umgang mit Werten kann die Grundlage für individuelle Konzeptionen eines guten Lebens bilden. Auch wenn wir uns den kollektiven, tradierten Wertvorstellungen der Gemeinschaft, in die wir hineingeboren wurden, nicht blindlings zu unterwerfen haben, müssen wir unsere eigenen Vorstellungen doch in Auseinandersetzung oder kritischer Absetzung von diesen entwickeln und verteidigen. Dabei haben wir immer eine Auswahl zwischen solchen Werten und Zielen zu treffen und eine individuelle Hierarchie für unseren persönlichen Lebensplan zu erstellen.

Da solche diskursiv bestimmten kollektiven Werte sich offenkundig um das „individuelle Gute" bemühen, haben wir damit scheinbar die moralische Dimension noch gar nicht erreicht. Tatsächlich ist das Primat des „Guten" vor dem „Gerechten" ein Charakteristikum des kommunitarischen Denkens. Im Unterschied zu liberalen Theorien, die sich vorwiegend auf die Gerechtigkeit konzentrieren und den Individuen die Bestimmung des guten Lebens selbst überlassen, konzentrieren sich die Kommunitarier auf die Herauskristallisation dessen, was ein Mensch vernünftigerweise erstreben soll. Aus der Festlegung solcher Güter folgen aber unmittelbar bestimmte moralische Regeln und ausgezeichnete kollektive Praktiken. Das „für die Gemeinschaft Gute" wäre das Funktionieren eines Netzes von Institutionen und kooperatives Handeln zur Förderung dieser „internen Güter". Wenn einige Menschen in einer Gemeinschaft mehr verdienen oder mehr geachtet werden als andere, ist dies gerecht, sofern „ihr Beitrag zu diesem gemeinsamen Guten beachtenswerter oder wichtiger ist"[538]. Anstelle der liberalen „konfliktlösenden Moral" läge hier eine „konfliktverhindernde Moral" vor, die ein konfliktfreies Zusammenleben dank geteilter Vorstellungen vom guten Leben gewährleistet. Gerechtes Handeln bedeutete also nichts anderes als ein Bemühen um angemessene Verteilung von Ressourcen, Arbeitsstellen oder Rechten mit Blick auf die Wertverwirklichung der Einzelnen. Diese Orientierung an intersubjektiven Werten steht insofern im Interesse des Glückssuchenden, weil diese den notwendigen Horizont bilden für sein persönliches gutes Leben. Die meisten von ihnen lassen sich zudem nur in gemeinsamer geregelter und institutionalisierter Praxis realisieren. Daher kann der Einzelne sinnvollerweise nicht nur an der eigenen Wertverwirklichung interessiert sein, sondern muss sich auch um das optimale Funktionieren der entsprechenden gesellschaftlichen Strukturen bzw. das „gemeinsame Gute" kümmern.

6.3 Anerkennungstheorien: gegenseitige Rücksichtnahme

Eine sozialethische Orientierung könnte sich für den Einzelnen nicht nur deswegen auszahlen, weil er notwendig ein Mitglied einer durch moralische Regeln konstituierten Gemeinschaft ist. Neben diesem soeben erläuterten kollektivistischen Ansatz findet sich vielmehr noch ein zweiter Theorietyp, der die „Anerkennung" durch die Mitmenschen als hinreichenden individualethischen Grund für moralisches Handeln ins Feld führt. Ohne Beziehungen wechselseitiger Anerkennung, so die These, könne man kein gutes und glückliches Leben führen. „Anerkennung" ist zweifellos ein bedeutsamer normativer Leitbegriff innerhalb der philosophischen Sozialethik. Zu ihrem hohen Stellenwert innerhalb der praktischen Philosophie haben insbesondere die deutschen Idealisten J. G. Fichte und G. W. F. Hegel beigetragen. Bezeichnet wird mit dem Ausdruck „Anerkennung" gemeinhin eine sozialethische „Idealform, die man sich für die wechselseitigen Beziehungen zwischen den Individuen bzw. den Gruppen einer Gesellschaft wünschen würde: Gemeint sind von echtem Respekt geprägte Beziehungen."[539] Damit er-

6.3 Anerkennungstheorien: gegenseitige Rücksichtnahme

weist sich die Haltung der Anerkennung als notwendige Voraussetzung für den unparteilichen Standpunkt der Moral. Hatten wir doch das moralische Handeln dadurch charakterisiert, dass man hier in unparteilicher Weise auf die Interessen aller anderen Menschen Rücksicht nimmt. Eine solche angemessene Rücksichtnahme scheint aber nur möglich, wo man den anderen den nötigen Respekt entgegenbringt, d.h. sie anerkennt. Die Anerkennung oder Achtung der anderen lässt sich somit als „Kern der Moral" bezeichnen.[540] Doch inwiefern soll nun diese sozialethisch wertvolle wechselseitige Anerkennung auch für das gelingende und glückliche Leben des Einzelnen gut sein?

1. *Selbstvertrauen, Selbstachtung, Selbstschätzung*: Für Martin Seel beispielsweise steht untrüglich fest, dass für ein gutes Leben „Kontexte interpersonaler, stets moralisch gefärbter Anerkennung konstitutiv" sind.[541] Er führt dies hauptsächlich darauf zurück, dass es kein gutes menschliches Leben ohne die Teilnahme an gelingenden sozialen Interaktionen geben könne. In Kapitel 5.3 führten wir die „Fähigkeit zur sozialen Interaktion" als „konstitutives Gut" unter Punkt 3 auf. Gelingende Interaktion setzt aber voraus, dass man das Gegenüber nicht nur zum Instrument seines eigenen Handelns herabstuft und damit zum Objekt macht. Verlässliche und vertrauensvolle Beziehungen kommen vielmehr nur da zustande, wo man sich wechselseitig als Personen anerkennt und ernst nimmt. Klarer noch als Seel hat die Bedeutung der Anerkennung für das persönliche gute Leben Axel Honneth herausgearbeitet, der wohl wichtigste Anerkennungstheoretiker der Gegenwart. Honneth deckt auf, dass der Mensch zu sich selbst nur in ein positives Verhältnis treten kann, wenn er von anderen Menschen in seinen konkreten, spezifischen Charaktereigenschaften oder Fähigkeiten anerkannt wird.[542] Er erlangt nur dann ein ausreichendes Maß an Selbstvertrauen und innerer Sicherheit, wenn ihm von der Außenwelt genügend Anerkennung widerfährt. Wo diese Anerkennung fehlt oder nur unzureichend vorhanden ist, fehlt dem Individuum auch die „Freiheit zur Selbstverwirklichung": Eine erfolgreiche Selbstverwirklichung in „Freiheit" und „Ungezwungenheit" hat nicht einfach nur Abwesenheit von externen Zwängen oder Hindernissen zur Bedingung, sondern auch das Fehlen von inneren Blockierungen, Hemmungen und Ängsten. Sicherheit und Ungezwungenheit bei der Artikulation seiner Bedürfnisse und der Entfaltung seiner Fähigkeiten erlangt man nur dank intersubjektiver Anerkennung. Äußere Anerkennung entpuppt sich somit als Bedingung des inneren Selbstvertrauens, das wir in Kapitel 5.4 unter Punkt 4 als notwendige Komponente psychischer Gesundheit eruierten.

Uneinigkeit herrscht bezüglich der Reichweite der Anerkennung, die für ein gutes und glückliches Leben notwendig sei. Auch wenn man gelingende soziale Interaktionen zu Recht als konstitutives Gut eines glücklichen Lebens betrachtet, ist der Kreis dieser Interaktionen in Seels

Augen immer ein begrenzter. Im prudentiellen Selbstinteresse stehe nicht die Anerkennung *beliebiger* anderer, sondern immer nur *bestimmter*, ausgewählter Mitmenschen.[543] Um des eigenen Glücks willen müsste man also keineswegs allen Menschen Anerkennung zuteil werden lassen, auch wenn sie dieser Anerkennung fähig oder bedürftig sind. Natürlich wäre es *moralisch bzw. sozialethisch* betrachtet in allen Fällen geboten, sämtliche von der Handlung betroffenen Mitmenschen anzuerkennen und ihre Ansprüche genau so wie die eigenen zu berücksichtigen. Vom individualethischen Standpunkt aus jedoch gäbe es keine präferentiellen oder evaluativen Gründe, sich durchgehend nach den Grundsätzen der Moral zu verhalten. Anstelle einer *universellen* und *kontinuierlichen* moralischen Einstellung scheint sich vielmehr ein *partikularer* und *sporadischer* moralischer Respekt zu empfehlen:[544] *Partikular* wäre eine moralische Rücksicht, die nur auserwählten Einzelnen gilt. Gemäß unserer zu Beginn des Kapitels eingeführten terminologischen Unterscheidung läge hier eine partikulare oder Gruppenmoral vor im Unterschied zu einer universalistischen Moral. *Sporadisch* ist die gebotene Anerkennung, wenn man zwar gelegentlich oder oft die Interessen anderer berücksichtigte, aber beileibe nicht immer. Ein gutes, glückliches Leben setzte also zwar eine partikulare, aber nicht eine universalistische Moral voraus. So mag es aus Eigeninteresse naheliegen, die gelingende soziale Interaktion auf die Familie einzuschränken und die Einsamkeit im engsten Kreis zu überwinden.[545] Selbst im sozialen Nahraum dürfte hingegen ein lediglich sporadisches Anerkennungsverhältnis in absehbarer Zeit zu Konflikten und Beziehungsbrüchen führen, so dass ich im Gegensatz zu Seel für eine wenigstens kontinuierliche Moral der Anerkennung plädieren würde.

Auch bezüglich der Frage der Reichweite ist Axel Honneth um einiges differenzierter vorgegangen. Er unterscheidet nämlich je nach Reichweite drei verschiedene Formen menschlicher Anerkennung. Im Anschluss an Hegels „System der Sittlichkeit" erläutert er diese drei Dimensionen so:[546] Erstens erfährt das Individuum im engen Kreis seiner *Familie* oder seiner Primärbeziehungen emotionale Zuwendung und affektive Anerkennung. Es wird in seiner unverwechselbaren Einzigartigkeit anerkannt und gewinnt *Selbstvertrauen* bezüglich seines persönlichen Selbstverwirklichungsprojekts. Auf einer zweiten Stufe des *Rechts* liegen kognitiv-formelle Anerkennungsverhältnisse vor. Der Einzelne wird hier als abstrakte Rechtsperson geachtet. Dieser kognitiven Achtung seitens der Mitbürger entspricht auf der Subjektseite die ebenfalls ausgeprägt kognitive *Selbstachtung*. Im *Staat* selbst schließlich erlebt das Individuum Anerkennung als ein vergesellschaftetes Subjekt, das aufgrund seiner spezifischen Fähigkeiten einen Beitrag leistet zum „gemeinsamen Guten". Eine solche höchste soziale Wertschätzung durch eine staatliche oder auch moralische Wertgemeinschaft zeitigt im

6.3 Anerkennungstheorien: gegenseitige Rücksichtnahme 161

Betroffenen *Selbstschätzung*. Statt dass Honneth dem Glückssucher rät, sich auf den vertrauenschaffenden Bereich der Primärbeziehungen zu konzentrieren, kehrt er die Bedeutung der sozialen Wertschätzung in der Gemeinschaft hervor. Denn der Grad der positiven Selbstbeziehung wachse mit jeder neuen Form der Anerkennung, vom Selbstvertrauen zur Selbstachtung bis hin zur Selbstschätzung. Auch unter den Bedingungen der Moderne sei der Mensch nach wie vor auf gemeinschaftsstiftende Werthorizonte verwiesen; „weil die Individuen sich auch in ihren besonderen Fähigkeiten und Eigenschaften anerkannt wissen müssen, um zur Selbstverwirklichung in der Lage zu sein, bedürfen sie einer sozialen Wertschätzung, wie sie nur auf der Basis gemeinsam geteilter Zielsetzung erfolgen kann."[547] Die Nähe zum kommunitarischen Gedankengut ist unverkennbar. Insbesondere Charles Taylor hat eine eigene Theorie der Anerkennung entwickelt.[548]

Gesteht man den unüberschätzbaren Wert solcher Anerkennungsverhältnisse für eine positive Selbstbeziehung und damit für die Beurteilung seines Lebens als eines guten ein, könnte ein ausgefuchster Egoist vom individualethischen Standpunkt aus immer noch einwenden: Man muss ja den anderen gar nicht wirklich anerkennen und seine Interessen unparteiisch wahrnehmen, sondern nur so tun als ob. Wichtiger als die persönliche Anerkennung der Interaktionspartner ist doch für das eigene Projekt des guten Lebens, dass man von den anderen in ausreichendem Maße Anerkennung erlangt. Luckner erläutert diese Haltung am bereits erwähnten Beispiel eines Händlers:[549] Dieser möchte von seinen Kunden als ehrlicher Händler geschätzt und geachtet werden, obwohl er sie profitgierig betrügt und übervorteilt, wo immer er dies unbemerkt tun kann. Indem er als ehrlicher Händler bekannt ist, kann er gute Geschäfte machen und großen Gewinn erzielen. Dennoch ist Luckners plausibler Darstellung zufolge diese individualethische Strategie zum Scheitern verurteilt. Denn auch der gerissenste Händler kann auf die Dauer nicht vermeiden, sich selbst aus der Warte der anderen, d.h. seiner Kunden zu sehen. Um zu beurteilen, in welchem Ausmaß er von seinen Kunden geschätzt wird, muss er gleichsam die Perspektive der dritten Person auf sich selbst einnehmen. Bei einer solchen Sicht von außen kann er aber nicht einfach ausblenden, was er vom Standpunkt der ersten Person aus weiß: dass er nämlich betrügt und moralisches Handeln nur vortäuscht. Dieses Wissen wird indes sein Selbstbild zwangsläufig verdüstern und eine negative Selbsteinschätzung zeitigen. Die durch Täuschung in den Kunden erzeugte Achtung und Anerkennung kann also keine Basis bilden für echte Selbstachtung. Dieselbe Argumentationsstrategie lässt sich zweifellos auch auf das bereits angesprochene Problem des Trittbrettfahrens anwenden (vgl. Kapitel 6.2); auf die Crux, dass es prima facie vom individualethischen Standpunkt aus am günstigsten zu sein scheint, wenn sich alle

Menschen außer die Person selbst an die moralischen Forderungen nach Gerechtigkeit oder gegenseitiger Anerkennung halten.

Seit Platon haben Philosophen immer wieder darauf gepocht, dass sich unmoralisches Handeln für den Einzelnen nicht lohne – auch wenn es verborgen bleibt oder aufgrund eines Machtmonopols keine negativen äußeren Konsequenzen zeitigt.[550] Denn es fehle den Frevelnden die innere „Harmonie der Seele", die sich nur bei echtem und durchgängigem moralischem Verhalten gegen außen einstelle. Wer im Verborgenen betrügt oder als übermächtiger Tyrann offen seine Untergebenen ungerecht behandelt, muss zum einen ständig fürchten, entdeckt zu werden. Da niemand einen Ring des Gyges besitzt (vgl. Kapitel 2.2), bleibt immer ein gewisses Restrisiko einer Enttarnung. Der äußere Erfolg eines Diktators wie Stalin oder eines Diebs, der nicht erwischt wird, scheint also bezahlt werden zu müssen mit innerer Unruhe und Unsicherheit, im Extremfall mit einer psychischen Störung. Zum Zweiten dürfte der ständig zu leistende Aufwand für die Täuschung und Selbst-Verstellung beträchtlich sein und sehr viele positive Handlungs- und Erlebnismöglichkeiten vereiteln.[551] Nicht zuletzt kann ein solcher Mensch auch nach Platon keine freundschaftlichen Beziehungen gegenseitiger Anerkennung aufbauen. Damit beraubt er sich aber der für ein glückliches Leben notwendigen Atmosphäre von gegenseitigem Vertrauen und Zuverlässigkeit. Aufgrund der fehlenden Liebe und Anerkennung durch seine Mitmenschen kann er mit der Zeit auch sich selbst nicht mehr trauen und kein „Freund seiner selbst" mehr sein.[552] Ein unerkanntes Lügen und Betrügen könnte schließlich auch einem wohlverstandenen Selbstinteresse zuwiderlaufen, weil die nachfolgenden Gewissensbisse ein Leben buchstäblich zur Hölle werden lassen können.[553] Allerdings prüft die persönliche Gewissensinstanz immer nur, ob sich die – eigenen oder fremden – Handlungen in Übereinstimmung befinden mit den eigenen Wertüberzeugungen. Wer also eine radikal egoistische Grundposition vertritt und von klein auf in dieser Haltung bestärkt wurde, dürfte vor Gewissensbissen verschont bleiben. Für ihn stellte der Hinweis auf die ein glückliches Leben unterminierenden Gewissensqualen also kein Argument für moralisches Handeln dar. Nicht wegen eines drohenden schlechten Gewissens, sondern allein zur Bewahrung innerer Sicherheit und einer positiven Selbstbeziehung liegt es generell im Interesse des Einzelnen, *wirklich* ehrlich zu sein, statt nur so zu scheinen.

2. *Gründe für universelle Rücksichtnahme*: Ähnlich wie bei der Frage nach der sozialen Reichweite der Anerkennung gibt es Differenzen hinsichtlich dessen, was im Anerkennungsverhältnis genau geachtet oder respektiert werden soll. Denn streng genommen handelt es sich beim Anerkennungskonzept um eine dreistellige Relation: Zunächst haben wir die Einzelindividuen oder sozialen Gruppen, zwischen denen

6.3 Anerkennungstheorien: gegenseitige Rücksichtnahme 163

die Beziehung der Anerkennung herrschen soll. Dazu kommt der evaluative Gesichtspunkt, unter dem diese Anerkennung zu erfolgen hat. Sollen wir bestimmte Charaktereigenschaften oder die Person als Ganze, sollen wir ihre Leistungen, Fähigkeiten oder Wünsche anerkennen oder ihr Interesse an einem guten Leben als solches? Nicht nur für die Frage der Anerkennung, sondern auch für das moralische Handeln, das durch sie fundiert wird, muss augenscheinlich die Betrachtungshinsicht geklärt werden. Seel hat überzeugend darauf hingewiesen, dass man „nicht überhaupt unparteilich, sondern nur in Bezug auf etwas Bestimmtes unparteilich sein" kann.[554] Wenn wir vom „unparteilichen" Standpunkt der Moral sprechen, meinen wir in der Regel nicht bloße „Unparteilichkeit" oder „Nichtparteilichkeit" im rein negativen Sinne des Nicht-Partei-Beziehens. In Kapitel 2.1 bestimmten wir das, worauf es bei moralischer Rücksicht ankommt, vage als „Interessen der anderen". Bei den drei Anerkennungsformen von Honneth ändert sich offenbar der evaluative Gesichtspunkt der Anerkennungsverhältnisse von den konkreten Bedürfnissen bis hin zu den gesellschaftsrelevanten Fähigkeiten oder Beiträgen. Der Grundgedanke der drei im Folgenden darzulegenden philosophischen Konzepte ist der: Es gibt etwas oder eine Hinsicht, in der jeder Mensch notwendig der Anerkennung anderer bedarf, wenn er ein gutes Leben führen will. Alle drei Philosophen gehen von allgemeinmenschlichen fundamentalen Interessen aus und ziehen aus der Art dieses Interesses Rückschlüsse auf das gebotene sozialethische Verhalten zu den Mitmenschen.

Obwohl Seel pointiert, keineswegs führe „eine Theorie guten Lebens von selbst zu einer Theorie der Moral", ebnet er doch den Weg für diesen Übergang:[555] Worauf in moralischen Überlegungen oder Verhältnissen der Anerkennung Rücksicht genommen werde, sei nämlich das, was alle Menschen vom individualethischen Interessenstandpunkt aus für sich selbst wollen. Dies aber sei nichts anderes als „die Bewahrung jenes Spielraumes existentiellen Gelingens, den nicht zu haben niemand sinnvollerweise wollen könne". Während es faktisch durchaus differiert, wie die Einzelnen ihr Leben führen wollen, möchten doch alle Menschen ein selbstbestimmtes Leben leben und ausreichenden Freiraum dazu zur Verfügung haben. Seel betont unermüdlich, dass im Mittelpunkt der Moral lediglich ein formaler Begriff des guten Lebens stehen könne. Der Sinn der Moral wäre dann der Schutz der Zugangschancen aller Menschen zu einem guten und glücklichen Leben. Wer nun aber für sich selbst einen Spielraum freier Lebensgestaltung in Anspruch nimmt, hat keinen Grund, anderen eine solche Lebensform zu verweigern. Seel geht sogar weiter und meint, man habe darüber hinaus „guten Grund, andere beim Erreichen und der Verwirklichung eines solchen Lebens zu unterstützen".[556] Das Wissen um das eigene Interesse an einem gelingenden selbstbestimmten Leben, verbunden mit dem

Wissen um die gleichen Interessen der anderen, soll also zu einem sozialethischen Handeln geradezu animieren. Natürlich muss im jeweiligen konkreten Lebenskontext der Bezugspunkt der Anerkennung und des moralischen Handelns noch näher bestimmt werden. Denn dieser hängt davon ab, auf welche Weise die Einzelnen ihr selbstbestimmtes Leben tatsächlich gestalten wollen. Eine solche Konkretisierung könne letztlich nur mittels eines diskursiven Verfahrens erreicht werden.[557]

Auch Malte Hossenfelder nimmt sich explizit den Versuch einer modernen Moralbegründung im Ausgang von einem egozentrischen individualethischen Standpunkt vor.[558] Entsprechend der Zieltheorie des guten Lebens nimmt er an, dass alle Menschen danach streben, möglichst viele der eigenen Ziele im Leben zu verwirklichen. Diese Ziele bilden denn auch den inhaltlich bereits etwas genauer bestimmten Bezugspunkt für die universelle Rücksichtnahme. Neben vielen anderen denkbaren konstitutionellen oder äußeren Hindernissen kann bei jedem individualethischen Streben die Schwierigkeit auftreten, dass die Ziele einander widerstreiten (vgl. Kapitel 4.3). Nicht nur können die eigenen Ziele einander in die Quere kommen, sondern die eigenen Ziele erweisen sich oft als unvereinbar mit den Zielen anderer Menschen. Wenn beispielsweise mehrere Personen sich für dieselbe Stelle als Orchestermusiker bewerben, kann immer nur eine Person ihr Ziel erreichen. Hossenfelder meint daraus deduzieren zu können, dass ein Konflikt zwischen den Zielen verschiedener Menschen nicht im Interesse des Einzelnen an der Erreichung seiner eigenen Zwecke liege: „Es ist also eine notwendige Bedingung zur Verwirklichung aller Zwecke, dass sie nicht konfligieren, sondern dass alle Zwecke aller miteinander verträglich sind."[559] Im Namen seines persönlichen Glückes müsse der Einzelne daher eine „allgemeine Zweckharmonie" wünschen. Auf welche Weise die Harmonie der Zwecke genau hergestellt werden soll, lässt Hossenfelder im Dunkeln. Er verweist auf Kants Kriterium der „Nichtausschließung" der individuellen Zwecksetzungen, das aber genauso wenig weiterhilft. Vom individualethischen Interessenstandpunkt aus würde es auf den ersten Blick immerhin naheliegen, dass diejenige Interessenharmonie den Vorzug verdient, bei dem primär oder ausschließlich alle meine eigenen Ziele realisiert werden können. Die Mitkonkurrenten hingegen, die sich für dieselbe Stelle als Orchestermusiker interessieren mögen, müssten ihre Ziele zu meinen Gunsten freiwillig zurückstellen. Allein aus dem je eigenen Interesses an einer allgemeinen Zweckharmonie scheint sich also keine universelle Rücksichtnahme auf die Ziele aller Mitmenschen ableiten zu lassen. Wenn Schummer die „moralische Forderung der Gerechtigkeit" ins Spiel bringt, welche alle menschlichen Zwecke harmonisieren soll, wirkt dies reichlich unvermittelt. Schließlich nimmt er in argumentativer Not Zuflucht zu der

6.3 Anerkennungstheorien: gegenseitige Rücksichtnahme

inneren Unsicherheit und Unruhe als Folge unmoralischen Handelns, wie wir sie oben erläuterten.[560]

Während Seels Rekurs auf das allgemeinmenschliche Interesse an einem selbstbestimmten guten Leben sehr formal ist und auf diskursethische Zusatzverfahren verwiesen bleibt, müsste man Schummer im Anschluss an Seel folgenden Korrekturvorschlag unterbreiten: Wenn wir gegenüber unseren Mitmenschen die Nichtausschließung unserer Zwecke erwarten, gibt es keinen Grund, deren eigenen Anspruch auf die Realisierung ihrer Wünsche zu missachten. Gewirth als weiterer Verfechter einer Theorie universeller Rücksichtnahme hat genau diesen Begründungsweg am akkuratesten und überzeugendsten aufgezeichnet: Wie in Kapitel 4 zutage trat, visiert man zum Zwecke eines guten Lebens vernünftigerweise nicht einzelne unzusammenhängende Ziele an, sondern vielmehr ganze Lebenspläne. Diese Systeme von weiterreichenden Lebenszielen oder Projekten dienen letztlich der „Selbstverwirklichung" oder „Selbsterfüllung" (vgl. Kapitel 4.4). Gewirth fragt sich nun, welches die besten Fähigkeiten des Menschen seien, die bei einer Selbstverwirklichung als „capacity-fulfillment" zur Entfaltung kommen sollen. In Übereinstimmung mit einer jahrtausendealten philosophischen Tradition gibt er als Antwort, es sei die Vernunft des Menschen.[561] Das vernünftige Denken verdiene diesen Vorzug vor allen anderen menschlichen Fähigkeiten, weil es das ganze Projekt der Selbstverwirklichung leite. Die architektonische Sonderrolle der Vernunft unter allen konstitutiven Gütern kann tatsächlich kaum bestritten werden (vgl. Kapitel 5.3). Wem es mit dem Gebrauch seiner Vernunft wirklich ernst sei, kommt nach Gewirth um die Einnahme des unparteilichen Standpunktes der Moral nicht herum. Denn jeder rational Handlungsfähige setze, um seine Handlungsziele erfolgreich erreichen zu können, „Freiheit" als konstitutives Gut und die lebensnotwendigen elementaren Güter zur Bedürfnisbefriedigung voraus. Gewirth rechnet zu den notwendigen Gütern auch noch die „Zuwachsgüter" bzw. „Güter der Nichtverminderung", zu denen Bildung und gegenseitige Anerkennung bzw. die Abwesenheit von Lüge und Betrug zählen.[562] Wo diese in Kapitel 5.2 bzw. 5.3 erläuterten notwendigen Güter fehlen, sei keine Handlungsfähigkeit und damit auch keine Selbsterfüllung und kein gutes Leben mehr möglich. Deshalb kann der Einzelne gegenüber den anderen Personen ein Recht einfordern, dass sie ihm diese Güter nicht rauben. Hat eine Person aber ein solches Recht allein aufgrund der Garantie ihrer Handlungsfähigkeit, müssen auch alle anderen handlungsfähigen Personen dasselbe Recht haben. Wenn nämlich einem Subjekt ein bestimmtes Prädikat aufgrund einer spezifischen Eigenschaft zukommt, ist das Prädikat auch allen anderen Subjekten mit derselben Eigenschaft zuzusprechen. Um sich selbst nicht zu widersprechen, muss der rational Handelnde folglich die konstitutiven

Rechte jedes Handlungsfähigen anerkennen und zur moralischen Pflicht machen. Das universalistische Moralprinzip, genannt „Principle of Generic Consistency", übersetzt als „Prinzip der konstitutiven Konvergenz", lautet: „Act in accord with the generic rights of your recipients as well as of yourself."[563] Nicht anders als bei Seels Modell scheint es mir allerdings in der Praxis jeweils nur schwer entscheidbar, welche Güter – als Zuwachsgüter oder Güter der Nichtverminderung – für das Handeln der anderen wirklich konstitutiv sind. Wie verhält es sich konkret bei der Orchesterstelle, die nur einer von 20 Bewerbern ergattert, der dadurch den ganzen Rest mit großer Wahrscheinlichkeit zur Arbeitslosigkeit verurteilt?

Versuchen wir, die Ergebnisse dieses Kapitels zusammenzuziehen: Aufgrund neuerer sozialphilosophischer Studien besteht kein Zweifel daran, dass der Mensch nur dank der Anerkennung durch andere eine positive Selbstbeziehung aufbauen kann. Mit Honneth lassen sich dabei drei verschiedene Dimensionen wechselseitiger Anerkennung zwischen Individuen oder Gruppen unterscheiden: Im Bereich der Primärbeziehungen kann der Einzelne Selbstvertrauen entwickeln, in den Rechtsverhältnissen Selbstachtung und bezüglich der auf gemeinsame Ziele und Werte fokussierten Gemeinschaft Selbstschätzung. Es empfiehlt sich daher, nicht nur partielle und sporadische Anerkennungsverhältnisse einzugehen, sondern auch solche auf der Ebene der Wertgemeinschaft oder des Staates hinsichtlich gemeinsamer sozialer Ziele. Solche auf gegenseitiger Anerkennung basierenden sozialen Interaktionen bilden die Grundlage und einen sicheren Schutz der persönlichen Identitätsfindung und Selbstverwirklichung. Um die positive Selbstbeziehung nicht langfristig zu unterhöhlen, sollte man sich zudem *wirklich* um Anerkennung verdient machen statt nur zum Schein. Wenn man den anderen beispielsweise als gleichberechtigten Geschäftspartner akzeptiert, verpflichtet dies im Grunde dazu, ihn auch *tatsächlich* im Sinne der Gleichberechtigung zu behandeln. Anerkennung kann daher als Kern der Moral gelten, weil hier immer in einer bestimmten Hinsicht moralische Rücksicht auf die Interaktionspartner gefordert wird. Mit dem Appell an universelle Anerkennung aller handlungsfähigen Menschen gelingt sogar die Begründung eines Moralprinzips im Ausgang vom persönlichen Glücksstreben: Da es für jeden Menschen bestimmte notwendige Güter gibt, ohne die er kein gelingendes, gutes Leben führen kann, müssen wir diese bei anderen genauso respektieren bzw. befördern, wie wir dies von den anderen uns selbst gegenüber erwarten. Die gebotene sozialethische Anerkennung richtet sich dann entweder auf einen formalen Begriff eines freien, selbstbestimmten Lebens (Seel) oder konkreter auf bestimmte elementare bzw. konstitutive menschliche Güter (Gewirth). Ohne dass ich hier die Logik von Gewirths Gedankenfolge im Detail analysieren kann,[564] lässt sich doch sein Ausgang von der individuellen Selbstverwirklichung hinterfragen. Wenn es dabei hauptsächlich auf die Entfaltung der Vernunft als bestmöglicher Fähigkeit des Menschen ankommen soll, ließe sich diese wohl auch anders realisieren: Zu denken wäre an einen geistig äußerst produktiven Wissenschaftler, der seine Konkurrenten auf gemeine Weise übervorteilt, um immer mehr Drittmittel einwerben zu können. Er bringt seine Denktätigkeit aufs Schönste zum Blühen, ohne sich zur universellen Rücksichtnahme auf seine Mitmenschen veranlasst zu sehen!

6.4 Ethik des Wohlwollens: Identität von Glück und Moral

Im Unterschied zu den kollektivistischen und den Anerkennungs-Theorien wollen Vertreter einer Ethik der Sympathie oder des Wohlwollens nicht den Nachweis erbringen, sozialethisches Handeln lohne sich auch vom individuellen Standpunkt aus. Vielmehr postuliert man, dank der Einstellung des Wohlwollens würden die individual- und sozialethischen Perspektiven von vornherein zusammenfallen. Anders als bei den beiden bisher erläuterten Positionen spielen bei der Ethik des Wohlwollens menschliche Gefühle eine wichtige Rolle. Wie sich bei der durchaus logisch richtigen Argumentation für universelle Rücksichtnahme auf allgemeinmenschliche Interessen zeigte (vgl. Kapitel 6.3), fehlt es nämlich solchen rationalen Reflexionen meistens an Motivationskraft zum moralischen Handeln. Nicht zuletzt aufgrund eines zunehmenden Misstrauens gegenüber der Vernunft als Instanz der Moralbegründung und als Handlungsmotivation erlebt die „Ethik des Gefühls" heute eine Renaissance. Denn die Idee, dass die Menschen moralisch relevante Gefühle haben, geht auf die „moral-sense"-Theorie des 18. Jahrhunderts zurück. Die Engländer Shaftesbury, Hutcheson, Smith und Hume erblickten in einem „moral sense", einem „moralischen Sinn" oder „moralischen Organ", eine natürliche Quelle moralischen Handelns. Dieser „moralische Sinn" basiere auf uneigennützigen, natürlichen Neigungen der „sympathy", also der „Sympathie" oder des „Wohlwollens". Er fungiert zugleich als Beurteilungsinstanz und Triebfeder für ein Handeln, das sowohl das eigene als auch das fremde Glück befördern soll. Verschiedene Ansätze rekurrieren aber auch auf die Antike, in der die Versöhnung der individualethischen und sozialethischen Anliegen wie gesehen eine weit verbreitete Ambition darstellte (vgl. Kapitel 2.2). Julia Annas hat in ihrer historischen Darstellung *The Morality of Happiness* zu Recht das Missverständnis zurückgewiesen, wer im antiken Sinn nach Glück strebe, müsse seine Mitmenschen für sein eigenes gutes Leben instrumentalisieren. Von großer Bedeutung innerhalb der antiken Glücksphilosophie waren nämlich die

Tugenden „Freundschaft" („philia") oder „Gerechtigkeit", bei denen man das Gute der anderen gerade um ihrer selbst willen zu fördern trachtete.[565]

Das Erbe der britischen Aufklärungsphilosophen und „Moralsense"-Theoretiker haben in jüngerer Zeit die deutschen Philosophen Ernst Tugendhat und Robert Spaemann angetreten. In seiner einschlägigen Publikation *Glück und Wohlwollen* will Spaemann den Nachweis erbringen, dass individuelles Glück ohne Wohlwollen undenkbar ist. Er definiert „Wohlwollen" als „Aussein auf das, was für den Anderen das Zuträgliche ist, also das, was dessen eigenes Aussein-auf erfüllt"[566]. Wohlwollen ist also eine Einstellung gegenüber den Mitmenschen, bei der man das Gute für den anderen um des anderen willen wünscht oder fördert. Alle Nützlichkeitserwägungen wie die Hoffnung auf Zuneigung oder spätere Belohnungen durch die Begünstigten bleiben dabei außen vor. Mit Bezugnahme auf die aristotelische Philosophie der Freundschaft[567] identifiziert Spaemann die wohlwollende Zuwendung im Freundschaftsbereich mit Liebe („amor benevolentiae"). Eine solche Liebe ist allerdings niemals nur emotionale Zuneigung, sondern immer auch aktive Hinwendung zum anderen. In dieser positiven affektiven und voluntativen Haltung gegenüber den anderen sei der „Gegensatz von Wollen und Sollen aufgehoben, und in ihm wird ein Glück denkbar, das dadurch vollkommen ist, dass es seiner selbst spottet"[568]. In Kapitel 4.4 haben wir die hier wiederum aufleuchtende Spannung zwischen egozentrischer Selbstverwirklichung und weltzugewandter Selbsttranszendenz bereits zur Sprache gebracht. So formuliert Höffe, der ebenfalls die Bedeutung von Freundschaft, Liebe und Partnerschaft im menschlichen Leben hervorstreicht, den paradoxalen Rat: man habe „das Selbstinteresse auch in Form von Selbstvergessenheit zu verfolgen".[569] Im Kontrast zum *Altruismus* verlangt die Einstellung des Wohlwollens allerdings keine totale Zurückstellung seiner Eigeninteressen zugunsten der Ziele der andern. Anstelle der totalen Selbstaufgabe um des fremden Wohles willen stellt das Wohlwollen vielmehr die Mitte dar zwischen der *Selbstzentriertheit* des Egoismus und der *Fremdzentriertheit* des Altruismus.[570] Doch ist die Reichweite einer solchen Gefühlsethik nicht äußerst beschränkt, nämlich auf den Nahbereich von Primärbeziehungen?

Tatsächlich gehört die begrenzte Reichweite einer Ethik des Wohlwollens zum Bestand der philosophiehistorischen Einwände gegen die Gefühlsethik. Das auf Liebe basierende Handeln scheint auf diejenigen beschränkt, mit denen wir in einem engeren Zusammenhang stehen, sei es durch Zufall oder mit Absicht. Spaemann meint diesem Vorwurf jedoch dadurch zu entkommen, dass er eine „Universalität des Wohlwollens" proklamiert. Diese wird dadurch erkauft, dass jederzeit ein beliebiger Fernster zu meinem Nächsten werden könne.[571] Ein solches

6.4 Ethik des Wohlwollens: Identität von Glück und Moral

Argument ist aber ebenso zweifelhaft wie das in Kapitel 6.2 in Frage gestellte Engagement für globale Weltprobleme als angeblich notwendige Bedingung des individuellen Glücks. Spaemann erteilt kurzerhand dem neuzeitlichen Ideal einer „Ethik ohne Metaphysik" eine Absage und appelliert an die Erkenntnis eines „ordo amoris", einer Ordnung des liebenden Zusammenlebens. Wenn die Menschen in der Einstellung des Wohlwollens zugänglich wären für eine intuitive Wertschau, könnten sie laut Spaemann dem täglich von den Medien aus aller Welt Präsentierten nicht länger untätig gegenüberstehen:

> Die Medien pflegen uns zwar täglich das Schicksal fernster Menschen hautnah zu zeigen. Die Welt wird kleiner. Das Ferne rückt näher. Aber dieser Prozess wirkt doch eher abstumpfend als solidarisierend. Er erzeugt eher ein Gefühl der Ohnmacht. Dieser Abstumpfungs- oder Resignationseffekt stellt sich ein, wenn der Universalismus der Vernunft unmittelbar mit der Partikularität und Endlichkeit individuellen Lebens zusammenstößt, ohne die Vermittlungsstruktur eines ordo amoris auszubilden.[572]

Obwohl auch andere Gefühlsethiker seit den „moral-sense"-Philosophen immer wieder mit einer apriorischen Intuition materialer Werte sympathisierten, stehen wir heute einem moralischen Realismus und einer wahrnehmbaren metaphysischen Ordnung der Liebe skeptisch gegenüber. Jedoch eröffnet die von Spaemann angesprochene *Solidarität* die Möglichkeit einer Ausweitung des Wohlwollens über den Bereich von Familie und Freundschaft hinaus. Denn mit Solidarität bezeichnet man das „Wohlwollen gegenüber der eigenen Gruppe, Klasse, den Unterdrückten oder der ganzen Menschheit"[573].

Neben dem Problem der Reichweite haben Kritiker einer Ethik der Sympathie oder Solidarität immer wieder darauf gepocht, die Gefühle des Wohlwollens seien vorübergehend, okkasionell und parteilich.[574] Die Sympathie könne erfahrungsgemäß jederzeit in Antipathie umschlagen, das Wohlwollen in Hass und Feindseligkeit. Sobald die Freundschaft einseitig aufgekündigt wird oder sich die solidarische Gemeinschaft infolge äußerer Umstände auflöst, ist es mit der Interessenharmonie schnell zu Ende. Aufgrund dieser Parteilichkeit und Unzuverlässigkeit wird dem Wohlwollen daher seitens seiner Verächter eine moralische Relevanz gänzlich abgesprochen. Offenkundig reduziert man dabei aber das Wohlwollen auf einen rein emotionalen Zustand ohne jegliche kognitive Komponenten. Gerade darin liegt in Krämers Augen das Dilemma einer Gefühlsethik: Die Kluft zwischen individualethischem Wollen und sozialethischem Sollen sei nur da wirklich aufgehoben, wo man sich nicht rational für diese Gefühle entschließt, sondern sie einfach hat. Würde man jedoch das wohlwollende Empfinden und Verhalten von allen Menschen verbindlich fordern, könnte der Hiat zwischen Eigenwollen und moralischem Sollen genauso wenig überbrückt werden wie bei allen anderen Moraltheorien.[575] Wenn beispielsweise die christliche Ethik von jeder Person und gegenüber allen, auch den fernsten Menschen, Nächstenliebe verlangt, ist nicht mehr ersichtlich, inwiefern das Wohltun im Interesse des Einzelnen stehen soll. Auch das metaphysische Postulat eines „ordo amoris", der via Einsicht zu engagiertem moralischem Handeln führe, hilft da kaum weiter. Da man sich aber andererseits für ein rein gefühlsmäßiges spontanes Wohlwollen nicht bewusst entschließt, hätte eine Gefühlsethik zusätzlich mit folgender Crux zu kämpfen: Ein solches spontanes „natürliches" Gefühl kann gar nicht Gegenstand der Ethik sein. Denn es kann nicht gefordert werden, sondern stellt sich einfach faktisch ein oder nicht. Die Rede von einer „Ethik der Sympathie oder der Solidarität" wäre dann schlichtweg widersinnig. Doch gibt es keinen Ausweg aus diesem Dilemma, so dass die Ethik des Wohlwollens aus konzeptuellen Gründen zum Scheitern erklärt werden müsste?

Als einziger Ausweg aus diesem Dilemma bietet es sich an, Wohlwollen nicht als „Gefühl", sondern als „Tugend" zu interpretieren. Man kann dabei anknüpfen an Aristoteles, der das Wohlwollen als Tugend allerdings beschränkt auf den Bereich der Freundschaft, wie auch die christliche Tradition der Menschenliebe. Seine Zuordnung zur Klasse der Gefühle oder aber der Tugenden wird in der gegenwärtigen Literatur kontrovers diskutiert.[576] Gemäß unserer definitorischen Einführung in Kapitel 2.2 handelt es sich bei einer Tugend um eine durch Übung erworbene Charaktereigenschaft oder Haltung, die es dem Träger ermöglicht, in allen Situationen angemessen zu fühlen, zu wollen und zu handeln. In meinen Augen kann das Wohlwollen zugleich eine stabile Charakterdisposition und die durch sie begünstigten Gefühlsempfindungen darstellen. „Wohlwollen" bezeichnete dann sowohl die personenspezifische Disposition zu wohlwollenden Gefühlen und Aktivitäten als auch die in konkreten Situationen aktuell gelebten Gefühle des Wohlwollens selbst. Mit einer solchen Definition entfiele augenscheinlich der gegen die Ethik des Wohlwollens erhobene Vorwurf der Unzuverlässigkeit und Zufälligkeit. Es ist damit aber nicht zwangsläufig schon behauptet, der Tugendhafte müsse zu allen Menschen unterschiedslos Wohlwollen empfinden und sich entsprechend um das Wohl aller kümmern. Denn das Wesen dieser Tugend besteht gerade darin, den Mitmenschen genau dann wohlwollend zu begegnen, wenn man das Wohl der anderen befördern kann, ohne sich selbst dabei zu verlieren. Gemäß der aristotelischen „Mesotes"-Lehre von der Tugend als Mitte zwischen extremen Gefühlsformen und Handlungsweisen würde der Tugendhafte die Mitte treffen zwischen der egoistischen Selbstzentriertheit und der altruistischen Selbstaufopferung.[577] Um diese Tugend des Wohlwollens erwerben zu können, müssten die Gefühlsethiker anleiten zum Training der notwendigen Fähigkeiten der Selbsttranszendenz, des Einfühlungsvermögens und

6.4 Ethik des Wohlwollens: Identität von Glück und Moral 171

der Wahrnehmung fremder Interessen. Man müsste durch geeignete Vorbilder lernen, dass die anderen Menschen an sich etwas gelten und nicht nur als Instrumente unseres eigenen Wohls: Indem man sich ganz in sie hineinversetzt und sich mit ihnen identifiziert, macht man ihr Schicksal zum eigenen. In wohlwollender Geneigtheit verfolgt man die Ziele der anderen, als wären es die eigenen. Nachweislich kann die Entwicklung der von Natur aus unterschiedlich stark ausgeprägten wohlwollenden oder altruistischen Neigungen besonders während der Primärsozialisation durch geeignete Erziehung und Bildung entscheidend gefördert werden.[578]
Vom Standpunkt der Sozialethik aus wäre eine derart erworbene Tugend des Wohlwollens zweifellos zu begrüßen, bei der in jedem Fall ein angemessenes Verhältnis zwischen den eigenen und fremden Zielen hergestellt wird. Auch wenn man sich gefühlsmäßig derart in die anderen Menschen hineinversetzt, dass man ihr Wohl fördert, als wäre es das eigene, scheint mir indes ein relevanter Beitrag zum persönlichen Glück nach nicht garantiert zu sein. Wenn ich aus wohlwollender Identifikation mit einem mir völlig unbekannten gestürzten Fahrradfahrer diesem wieder auf die Beine und ins nächste Krankenhaus helfe, koinzidieren zwar die individualethische und sozialethische Motivation. Da ich gerade Feierabend habe und sowieso in Richtung Krankenhaus gefahren wäre, kostet mich dies auch nicht allzu viel Selbstaufopferung. Natürlich würden Aristoteles und seine Nachfolger behaupten, wer tugendhaft handle, sei glücklich, weil tugendhaftes Handeln als solches Freude bereite. Ich vermute allerdings, dass Glück und Wohlwollen nur Hand in Hand gehen, sofern das Objekt des Wohlwollens als wertvoll und einzigartig erkannt wird. Man täte dann dem anderen nicht nur Gutes um des Guten willen, sondern zugleich um der geliebten Person willen. Stellt sich beispielsweise heraus, dass der von mir ins Krankenhaus gebrachte Fahrradfahrer ein frecher Bengel ist, der mich den ganzen Weg dorthin nur beschimpft, würde ich mein Handeln wohl bereuen, auch wenn es moralisch richtig war. Wohlwollendes Handeln beglückt nur dann, wenn man nicht nur die Ziele des anderen Menschen bejaht, wie etwa die Wiederherstellung und Schmerzlinderung nach einem Fahrradsturz, sondern auch die betroffenen Personen selbst. Dies setzt aber natürlich voraus, dass man jemanden über einen längeren Zeitraum in einer symmetrischen Beziehung kennen und schätzen gelernt hat. Vielleicht sollte man in der geschilderten Situation mit dem hilfreichen Verhalten gegenüber einem unbekannten hilflosen Verunglückten eher von einer asymmetrischen „Wohltätigkeit" oder „Fürsorge" sprechen als von „Wohlwollen".[579] An die Stelle von Einzelpersonen als Objekte der Liebe können dabei aber auch Gruppen als Gegenstand der Solidarität treten, sofern wir diesen aufgrund ihrer spezifischen Ideale oder Aktivitäten großen Wert zuschreiben.

Damit lässt sich vermuten: Obwohl die Tugend des Wohlwollens die Voraussetzung für wohlwollendes Handeln darstellt und im Wohl-Wollen die individual- und sozialethische Perspektiven versöhnt sind, dürfte nicht jedes wohlwollende Tun einen Beitrag leisten zu einem glücklichen Leben. Dies scheint mir vielmehr nur der Fall zu sein, wo man zu den Betroffenen eine länger währende Beziehung eingegangen ist; sei es in einer Freundschaft mit wechselseitiger personaler Liebe, sei es in einer Gemeinschaft mit solidarischem Zusammenhalt. Hier basiert die Identifikation nicht auf spontaner Sympathie oder situationsbedingtem Mitleid mit Fremden, die sich immer auf einzelne Verhaltensweisen oder Charakterzüge beschränken und oft einer asymmetrischen Fürsorge oder Wohltätigkeit nahestehen. Vielmehr ist sie gegründet auf die langjährige Vertrautheit mit dem Leben und den Personen anderer in einer symmetrischen Beziehungsform. Die Voraussetzung für solche dauerhaften Bindungen des gelebten wechselseitigen Wohlwollens und aktiven Füreinander-Eintretens dürfte eine große Übereinstimmung der Interessenlagen sein. Unter diesen Bedingungen einer tiefen und länger dauernden Identifikation mit den Objekten der wohlwollenden Einstellung kann das sozialethische Handeln zum Wohl der anderen zu einem Teil des eigenen Selbstverwirklichungsstrebens werden. Wenn es dem anderen gelingt, dank unserem emotionalen und tätigen Beistand Schritt für Schritt ein gelingendes Leben führen zu können, ist sein Glück auch unser Glück. Wo ein Schritt misslingt, kann das Unglück gemeinsam besser aufgefangen werden gemäß dem Motto: „Geteilte Freude ist doppelte Freude, geteiltes Leid ist halbes Leid"! Im Blick auf das gute Leben des Einzelnen zahlen sich solche wohlwollenden Beziehungen aus den gleichen Gründen aus wie diejenigen, die für gelingende soziale Interaktionen insgesamt gelten (vgl. Kapitel 5.3): Zum einen eröffnen gute Freundschaften oder Partnerschaften zahlreiche Möglichkeiten positiver angenehmer Erlebnisse der Lust und Freude, welche zu einer positiveren Lebensbilanz führen. Je mehr wohlwollende Beziehungen wir haben, desto größer ist zweitens pragmatisch gesehen die reale Chance, dass wir unsere Lebensziele auch verwirklichen können, da wir jederzeit auf deren uneigennützige Unterstützung zählen können. Drittens steigert wohlwollende äußere Zuwendung nicht anders als die Anerkennung das innere Selbstwertgefühl und Selbstvertrauen. Es liegt also durchaus im Selbstinteresse des Glückssuchers, sich in der Selbsttranszendenz zu üben. Während „Anerkennung" eher die kognitiv-rationale Seite positiver Fremdbeziehungen hervorkehrt, setzt „Wohlwollen" „Anerkennung" voraus, betont aber als das weitere Konzept stärker auch die emotionale und aktive Seite.

7 Fazit

Die zentrale praktische Grundfrage „Wie soll ich leben?" bezieht sich im Gegensatz zur Frage „Wie soll ich handeln?" nicht auf einzelne kontingente Handlungssituationen, sondern auf das Leben als Ganzes. Jeder Mensch, der nicht um das schiere Überleben zu kämpfen hat oder im Kindesalter auf bestimmte traditionelle Lebensmuster konditioniert wurde, hat sich mit dieser Frage auseinanderzusetzen. Denn der Mensch als ein selbstbewusstes und zeitstiftendes Wesen lebt immer schon im Bewusstsein seiner Vergangenheit und einer noch offenen Zukunft. Um seine Endlichkeit und den bevorstehenden Tod wissend, muss er sich für bestimmte Lebensmöglichkeiten und -ziele entscheiden und andere damit ausschließen, weil er niemals alle realisieren kann. Die einfachste und formalste Antwort auf die Grundfrage bildet die Aufforderung zu einem „guten Leben": „Wähle dasjenige Leben, das für Dich gut bzw. das bestmögliche ist!". Es handelt sich um eine individual- oder strebensethische Fragestellung, weil es um das Selbstverhältnis und die Lebensführung des Einzelnen geht. Während die *Individual- oder Strebensethik* sich um die Erfüllung der Eigeninteressen bzw. die Selbstverwirklichung der Individuen kümmert, sorgt sich die *Sozial- oder Sollensethik* um das gerechte Zusammenleben der Menschen. Wenn als Zielpunkt der *individualethischen* Fragerichtung häufig „Glück" genannt wird, lässt sich dieses folgendermaßen vom eng verwandten Konzept des „guten Lebens" abgrenzen: Ein „gutes Leben" zu leben ist die Bedingung dafür, glücklich zu werden, d.h. eine höchst positive Stimmung dauerhaft erleben zu können. Im Unterschied zum „guten Leben" ist das „glückliche Leben" also nicht direkt erstrebbar, sondern nur indirekt über das „gute", und stellt gleichsam seine emotionale Dimension dar. Die *Sozialethik* fordert demgegenüber den Einzelnen dazu auf, den unparteilichen Standpunkt der Moral einzunehmen, d.h. neben den eigenen Interessen auch diejenigen der anderen angemessen zu berücksichtigen. Seit den Anfängen der Philosophie hält sich hartnäckig der Verdacht, dass die Moral auf Kosten des Glücks geht. Man lässt dann auf die Frage „Wie soll ich leben?" die provokative folgen: „Warum soll ich moralisch sein?". Sowohl bezüglich der genaueren inhaltlichen Bestimmung des „guten Lebens" als auch seines Verhältnisses zum „gerechten Leben" gingen und gehen die Ansichten der Philosophen weit auseinander. Ich habe in vorliegender Studie versucht, die verschiedenen Konzepte eines guten Lebens zu systematisieren und die drei hauptsächlichen Grundmodelle nacheinander kritisch zu beleuchten: das hedonistische (3), das wunsch- und zieltheoretische (4) und das güterbezogene (5). Im letzten Kapitel (6) stand dann der Nutzen der Moral für das eigene Glück im Mittelpunkt.

Die *hedonistische Theorie* (Kapitel 3) beantwortet die Frage „Wie soll ich leben?" mit der Maxime: „Lebe dasjenige Leben, das Dir am meisten Lust verspricht!". „Lust" ist leider ein notorisch mehrdeutiger Begriff, könnte aber grob identifiziert werden mit „sinnlichem Genuss", d. h. mit einem starken, unmittelbaren Erleben von positiven Sinneseindrücken. Ein solcher sinnlicher Genuss kann kausal induziert werden entweder durch die Aufhebung eines Mangelzustandes aufgestauter Bedürfnisse oder durch äußere Reizungen der Sinnesorgane. Viele Vertreter des Hedonismus weiten den Lustbegriff allerdings auf sämtliche Arten subjektiven Wohlbefindens aus, also etwa auch auf die intentional strukturierte „Freude". Die klassischen hedonistischen Utilitaristen begründen ihre Lustmaxime mit dem Hinweis auf einen *psychologischen Hedonismus*, demzufolge alle Menschen von Natur aus auf die Vermehrung von Lust und die Vermeidung von Unlust aus sind. Eine Fixierung auf die eigenen Lustempfindungen ist aber pathologisch und oftmals die Folge einer unzuverlässigen Bedürfnisstillung beim Kleinkind durch die Mutter. Wenn der *ethische Hedonist* vom *Sein* dieser vermeintlichen psychischen Fakten auf ein ethisches *Sollen* schließt, würde er sich zudem einen in der Philosophie verfemten naturalistischen Fehlschluss zuschulden kommen lassen. Abgesehen von diesem Begründungsproblem hat insbesondere ein *naiver* und *unreflektierter Hedonismus* mit folgenden Vorwürfen zu kämpfen: Wer sich vollständig seinen naturalen Trieben ausliefert, um eine möglichst große Summe augenblicklichen sinnlichen Genusses zu erzielen, gibt seine Freiheit und damit menschliche Würde preis. Eine solche sklavische Unterwerfung unter die naturalen Neigungen ist auch deswegen unklug, weil diese einander oft widerstreiten und ihre Befriedigung gesundheitsschädliche Wirkungen oder doch Katerstimmungen zeitigen können. Im Zeichen eines langfristigen Wohlbefindens müsste man auf kurzfristigen Lustgewinn verzichten und den naiven zugunsten eines *aufgeklärten und reflektierten Hedonismus* überwinden. Trotzdem führt auch diese elaboriertere Version bezüglich eines guten Lebens in die Irre. Zum Ersten besagt nämlich das „hedonistische Grundparadox", dass jedes innerliche subjektive Wohlbefinden umso schwächer ausfällt, je stärker und direkter es anvisiert wird. Lust oder subjektives Wohlbefinden können daher niemals Gegenstand oder Ziel individualethischen Strebens werden. Sie sind immer nur Begleiterscheinungen von Tätigkeiten, bei denen wir uns mit Gegenständen oder Personen der Außenwelt beschäftigen, an welchen uns viel liegt. Je mehr aufgrund einer widersinnigen hedonistischen Innenorientiertheit und zuständlichen Interessiertheit die Um- und Mitwelt entwertet und instrumen-

7 Fazit

talisiert wird für das eigene Wohlbefinden, desto mehr entzieht man dem eigenen Erleben seinen Gegenstand. Zum Zweiten kann sich ein gutes Leben prinzipiell nicht aus einer Reihe isolierter, voneinander unabhängiger Momente subjektiven Wohlbefindens zusammensetzen. Es erfordert vielmehr eine qualitative Einheit und Ganzheit eines Lebens, die sich letztlich nur dank übergreifender Ziele und Pläne herstellen lassen.

Die genannten Defizite einer hedonistischen Theorie, die Nicht-Intendierbarkeit der Lust und das zeitliche Auseinanderfallen der einzelnen Lustmomente versprechen die *Wunsch- oder Zieltheorien* (Kapitel 4) zu eliminieren. Ihre Antwort auf die ethische Grundfrage lautet: „Lebe dasjenige Leben, in dem sich alle oder möglichst viele Deiner Wünsche bzw. Ziele verwirklichen lassen!". Während man unter „Wunsch" die vage Vorstellung eines ersehnten Zustandes oder eines begehrten Objektes versteht, ist das „Ziel" ein effektiv handlungsleitender Wunsch, den wir nach eingehender Prüfung aktiv in der Zukunft realisieren wollen. Bei unserer Analyse trat zutage, dass ein gutes Leben nicht in der Erfüllung aller augenblickshaft und spontan in einem Menschen sprudelnden Wünsche bestehen kann. Vielmehr ist eine Prüfung, Bewertung und Ordnung dieser faktischen, kontingenten Wünsche unumgänglich. Denn ein Wunsch kann beispielsweise uninformiert oder unaufgeklärt sein, d. h. auf falschen Hintergrundinformationen über die Wirklichkeit basieren, so dass sämtliche Realisierungsbestrebungen zum Scheitern verurteilt wären. Darüber hinaus befinden sich solche Wünsche genauso wenig wie Triebbedürfnisse immer schon in einer harmonischen Ordnung, sondern können einander widerstreiten oder sich doch nur im zeitlichen Nacheinander erfüllen lassen. Ist ein Wunsch aber von einer höheren Warte aus auf seine Realisierbarkeit und tatsächliche Wünschbarkeit geprüft und gebilligt worden, ist er zum Gegenstand einer festen Absicht, eines Ziels mutiert. Um das Leben als Ganzes vergegenwärtigen und es als integrierte Ordnung gestalten zu können, sind weiterreichende Lebensziele und Lebenspläne unabdingbar: *Weiterreichende Ziele* wie eine akademische Karriere oder eine Familiengründung regeln große Lebensbereiche über einen längeren Zeitraum hinweg. Sie stehen an der Spitze von *Lebensplänen* als einem komplexen System von allgemeinen Zielen, konkreten Teilzielen und sukzessive den vorgefundenen Situationen anzupassenden detaillierten Handlungsschritten an der Basis. Da sich sowohl die äußeren als auch die inneren Lebensbedingungen ändern können, sollten solche Pläne immer erfahrungs- und revisionsoffen bleiben. Um ihrer erfolgreichen Umsetzung willen sollte man generell mittelschwere Ziele bevorzugen, die zwar sehr anspruchsvoll und herausfordernd sind, unter dem Einsatz aller Kräfte aber gerade noch erreichbar. Obgleich Aristoteles ausschließlich intrinsisch-selbstzweckhaftes Handeln wie Denken oder moralisches Handeln für glückstauglich erklärte, erwies sich eine geeignete Motivkombination als realistischer: Man setzt sich außenorientierte Ziele wie die Aufführung eines Musikstückes oder das Publizieren eines Textes, widmet sich aber gleichzeitig mit Hingabe der jeweiligen Tätigkeit, so dass man den Prozess des Übens oder Schreibens um seiner selbst willen schätzen lernt. Durch spielerische, kreative Umgestaltung der gewohnten situativen, beruflichen oder sozialen Bedingungen zielorientierten Handelns sollte sich jede extrinsisch motivierte Tätigkeit in eine zugleich intrinsisch-vollzugsorientierte Tätigkeit transformieren lassen. Das gute Leben wäre also ein Leben, in dem man aktiv und erfolgreich lohnenswerte mittelschwere Ziele nach einer planmäßigen Ordnung verfolgt. Der Prozess der Zielerreichung bzw. der Verwirklichung eines Lebensplans ist dank Aufmerksamkeitszentrierung auf die Gegenwart selbst das Ziel. Da sich das Individuum mit seinen zentralen Lebensprojekten identifiziert und diese somit identitätskonstitutiv sind, handelt es sich gleichzeitig um einen Selbstverwirklichungsprozess.

Auf den ersten Blick mag die von uns privilegierte Position einer Zieltheorie des guten Lebens unvereinbar scheinen mit dem dritten Theoriemodell einer *Gütertheorie* (Kapitel 5). Denn im Unterschied zu den bisher behandelten beiden *subjektiven* Konzeptionen bemisst sich, ob ein Leben gut sei, dieser *objektiven* Theorie zufolge nicht an subjektiven Gefühlen, Wünschen oder Zielen der Einzelindividuen. Man geht vielmehr davon aus, dass es im Leben aller Menschen etwas gibt, das an sich betrachtet gut oder schlecht ist. Es sind „Güter" wie das Leben, Gesundheit oder Wohlstand, die als Mittel oder Voraussetzungen den Vollzug eines guten, gelingenden Lebens sichern sollen. Die Antwort der Gütertheorien auf die allgemeine ethische Grundfrage lautete daher: „Lebe so, dass Du in den Besitz bestimmter oder möglichst vieler an sich wertvoller Güter gelangst!" Grundsätzlich lassen sich die dabei anvisierten Güter klassifizieren in *materielle* und in *anthropologische* Güterklassen. Auch wenn für viele Menschen die Vorstellung eines guten Lebens eng mit einem *hohen Lebensstandard*, d. h. mit materiellem Wohlstand verknüpft ist, markieren die äußeren materiellen Lebensbedingungen lediglich die unterste Schwelle, unterhalb derer ein gutes menschliches Leben nicht mehr möglich ist. Wem nämlich die lebensnotwendigen Bedarfsgüter wie Nahrung, Kleider oder Witterungsschutz fehlen, der wird schwerlich Raum für die Frage finden, wie er sein Leben führen soll. Ihr Besitz garantiert indes mitnichten schon ein gutes Leben. Auf diese Weise kann also immer nur ein negativer Begriff von einem guten Leben gewonnen werden. Anthropologische Güter umfassen demgegenüber *Grundbedürfnisse* („Grundgüter") und *Grundfähigkeiten* („konstitutive Güter"), die allen Menschen zu eigen sein sollen. Man spricht daher auch von „anthropologischen Konstan-

7 Fazit

ten". Die Stillung der in der Natur des Menschen verankerten Grundbedürfnisse scheint ein Gebot der Klugheit zu sein, weil gemäß empirischen Studien das Leid bei frustrierten Bedürfnissen ein gutes Leben vereiteln kann, die Erreichung der Spitze der Bedürfnishierarchie jedoch ein glückliches Leben begünstigt. Im Unterschied zu den basalsten physiologischen Grundbedürfnissen sind allerdings die Zielvorgaben höherer menschlicher Grundbedürfnisse nach Zugehörigkeit und Liebe, nach Achtung und Anerkennung oder nach Selbstverwirklichung (Abraham Maslow) sehr vage und vielfältig gestaltbar. Diese Plastizität findet sich in noch stärkerem Maße bei den invarianten menschlichen Grundfähigkeiten, die es in den Augen perfektionistischer Güterobjektivisten zu kultivieren und zu vervollkommnen gilt: die Fähigkeit zur sozialen Interaktion, zum Gebrauch von Phantasie und Denkkraft, zu Arbeit und Spiel und zur Freiheit, um nur einige zu nennen (Martha Nussbaum). Solche grundlegenden menschlichen Güter lassen sich zum einen *rekonstruktiv* begründen in einem gemeinsamen praktischen Diskurs darüber, welche Fähigkeiten als spezifisch menschlich und intrinsisch wertvoll gelten sollen. Ein *reflexiver* Begründungsgang zum andern fragt nach den materiellen und sozialen Bedingungen, die erfüllt sein müssen, damit ein Mensch überhaupt handlungsfähig ist und ein selbstbestimmtes Leben führen kann. Mit der Bestimmung und Begründung objektiver anthropologischer Güter ist aber immer nur ein grobes Orientierungsraster für das persönliche gute Leben des Einzelnen gegeben. Denn sie müssen in einem persönlichen Lebensplan gewichtet, geordnet und zu konkreten Zielen ausformuliert werden. Die objektive Gütertheorie kann somit als Basis- oder Rahmentheorie einer subjektiven Zieltheorie verstanden werden.

Nachdem wir uns vom indivdualethischen Standpunkt aus für eine Kombination einer Zieltheorie mit einer Gütertheorie entschieden haben, gilt abschließend zu klären, ob und inwiefern moralisches Handeln im persönlichen Lebensplan Platz haben sollte. Außer Frage steht, dass die Menschen die Stillung ihrer Bedürfnisse und Erreichung ihrer Ziele größtenteils nicht im Alleingang, sondern nur in Kooperation mit anderen bewerkstelligen können. Jede Bildung und Aufrechterhaltung einer Gemeinschaft erfordert aber moralische Regeln des Zusammenlebens. Ihre Beachtung ist die Voraussetzung für gelingende soziale Interaktionen, die wir zu den objektiven anthropologischen Gütern zählten. Uneinigkeit herrscht bezüglich der Reichweite solcher sozialen Abhängigkeitsverhältnisse. Es wird immer wieder postuliert, im Zeitalter der Globalisierung würden die Verflechtungen der menschlichen Handlungszusammenhänge sukzessive erweitert, so dass man sich im Eigeninteresse für die gemeinsamen Weltprobleme zu engagieren hätte. Jedoch fehlt den globalen Problemen wie Klimaerwärmung oder Hungersnöten offenkundig die normative Kraft, weil sie das individuelle Glücksstreben überhaupt nicht oder nicht unmittelbar tangieren. Es läge vielmehr nahe, sich im Zeichen einer *partikularen Moral* nur denjenigen Menschen gegenüber moralisch zu verhalten, die einen direkten Beitrag zum persönlichen Glück leisten. Unbestritten gälte dies für enge Beziehungen wie Freundschaften und Partnerschaften, die viele positive Erlebnisse von Freude, Lust und Selbstvertrauen ermöglichen und damit konstitutiver Bestandteil eines jeden guten Lebens sein dürfen. Im Sinne einer *Sympathieethik* wird in diesem Bereich von Primärbeziehungen das Handeln zum Wohl des anderen zu einem Teil des eigenen Selbstverwirklichungsstrebens, so dass das Eigenwollen mit dem moralischen Sollen koinzidierte. Auch über diesen Bereich der Primärbeziehungen hinaus brauchen wir aber noch weitere verlässliche Kooperationsverhältnisse, um 1. unsere Pläne verwirklichen zu können und 2. ausreichende Anerkennung zu erhalten. Denn nur wenn wir von den anderen in unseren besonderen Fähigkeiten und Eigenschaften anerkannt werden, können wir zu einer positiven Selbstbeziehung gelangen und unser Leben als ein „gutes" bewerten. Es liegt also im Interesse des Einzelnen, sich bei der Wahl seiner Lebensziele an kollektiven Werten oder Gütern zu orientieren, die in einer Gemeinschaft allgemein akzeptiert werden. Da die Werte nicht nur Orientierungshilfen für das gute Leben sind, sondern Verhaltensregeln und Institutionen für das Zusammenleben begründen, läge auch nach diesem *kommunitarischen Modell* eine Harmonie zwischen Glück und Moral vor. Schließlich lässt sich die Kluft zwischen der individual- und sozialethischen Perspektive auch durch folgende Überlegungen im Anschluss an die reflexive Begründung objektiver anthropologischer Güter überbrücken: Wenn man gegenüber den anderen das Recht auf gewisse grundlegende, notwendige Bedingungen eines selbstbestimmten Lebens geltend macht, muss man auch allen anderen glücksstrebenden Menschen dasselbe Recht zuerkennen. Neben dem intrinsischen Wert von freundschaftlichen und partnerschaftlichen Beziehungen hat der Einzelne also vernünftige, gute Gründe, im Sinne einer *universellen Moral* das Glücksstreben aller anderen angemessen zu berücksichtigen. Ungeachtet der Frage nach der Reichweite gegenseitiger Anerkennung und moralischer Rücksichtnahme können solche Verhaltensweisen der antiken „Koinzidenzthese" zum Trotz immer nur notwendige, nicht hinreichende Bedingungen eines guten und glücklichen Lebens darstellen („Nezessitätsthese").[580]

Anmerkungen

[1] Vgl. zu diesem Abschnitt Ricken, *Allgemeine Ethik*, 10, sowie Quante, *Einführung in die Allgemeine Ethik*, 10 f.
[2] Vgl. Steinfath, *Orientierung am Guten*, 15.
[3] Vgl. Aristoteles, *Nikomachische Ethik*, 1103b, 27 f.
[4] Vgl. Wolf, *Die Philosophie und die Frage nach dem guten Leben*, 17 f.
[5] Vgl. Steinfath, *Orientierung am Guten*, 286.
[6] Vgl. zur existentialontologischen Struktur des „Sichvorweg-Seins" oder „Vorlaufens" (in den Tod) Heidegger, *Sein und Zeit*, 234 und 264.
[7] Vgl. zum Konzept der „Lebensform" Thurnherr, *Vernetzte Ethik*, 71–76.
[8] Vgl. Wolf, *Die Suche nach dem guten Leben*, 11 f.
[9] Platon, Apologie des Sokrates, 38a.
[10] Vgl. exemplarisch ders., Gorgias, 500d.
[11] Vgl. Steinfath, *Orientierung am Guten*, 15.
[12] Vgl. ebd., 16 f.
[13] Vgl. Stemmer, Was es heißt, ein gutes Leben zu leben, 53.
[14] Vgl. Steinfath, *Orientierung am Guten*, 18 f.
[15] Vgl. Bien, *Die Frage nach dem Glück*, XIV.
[16] Vgl. Steinfath, *Was ist ein gutes Leben?*, 10.
[17] Vgl. Kamlah, *Philosophische Anthropologie*, 47.
[18] Vgl. Wolf, *Die Suche nach dem guten Leben*, 12 f.
[19] Vgl. Quante, *Einführung in die Allgemeine Ethik*, 16 f.
[20] Vgl. Habermas, *Die Einbeziehung des Anderen*, 43.
[21] Vgl. Nietzsche, Menschliches, Allzumenschliches, 76.
[22] Krämer, *Integrative Ethik*, 84.
[23] Vgl. Kant, Grundlegung zur Metaphysik der Sitten, A/B 42 ff.
[24] Kant, Kritik der praktischen Vernunft, A 64.
[25] Vgl. Habermas, *Die Einbeziehung des Anderen*, 40 und 43.
[26] Vgl. dazu Fenner, Glück oder Moral? Zur Verhältnisbestimmung von Individual- und Sozialethik, 428 f.
[27] Vgl. Seel, *Ethisch-ästhetische Studien*, 24 f. und ders., *Versuch über die Form des Glücks*, 252 f.
[28] Vgl. exemplarisch ders., *Ethisch-ästhetische Studien*, 26.
[29] Vgl. Krämer, *Integrative Ethik*, 40 und 76 ff.
[30] Vgl. ebd., 83.
[31] Vgl. ebd., 82 und Seel, *Ethisch-ästhetische Studien*, 24.
[32] Vgl. zu dieser Unterscheidung Thurnherr, *Vernetzte Ethik*, 34.
[33] Vgl. zum antiken und neuzeitlichen Verständnis von „Selbstinteresse" Bayertz, *Warum überhaupt moralisch sein?*, 178 f.
[34] Krämer, *Integrative Ethik*, 84.
[35] Vgl. Seel, *Versuch über die Form des Glücks*, 13.
[36] Vgl. ebd., 323.
[37] Vgl. Krämer, *Integrative Ethik*, 45 oder Quante, *Einführung in die Allgemeine Ethik*, 13.
[38] Vgl. Krämer, ebd., 9.
[39] Vgl. ebd.
[40] Vgl. ebd., 10.

⁴¹ Vgl. Horn, *Antike Lebenskunst*, 192 oder Annas, *The morality of happiness*, 120–131 und 440–446.
⁴² Vgl. Annas, ebd., 27.
⁴³ Vgl. Horn, *Antike Lebenskunst*, 15 f.
⁴⁴ Vgl. Fenner, Philosophie als Therapie?, 94 f.
⁴⁵ Vgl. ebd., 79 f.
⁴⁶ Vgl. Hadot, *Wege zur Weisheit*, 18.
⁴⁷ Vgl. Fenner, *Glück*, 152 f.
⁴⁸ Vgl. Wolf, *Die Philosophie und die Frage nach dem guten Leben*, 15.
⁴⁹ Vgl. ebd., 16.
⁵⁰ Vgl. Steinfath, *Die Thematik des guten Leben*, 13.
⁵¹ Vgl. exemplarisch Platon, Gorgias, 493 d f.
⁵² Aristoteles, *Nikomachische Ethik*, 1095a, 16.
⁵³ Vgl. Steinfath, Die Thematik des guten Lebens, 14.
⁵⁴ Forschner, *Über das Glück des Menschen*, 1.
⁵⁵ Vgl. Spaemann, *Glück*, 679.
⁵⁶ Vgl. Horn, *Antike Lebenskunst*, 66. Die Akzentverschiebung soll bei Demokrit stattgefunden haben.
⁵⁷ Seneca, *Vom glückseligen Leben*, Kapitel 6. Vgl. auch Epikur, Brief an Menoikeus, 1. Abschnitt.
⁵⁸ Aristoteles, *Protreptikos*, B9.
⁵⁹ Vgl. Platon, Politeia, 352e ff.
⁶⁰ Vgl. ebd., 4. Buch.
⁶¹ Ebd., 353e.
⁶² Vgl. ebd., 443c und 374b f.
⁶³ Ders., Gorgias, 507b.
⁶⁴ Vgl. Horn, *Antike Lebenskunst*, 202.
⁶⁵ Vgl. Platon, Politeia, 359b ff.
⁶⁶ Vgl. ebd., 445a.
⁶⁷ Krämer, *Integrative Ethik*, 40.
⁶⁸ Vgl. Aristoteles, *Nikomachische Ethik*, 4. und 5. Buch sowie Arnim, *SVF III*, 262 und 264.
⁶⁹ Vgl. Platon, Politeia, 500c.
⁷⁰ Vgl. Horn, *Antike Lebenskunst*, 184.
⁷¹ Vgl. ebd., 219 f.
⁷² Vgl. ebd., 203.
⁷³ Vgl. dazu Fenner, *Glück*, 538 f.
⁷⁴ Vgl. Aristoteles, *Nikomachische Ethik*, 1097b, 1–6.
⁷⁵ Krämer, *Integrative Ethik*, 40.
⁷⁶ Vgl. ebd., 9.
⁷⁷ Ebd., 99.
⁷⁸ Ebd., 101.
⁷⁹ Ebd., 98.
⁸⁰ Vgl. dazu Steinfath, Die Thematik des guten Lebens, 7.
⁸¹ Kant, Kritik der praktischen Vernunft, A 224.
⁸² Ders., Grundlegung zur Metaphysik der Sitten, A/B 46.
⁸³ Ders., Kritik der reinen Vernunft, A 806/B 834.
⁸⁴ Vgl. ebd. sowie ders., Grundlegung zur Metaphysik der Sitten, A/B 46.
⁸⁵ Vgl. ders., *Kritik der Urteilskraft*, A 385/B 390.
⁸⁶ Vgl. Pieper, *Glückssache*, 217.
⁸⁷ Vgl. ebd., 221 oder Kant, Kritik der praktischen Vernunft, A 108.
⁸⁸ Vgl. dazu Kant, ebd., A 52.
⁸⁹ Ders., Grundlegung zur Metaphysik der Sitten, A/B 52.
⁹⁰ Vgl. ebd., A 56.

Anmerkungen zu den Seiten 25–37

91 Ebd., A/B 77.
92 Vgl. ders., *Kritik der reinen Vernunft*, A 166f.
93 Vgl. ebd., A 203.
94 Vgl. dazu Pieper, *Glückssache*, 243.
95 Kant, Kritik der praktischen Vernunft, A 201.
96 Vgl. Pieper, *Glückssache*, 228.
97 Vgl. Kant, Kritik der praktischen Vernunft, A 135ff.
98 Vgl. ebd., A 226.
99 Seel, *Versuch über die Form des Glücks*, 26.
100 Vgl. dazu Krämers interessanten Interpretationsansatz in: Selbstverwirklichung, 104.
101 Kant, Kritik der praktischen Vernunft, A 212.
102 Steinfath, Die Thematik des guten Lebens, 11.
103 Vgl. ebd., 11f.
104 Vgl. Hügli, Mutmaßungen über den Ort des Glücks in der Ethik der Neuzeit, 38f.
105 Vgl. ebd., 43 und 53.
106 Vgl. Wolf, Zur Struktur der Frage nach dem guten Leben, 32.
107 Vgl. Nussbaum, *Gerechtigkeit oder das gute Leben*, 24–39.
108 Vgl. Seel, *Versuch über die Form des Glücks*, 232ff.
109 Vgl. auch Schaber, Gründe für eine objektive Theorie des menschlichen Wohls, 149.
110 Vgl. Luckner, *Klugheit*, 33.
111 Vgl. Ricken, *Allgemeine Ethik*, 222f.
112 Vgl. Artikel „Lust", in: Hillig, *Die Psychologie*, 237.
113 Vgl. Ulich/Mayring, *Psychologie der Emotionen*, 161.
114 Vgl. Klein, *Die Glücksformel*, 123f.
115 Freud, *Das Unbehagen in der Kultur*, 42.
116 Ebd., 48f.
117 Ebd., 42f.
118 Vgl. ebd., 49.
119 Vgl. zu dieser Interpretation Forschner, Über das Vergnügen naturgemäßen Tuns, 157.
120 Vgl. ebd., 158.
121 Vgl. Rheinberg, *Motivation*, 32.
122 Vgl. Fromm, *Psychoanalyse und Ethik*, 145f.
123 Vgl. ebd., 147.
124 Vgl. den Artikel „Bedürfnis", in: Hillig, *Die Psychologie*, 46.
125 Vgl. Maslow, *Motivation*, 75.
126 Vgl. zu dieser auf Maslow zurückgehenden Differenz Allport, *Gestalt und Wachstum in der Persönlichkeit*, 88.
127 Vgl. Platon, Philebos, 52af. oder Aristoteles, *Nikomachische Ethik*, 1173b, 7–20.
128 Vgl. Platon, Politeia, 580d–588a.
129 Vgl. Freud, *Das Unbehagen in der Kultur*, 46.
130 Vgl. Aristoteles, *Nikomachische Ethik*, 1177a, 24f.
131 Vgl. zum intentionalen Modell Forschner, Über das Vergnügen naturgemäßen Tuns, 158.
132 Fromm, *Psychoanalyse und Ethik*, 146.
133 Vgl. zu den verschiedenen Wohlbefindensfaktoren Mayring, *Psychologie des Glücks*, 74f.
134 Vgl. Fenner, *Glück*, 202.
135 Vgl. Ulich/Mayring, *Psychologie der Emotionen*, 163.
136 Vgl. Fenner, *Glück*, 203 sowie die Gefühlstypologie ebd., 192.
137 Vgl. dazu ausführlich Allport, *Gestalt und Wachstum in der Persönlichkeit*, 88.

[138] Aristoteles, *Nikomachische Ethik*, 1173b, 7–20.
[139] Vgl. Bell, *Die kulturellen Widersprüche des Kapitalismus*, 30 und 93.
[140] Vgl. Welsch, *Zur Aktualität des Ästhetischen*, 13 f.
[141] Vgl. Schulze, *Die Erlebnisgesellschaft*, 59.
[142] Vgl. ders., *Kulissen des Glücks*.
[143] Vgl. Pieper, *Glückssache*, 52–59.
[144] Vgl. dazu dies., *Sören Kierkegaard*, 61–71.
[145] Kierkegaard, *Entweder – Oder*, Bd. 1, 348.
[146] Vgl. Fenner, *Glück*, 130 ff.
[147] Kierkegaard, *Entweder – Oder*, Bd. 1, 354.
[148] Vgl. ebd., 340 ff.
[149] Ebd., 131.
[150] Vgl. ebd., Bd. 2, 706 und ders., *Die Krankheit zum Tode*, 35.
[151] Vgl. Thurnherr, *Vernetzte Ethik*, 87.
[152] Vgl. Horn, *Antike Lebenskunst*, 95.
[153] Epikur, Brief an Menoikeus, Abschnitt 5.
[154] Vgl. Hossenfelder, *Epikur*, 64.
[155] Epikur, Brief an Menoikeus, Abschnitt 6.
[156] Vgl. Hossenfelder, *Epikur*, 73.
[157] Ebd., 66.
[158] Vgl. Epikur, Brief an Menoikeus, Abschnitt 2.
[159] Vgl. ders., Brief an Herodot.
[160] Ders., Brief an Menoikeus, Abschnitt 3.
[161] Vgl. ders., Hauptlehrsätze, Nummer 19.
[162] Vgl. ders., Brief an Menoikeus, Abschnitt 5.
[163] Vgl. Hossenfelder, *Epikur*, 94 f. oder Horn, *Antike Lebenskunst*, 99 f.
[164] Epikur, Brief an Menoikeus, Abschnitt 8.
[165] Vgl. Hossenfelder, *Epikur*, 94.
[166] Vgl. dazu Epikur, Brief an Menoikeus, Abschnitt 4.
[167] Vgl. Hossenfelder, Die Rolle des Glücksbegriffs in der Moralphilosophie, 180 f.
[168] Vgl. Pieper, *Glückssache*, 105.
[169] Vgl. Höffe, *Einführung in die utilitaristische Ethik*, 13.
[170] Vgl. ebd., 10 f.
[171] Mill, *Der Utilitarismus*, 13.
[172] Bentham, Eine Einführung in die Prinzipien der Moral und der Gesetzgebung, 56.
[173] Höffe, *Einführung in die utilitaristische Ethik*, 11.
[174] Bentham, Eine Einführung in die Prinzipien der Moral und der Gesetzgebung, 58.
[175] Ebd., 55.
[176] Vgl. Mill, *Der Utilitarismus*, 60 f.
[177] Vgl. Höffe, *Einführung in die utilitaristische Ethik*, 24.
[178] Bentham, Eine Einführung in die Prinzipien der Moral und der Gesetzgebung, 83.
[179] Vgl. Höffe, *Einführung in die utilitaristische Ethik*, 22.
[180] Mill, *Der Utilitarismus*, 18.
[181] Vgl. ebd., 14 f.
[182] Vgl. zu dieser Hierarchie Pieper, *Glückssache*, 121.
[183] Mill, *Der Utilitarismus*, 25.
[184] Vgl. ebd., 24.
[185] Vgl. ebd., 14.
[186] Ebd., 16.
[187] Vgl. Höffe, *Einführung in die utilitaristische Ethik*, 23.
[188] Vgl. Mill, *Der Utilitarismus*, 17.
[189] Vgl. Fromm, *Psychoanalyse und Ethik*, 26.

[190] Vgl. Mill, *Der Utilitarismus*, 20.
[191] Ebd., 21.
[192] Ebd., 17.
[193] Vgl. exemplarisch Maslow, *Motivation und Persönlichkeit*, 155.
[194] Mill, *Der Utilitarismus*, 16.
[195] Dies unterstellt etwa Forschner in: Über das Vergnügen naturgemäßen Tuns, 158 f.
[196] Vgl. Fenner, *Glück*, 210.
[197] Mill, *Der Utilitarismus*, 19.
[198] Vgl. Bentham, Eine Einführung in die Prinzipien der Moral und der Gesetzgebung, 80.
[199] Vgl. Pieper, *Glückssache*, 112 f.
[200] Vgl. Höffe, *Einführung in die utilitaristische Ethik*, 42.
[201] Schaber, Gründe für eine objektive Theorie des menschlichen Wohls, 150.
[202] Vgl. ebd., 149.
[203] Vgl. Ulich/Mayring, *Psychologie der Emotionen*, 160.
[204] Vgl. dazu Krämer, *Integrative Ethik*, 135.
[205] Vgl. ebd., 134 f.
[206] Vgl. Aristoteles, *Nikomachische Ethik*, 1175a, 4–17.
[207] Frankl, *Der Wille zum Sinn*, 267.
[208] Krämer, *Integrative Ethik*, 136.
[209] Vgl. Richard Sennett, *Verfall und Ende des öffentlichen Lebens*, 22.
[210] Vgl. Schulze, *Kulissen des Glücks*, 35.
[211] Frankl, *Der leidende Mensch*, 178.
[212] Vgl. Fromm, *Haben oder Sein*, 114 f.
[213] Forschner, Über das Vergnügen naturgemäßen Tuns, 156.
[214] Frankl, *Logotherapie und Existenzanalyse*, 104.
[215] Vgl. Frankl, *Der Wille zum Sinn*, 21.
[216] Vgl. Forschner, Über das Vergnügen naturgemäßen Tuns, 156.
[217] Nozick, *Anarchy, State and Utopia*, 52.
[218] So interpretiert Schaber Nozicks Gedankenexperiment in: Gründe für eine objektive Theorie menschlichen Wohls, 152.
[219] Aristoteles, *Nikomachische Ethik*, 1095b, 16.
[220] Vgl. Höffe, *Das Glück*, 45.
[221] Vgl. Thurnherr, *Vernetzte Ethik*, 87.
[222] Vgl. dazu Höffe, *Das Glück*, 40 f.
[223] Aristoteles, *Nikomachische Ethik*, 1174a, 8.
[224] Vgl. ebd., 1176a, 23.
[225] Vgl. Platon, Philebos, 46a.
[226] Vgl. ebd., 21a–d.
[227] Nietzsche, Unzeitgemäße Betrachtungen, 248.
[228] Vgl. 1 Einleitung, 3
[229] Vgl. Spaemann, *Glück und Wohlwollen*, 55.
[230] Höffe, *Das Glück*, 45.
[231] Vgl. Seel, *Versuch über die Form des Glücks*, 63.
[232] Vgl. Fenner, *Glück*, S. 226 ff.
[233] Vgl. Kapitel 2.3, 24.
[234] Seel, *Versuch über die Form des Glücks*, 79.
[235] Ebd., 126.
[236] Singer, *Praktische Ethik*, 128.
[237] Vgl. dazu Fenner, *Glück*, 251 f.
[238] Vgl. Rheinberg, *Motivation*, 168 f.
[239] Seel, *Versuch über die Form des Glücks*, 89.
[240] Steinfath, *Orientierung am Guten*, 292.

241 Vgl. Seel, *Versuch über die Form des Glücks*, 78 f.
242 Dies behauptet allerdings Schaber in: Gründe für eine objektive Theorie des menschlichen Wohls, 151.
243 Vgl. dazu Schaber, ebd., 155 oder Griffin, *Well-being*, 16. Ersterer spricht von „Erfahrungsbedingungen von Wünschen", letzterer von „experience requirement".
244 Griffin, ebd., 11.
245 Vgl. Fromm, *Psychoanalyse und Ethik*, 143 ff.
246 Vgl. ebd., 144.
247 Vgl. Schopenhauer, *Die Welt als Wille und Vorstellung*, Bd. 2, 242 ff.
248 Vgl. dazu Fenner, *Glück*, 294 f.
249 Seel, *Versuch über die Form des Glücks*, 92.
250 Vgl. Stemmer, Was es heißt, ein gutes Leben zu leben, 66.
251 Vgl. dazu Rentsch, *Die Konstitution der Moralität*, 224 f.
252 Vgl. Stemmer, Was es heißt, ein gutes Leben zu leben, 66.
253 Vgl. Fenner, *Glück*, 295 ff.
254 Steinfath, Selbstbejahung, Selbstreflexion und Sinnbedürfnis, 91.
255 Vgl. Früchtl, Spielerische Selbstbeherrschung, 133.
256 Vgl. dazu Schaber, Gründe für eine objektive Theorie menschlichen Wohls, 156 f.
257 Vgl. ebd., 156.
258 Vgl. Frankfurt, Willensfreiheit und der Begriff der Person, 288.
259 Vgl. ebd., 292.
260 Vgl. zu dieser Ordnung Steinfath, Selbstbejahung, Selbstreflexion und Sinnbedürfnis, 77.
261 Seel, *Versuch über die Form des Glücks*, 96.
262 Ebd., 93.
263 Vgl. dazu Spaemann, *Philosophische Essays*, 45.
264 Vgl. ebd., 48.
265 Vgl. zum Behaviorismus in der Psychologie Fenner, *Philosophie contra Psychologie?*, 15 ff.
266 Vgl. Horn, *Einführung in die politische Philosophie*, 84.
267 Heuberger, *Problemlösendes Handeln*, 46.
268 Vgl. Bowi, *Der Einfluss von Motiven auf Zielsetzung und Zielrealisierung*, 8.
269 Hossenfelder, Die Rolle des Glücks in der Moralphilosophie, 182.
270 Csikszentmihalyi, *Flow*, 24.
271 Vgl. Sader/Weber, *Psychologie der Persönlichkeit*, 129.
272 Vgl. ebd., 138.
273 Vgl. ebd., 139.
274 Vgl. dazu Csikszentmihalyi, *Flow*, 403 f.
275 Vgl. ebd., 89.
276 Vgl. dazu Rheinberg, *Motivation*, 69.
277 Vgl. ebd., 70.
278 Rawls, *Eine Theorie der Gerechtigkeit*, 464.
279 Vgl. ebd., 466 f.
280 Vgl. ebd., 465.
281 Vgl. Höffe, *Das Glück*, 41.
282 Vgl. Rawls, *Eine Theorie der Gerechtigkeit*, 476.
283 Vgl. Höffe, *Das Glück*, 49.
284 Vgl. ebd., 44.
285 Vgl. Rheinberg, *Motivation*, 140.
286 Vgl. Aristoteles, *Nikomachische Ethik*, 1094a, 3 ff.
287 Vgl. Höffe, *Aristoteles*, 195.
288 Vgl. Aristoteles, *Nikomachische Ethik*, 1094a, 5–15 und 1096a, 6 f.

289 Vgl. Fenner, *Glück*, 407 ff.
290 Steinfath, Selbstbejahung, Selbstreflexion und Sinnbedürfnis, 82.
291 Vgl. Csikszentmihliy, *Flow*, 79 f.
292 Vgl. Aristoteles, *Nikomachische Ethik*, 1097b, 2–4.
293 Vgl. Seel, *Versuch über die Form des Glücks*, 97.
294 Schopenhauer, *Die Welt als Wille und Vorstellung*, Bd. 2, 370.
295 Vgl. Seel, *Versuch über die Form des Glücks*, 102 ff.
296 Ebd., 113.
297 Vgl. ebd., 115.
298 Vgl. zu diesem realen Beispiel eines Schweißers in einer Fabrik im Süden Chicagos Cszikszentmihalyi, *Flow*, 196 f.
299 Ebd., 201.
300 Steinfath, Selbstbejahung, Selbstreflexion und Sinnbedürfnis, 82.
301 Vgl. dazu Steinfath, *Orientierung am Guten*, 293 ff.
302 Vgl. ebd., 295 und 298.
303 Rawls, *Eine Theorie der Gerechtigkeit*, 446.
304 Vgl. dazu ebd., 448 f.
305 Vgl. Steinfath, *Orientierung am Guten*, 304.
306 Camus, *Der Mythos von Sisyphos*, 52.
307 Vgl. Steinfath, *Orientierung am Guten*, 304 f.
308 Vgl. Fenner, Der Mensch auf der Suche nach dem Sinn des Lebens, 79–100 und Fenner: Philosophie als Therapie?, S. 97–104.
309 Wolf, Glück und Sinn. Zwei Aspekte des guten Lebens, 170.
310 Csikszentmihalyi, *Flow*, 280.
311 Ebd., 281.
312 Rawls, *Eine Theorie der Gerechtigkeit*, 601.
313 Seel, *Versuch über die Form des Glücks*, 94.
314 Vgl. ebd., 98.
315 Ebd., 100.
316 Rawls, *Eine Theorie der Gerechtigkeit*, 596.
317 Vgl. ebd., 195.
318 Vgl. ebd., 98 f.
319 Vgl. Fenner, *Glück*, 376.
320 Vgl. Adler, *Lebenskenntnis*, 15 f.
321 Steiner, *Wie man Lebenspläne verändert*, 11.
322 Vgl. ebd., 106 ff.
323 Ebd., 91.
324 Vgl. dazu Pieper, *Glückssache*, 29 f.
325 Vgl. Rheinberg, *Motivation*, 169.
326 Vgl. Steinfath, Selbstbejahung, Selbstreflexion und Sinnbedürfnis, 80.
327 Höffe, Personale Bedingungen eines sinnerfüllten Lebens, 420.
328 Vgl. ders., *Das Glück*, 51.
329 Vgl. Steiner, *Wie man Lebenspläne verändert*, 38.
330 Höffe, *Das Glück*, 19.
331 Vgl. dazu Fenner, *Glück*, 469 ff.
332 Fromm, *Psychoanalyse und Ethik*, 148.
333 Gewirth, *Self-Fulfillment*, 3.
334 Vgl. ebd., 13 f.
335 Ebd., 15.
336 Vgl. die vier hauptsächlichen psychologischen Selbstverwirklichungsmodelle in: Fenner, *Glück*, 407–475.
337 Vgl. Gewirth, *Self-Fulfillment*, 8.
338 Vgl. Gerhardts Einwände in: *Kritik des Moralverständnisses*, 38.
339 Vgl. Gewirth, *Self-Fulfillment*, 12.

340 Vgl. dazu ebd., 13.
341 Vgl. Höffe, *Das Glück*, 41 f.
342 Vgl. Aristoteles, *Nikomachische Ethik*, 1097b, 21–1098a, 20.
343 Vgl. ebd., 1177a, 19–1179a, 32.
344 Vgl. dazu Gewirth, *Self-Fulfillment*, 10 f.
345 Vgl. Stemmer, Was es heißt, ein gutes Leben zu leben, 52.
346 Vgl. dazu Höffe, *Das Glück*, 42.
347 Ebd., 43.
348 Theunissen, Selbstverwirklichung und Allgemeinheit, 2.
349 Vgl. Inglehart, *Kultureller Umbruch* und Klages, *Wertorientierungen im Wandel*.
350 Vgl. Kleiter, Egozentrismus, Selbstverwirklichung und Moral, 29–34.
351 Theunissen, Selbstverwirklichung und Allgemeinheit, 2.
352 Vgl. Sader/Weber, *Psychologie der Persönlichkeit*, 153.
353 Vgl. Frankl, *Logotherapie und Existenzanalyse*, 90.
354 Vgl. Mead, *Geist, Identität und Gesellschaft*, 207–229.
355 Vgl. Sartre, *Das Sein und das Nichts*, 132–160.
356 Vgl. Kierkegaard, *Die Krankheit zum Tode*, 48–72.
357 Vgl. etwa Krämer, Selbstverwirklichung, 96.
358 Ebd., 111 f.
359 Vgl. Sartre, *Das Sein und das Nichts*, 804 f.
360 Pieper, *Glückssache*, 28.
361 In diese Richtung geht auch Gewirths Interpretation in: *Self-Fulfillment*, 27.
362 Ebd., 23.
363 Vgl. ebd., 64.
364 Vgl. dazu Steinfath, *Orientierung am Guten*, 394.
365 Höffe, Personale Bedingungen eines sinnerfüllten Lebens, 414.
366 Vgl. Mayring, *Psychologie des Glücks*, 85.
367 Gerhardt, *Zur Kritik des Moralverständnisses*, 63.
368 Frankl, *Logotherapie und Existenzanalyse*, 103.
369 Vgl. ders., *Der leidende Mensch*, 15.
370 Vgl. dazu ders., *Integrative Ethik*, 146.
371 Vgl. Mead, *Geist, Identität und Gesellschaft*, 177–244.
372 Vgl. beispielsweise Kapitel 2.4, zur Systematik allgemein Steinfath, Die Thematik des guten Lebens in der gegenwärtigen philosophischen Diskussion, 17–23.
373 Artikel „Güter", in: Höffe, *Lexikon der Ethik*, 120.
374 Ebd.
375 Vgl. Aristoteles, *Nikomachische Ethik*, 1098b, 12–17.
376 Steinfath, Die Thematik des guten Lebens in der gegenwärtigen philosophischen Diskussion, 21.
377 Vgl. dazu Fenner, *Glück*, 63 f.
378 Tatarkiewicz, *Über das Glück*, 36.
379 Bellebaum, Glücksangebote in der Alltagswelt, 210.
380 Vgl. ebd.
381 Taylor, *Negative Freiheit?*, 282.
382 Kamlah, *Philosophische Anthropologie*, 47.
383 Vgl. Pankoke, Modernität des Glücks, 78.
384 Vgl. Bellebaum, der diese Glücksvorstellung verteidigt, in: Glücksangebote in der Alltagswelt, 217.
385 Fürstenberg, Soziale Muster der Realisierung von Glückserwartungen, 66.
386 Vgl. Klein, *Die Glücksformel*, 234 f.
387 Vgl. Mayring, *Psychologie des Glücks*, 33.
388 Zapf, Individuelle Wohlfahrt, 24 f.
389 Baurmann/Kliemt, *Glück und Moral*, 77.
390 Vgl. Mayring, *Psychologie des Glücks*, 54 f.

Anmerkungen zu den Seiten 109–125

391 Vgl. Prisching, Das wohlfahrtsstaatliche Weltbild, 72 f.
392 Vgl. Klein, *Die Glücksformel*, 233 f.
393 Vgl. Glatzer, Einkommensverteilung und Einkommenszufriedenheit, 55.
394 Vgl. Seel, Glück, 148.
395 Mayring, *Psychologie des Glücks*, 31.
396 Vgl. Nussbaum, Menschliches Tun und soziale Gerechtigkeit, 222 f.
397 Vgl. Klein, *Die Glücksformel*, 264–268.
398 Vgl. Höhler, *Das Glück*, 213 f.
399 Vgl. Sen, *Der Lebensstandard*, 37.
400 Ebd.
401 Aristoteles, *Nikomachische Ethik*, 1099a, 32.
402 Ders., *Politik*, 1332a, 26.
403 Vgl. ders., *Nikomachische Ethik*, 1099b, 4.
404 Vgl. ebd., 1177b, 22.
405 Seneca, *Vom glückseligen Leben*, 5. Abschnitt.
406 Vgl. Artikel „Güter", in: Höffe, *Lexikon der Ethik*, 120.
407 Vgl. Gerster, Ansichten über Lebensqualität, 236.
408 Glatzer/Zapf, *Lebensqualität in der Bundesrepublik* (Vorwort), 7.
409 Vgl. Artikel „Lebensqualität", in: Höffe, *Lexikon der Ethik*, 171.
410 Vgl. etwa Krämer, *Integrative Ethik*, 228.
411 Vgl. Rheinberg, *Motivation*, 41 ff.
412 Vgl. Lederer, Bedürfnisse – ein Gegenstand der Bedürfnisforschung?, 13 f.
413 Vgl. Steigleder, *Grundlegung der normativen Ethik*, 54.
414 Vgl. Maslow, *Motivation und Persönlichkeit*, 74.
415 Vgl. ebd., 74–89.
416 Vgl. ebd., 104 f.
417 Vgl. Krebs, Werden Menschen schwanger?, 236 f.
418 Vgl. Krämer, *Integrative Ethik*, 230.
419 Vgl. Galtung, *Menschenrechte – anders gesehen*, 114.
420 Maslow, *Motivation und Persönlichkeit*, 79 ff.
421 Vgl. Seel, *Versuch über die Form des Glücks*, 83 f.
422 Vgl. Maslow, *Motivation und Persönlichkeit*, 85 f.
423 Vgl. ebd., 96.
424 Vgl. ebd., 87.
425 Ebd., 88.
426 Ebd., 155.
427 Vgl. Schmerl, *Sozialisation und Persönlichkeit*, 2 f.
428 Artikel „Mensch", in: Höffe, *Lexikon der Ethik*, 195.
429 Vgl. dazu Lederer, Bedürfnisse – ein Gegenstand der Bedürfnisforschung?, 16.
430 Marcuse, *Der eindimensionale Mensch*, 25.
431 Vgl. dazu Meixner, Manipuliert die Werbung?, 83.
432 Hondrich, Anspruchsinflation, Wertwandel, Bedürfnismanipulation, 98.
433 Vgl. ebd., 95 f.
434 Vgl. Meyer-Abich, Kritik und Bildung der Bedürfnisse, 65.
435 Nussbaum, *Gerechtigkeit oder das gute Leben*, 187.
436 Vgl. die Terminologie von Gewirth in: Steigleder, *Grundlegung der normativen Ethik*, 51.
437 Vgl. Nussbaum, *Gerechtigkeit oder das gute Leben*, 189.
438 Die Liste findet sich ebd., 200 f., und alle Zitate sind dieser Passage entnommen.
439 Vgl. Seel, *Versuch über die Form des Glücks*, 139 ff.
440 Vgl. ebd., 84 f.
441 Vgl. ebd., 165–170.
442 Vgl. Fenner, *Glück*, 389 f.
443 Vgl. Seel, *Versuch über die Form des Glücks*, 150–158.

444 Vgl. ebd., 142–150.
445 Vgl. ebd., 146f.
446 Vgl. ebd., 159–165.
447 Vgl. zur Philosophie der Freiheit Fenner, Ist die negative Freiheit ein Irrtum?, 99–132.
448 Nussbaum, *Gerechtigkeit oder das gute Leben*, 194.
449 Ebd., 60.
450 Vgl. ebd., 78.
451 Ebd., 60.
452 Vgl. Seel, *Versuch über die Form des Glücks*, 85.
453 Seel, Wege einer Philosophie des Glücks, 121.
454 Maslow, *Motivation und Persönlichkeit*, 379.
455 Vgl. Pauer-Studer, Einleitung zu Nussbaum, *Gerechtigkeit oder das gute Leben*, 9–14.
456 Nussbaum, ebd., 189.
457 Ebd.
458 Dies., Menschliches Tun und soziale Gerechtigkeit, 228f.
459 Dies., *Gerechtigkeit oder das gute Leben*, 96.
460 Vgl. ebd., 43.
461 Vgl. Krebs, Werden Menschen schwanger?, 239.
462 Vgl. Steigleder, *Grundlegung der normativen Ethik*, 51.
463 Ebd., 161f.
464 Vgl. Krebs, Werden Menschen schwanger?, 240f.
465 Nussbaum, *Gerechtigkeit oder das gute Leben*, 123.
466 Steinfath, Die Thematik des guten Lebens in der gegenwärtigen philosophischen Diskussion, 22.
467 Vgl. dazu Mayring, *Psychologie des Glücks*, 76.
468 Becker, *Seelische Gesundheit und Verhaltenskontrolle*, 34.
469 Vgl. Hornung/Gutscher, Gesundheitspsychologie, 75.
470 Vgl. Lückert, *Einführung in die kognitive Verhaltenstherapie*, 163.
471 Vgl. zu dieser Unterscheidung Schwenkmezger, Gesundheitspsychologie, 56.
472 Vgl. Sader/Weber, *Psychologie der Persönlichkeit*, 145.
473 Vgl. Becker, *Seelische Gesundheit und Verhaltenskontrolle*, 209.
474 Vgl. ebd.
475 Höffe, *Das Glück*, 50.
476 Vgl. Haußer, *Identitätsentwicklung*, 91.
477 Vgl. ebd., 92.
478 Vgl. Erikson, *Identität und Lebenszyklus*, 62.
479 Bien, Über das Glück, 42.
480 Vgl. Rüdiger/Blomert, *Coping*, 19.
481 Vgl. ebd., 100–218.
482 Vgl. ebd., 109 und 185.
483 *Vgl. Mayring, Psychologie des Glücks*, 85.
484 Vgl. exemplarisch Schwenkmezger, Gesundheitspsychologie, 54.
485 Vgl. Laertius, *Leben und Meinungen berühmter Philosophen*, VII, 110ff.
486 Vgl. Zeier, *Arbeit, Glück und Langeweile*, 81.
487 Vgl. zu dieser Differenz Gewirth, *Self-Fulfillment*, 52f. oder Bayertz, *Warum überhaupt moralisch sein?*, ausschließen. Zum z S. 214f.
488 Vgl. Henecka, *Grundkurs Soziologie*, 65ff.
489 Luckner, *Klugheit*, 33.
490 Vgl. ebd., S. 31.
491 Vgl. dazu Pieper, *Glückssache*, 10.
492 Vgl. Fenner, *Glück*, 621.
493 Vgl. ebd., 227ff.

494 Höffe, *Aristoteles*, 219.
495 Vgl. dazu Fenner, *Glück*, 150.
496 Vgl. ebd., 620 f.
497 Vgl. Mayring, *Psychologie des Glücks*, 92 f.
498 Artikel „Glück", in: Höffe, *Lexikon der Ethik*, 112.
499 Vgl. zur Differenz von (antikem) Erfüllungs- und (modernem) Empfindungsglück Horn, *Antike Lebenskunst*, 65.
500 Vgl. dazu Kapitel 4.3.
501 Rawls, *Eine Theorie der Gerechtigkeit*, 447.
502 Vgl. Seel, *Versuch über die Form des Glücks*, 99 f.
503 Ebd., 417.
504 Vgl. zu dieser Position Krämer, *Integrative Ethik*, 108 f.
505 Thurnherr, *Vernetzte Ethik*, 43.
506 Vgl. ebd., 45.
507 Vgl. Henecka, *Grundkurs Soziologie*, 135 ff. sowie Bayertz, *Warum überhaupt moralisch sein?*, 131.
508 Vgl. zu den folgenden Ausführungen Höffe, *Das Glück*, 52 f.
509 Ebd., 53.
510 Theunissen, *Selbstverwirklichung und Allgemeinheit*, 27.
511 Vgl. ebd., 38.
512 Ebd., 46.
513 Kambartel, Universalität als Lebensform, 20.
514 Ebd., 19.
515 Vgl. Höffe, *Das Glück*, 53.
516 So fordert es Theunissen in: *Selbstverwirklichung und Allgemeinheit*, 49.
517 Vgl. Höffe, *Das Glück*, 53.
518 Vgl. Taylor, *Negative Freiheit?*, 118.
519 Ebd.
520 Vgl. Kapitel 5.3, 127.
521 Taylor, *Negative Freiheit?*, 10.
522 Vgl. ebd., 137.
523 Vgl. Taylor, *Quellen des Selbst*, 60 ff.
524 MacIntyre, *Der Verlust der Tugend*, 297.
525 Ebd., 294.
526 Vgl. zu den Rollentheorien Fenner, *Glück*, 509–513.
527 Vgl. exemplarisch Taylor, *Negative Freiheit?*, 175 f.
528 MacIntyre, *Der Verlust der Tugend*, 296.
529 Taylor, *Negative Freiheit?*, 144.
530 Vgl. ebd., 125.
531 Vgl. zur zweiten Position Taylor, *Quellen des Selbst*, 138 f.
532 Ders., *Negative Freiheit?*, 159.
533 Vgl. zu diesem Beispiel Kymlicka, *Politische Philosophie heute*, 171.
534 Vgl. ebd., 172.
535 Vgl. MacIntyre, *Der Verlust der Tugend*, 296.
536 Vgl. Taylor, *Negative Freiheit?*, 131 ff.
537 Vgl. Früchtl, *Spielerische Selbstbeherrschung*, 133.
538 Vgl. Taylor, *Negative Freiheit?*, 158.
539 Horn, *Einführung in die politische Philosophie*, 99.
540 Vgl. Seel, *Das Gute und das Richtige*, 227.
541 Ders., *Versuch über die Form des Glücks*, 194.
542 Vgl. dazu Honneth, *Kampf um Anerkennung*, 278 f.
543 Vgl. Seel, *Versuch über die Form des Glücks*, 196 und 204 f.
544 Vgl. ebd., 208.
545 Vgl. ebd., 205.

546 Vgl. dazu Honneth, *Kampf um Anerkennung*, 45 f.
547 Ebd., 284.
548 Vgl. Taylor, *Multikulturalismus und die Politik der Anerkennung*.
549 Vgl. Luckner, *Klugheit*, 31 f.
550 Vgl. Platons Tyrannen-Beispiel in: *Politeia*, 576b–580c.
551 Vgl. dazu Bayertz, *Warum überhaupt moralisch sein?*, 165 f.
552 Vgl. ebd., 443d.
553 Vgl. dazu Höffe, *Das Glück*, 54.
554 Vgl. Seel, *Versuch über die Form des Glücks*, 234.
555 Vgl. zu den folgenden Ausführungen ebd., 223.
556 Vgl. Seel, *Das Gute und das Richtige*, 233.
557 Vgl. ebd., 230 f.
558 Vgl. Hossenfelder, Die Rolle des Glückbegriffs in der Moralphilosophie, 181 f.
559 Ebd., 184.
560 Vgl. dazu ebd., 185 f.
561 Vgl. Gewirth, *Self-Fulfillment*, 71–76.
562 Vgl. zum folgenden „dialektischen" Argumentationsgang ebd., 80–87.
563 Ebd., 84.
564 Vgl. die Diskussion verschiedener Einwände in: Steigleder, *Grundlegung der normativen Ethik*, 77–108.
565 Vgl. Annas, *The Morality of Happiness*, 223 ff.
566 Spaemann, *Glück und Wohlwollen*, 129.
567 Vgl. Aristoteles, *Nikomachische Ethik*, Buch 9, insbes. 1166a,3 ff.
568 Spaemann, Die Zweideutigkeit des Glücks, 32 f.
569 Vgl. Höffe, *Glück*, 50.
570 Vgl. Artikel „Wohlwollen", in: Höffe, *Lexikon der Ethik*, 346.
571 Vgl. Spaemann, *Glück und Wohlwollen*, 130 f. und 148.
572 Ebd., 147.
573 Artikel „Wohlwollen", in: Höffe, *Lexikon der Ethik*, 346.
574 Vgl. die Einwände von Krämer, in: *Integrative Ethik*, 118.
575 Dieses Dilemma formuliert Krämer, ebd.
576 Vgl. als exemplarische Gegenstimme Bittner, Liebe – eine Pflicht? Eine Tugend? Keins von beiden?
577 Vgl. zur „Mesotes"-Lehre Aristoteles, *Nikomachische Ethik*, 2. Buch, Kapitel 5–7.
578 Vgl. Kymlicka, *Politische Philosophie heute*, 228 ff.
579 Vgl. zu weiteren Begriffsdifferenzierungen den Artikel „Wohlwollen", in: Höffe, *Lexikon der Ethik*, 346.
580 In Horns Klassifikationsschema zum Verhältnis von Glück und Moral mit den vier Modellen: „Koinzidenzthese", „Harmoniethese", „Dissonanzthese" und „Unvereinbarkeitsthese" würde ich damit für eine „Harmoniethese" („Nezessitätsthese") optieren. Vgl. Horn, Glück/Wohlergehen, 379 f.

Literatur

Adler, Alfred, *Lebenskenntnis*, Frankfurt a. M. 1978.
Allport, Gordon W., *Gestalt und Wachstum in der Persönlichkeit*, Meisenheim am Glan 1970.
Annas, Julia A., *The Morality of Happiness*, New York/Oxford 1993.
Aristoteles, *Nikomachische Ethik*, München 1991.
Aristoteles, *Politik*, Stuttgart 1993.
Aristoteles, *Protreptikos. Hinführung zur Philosophie*, Darmstadt 2005.
Arnim, Hans von, *Stoicorum veterum fragmenta*, Vol. 3, Stuttgart 1964.

Baurmann, Michael/ Hartmut Kliemt, *Glück und Moral. Arbeitstexte für den Unterricht*, Stuttgart 1987.
Bayertz, Kurt, *Warum überhaupt moralisch sein?*, München 2004.
Becker, Peter, *Seelische Gesundheit und Verhaltenskontrolle – eine integrative Persönlichkeitstheorie und ihre klinische Anwendung*, Göttingen 1995.
Bell, Daniel, *Die kulturellen Widersprüche des Kapitalismus*, Frankfurt a. M./New York 1991.
Bellebaum, Alfred, Glücksangebote in der Alltagswelt, in: Alfred Bellebaum (Hrsg.), *Glück und Zufriedenheit*, Opladen 1992, S. 209–220.
Bentham, Jeremy, Eine Einführung in die Prinzipien der Moral und der Gesetzgebung, in: Otfried Höffe (Hrsg.), *Einführung in die utilitaristische Ethik*, Tübingen 1992, S. 55–83.
Bien, Günther (Hrsg.), *Die Frage nach dem Glück*, Stuttgart-Bad Cannstatt 1978, Einleitung, S. IX–XIX.
Bien, Günther, Über das Glück, in: Joachim Schummer (Hrsg.), *Glück und Ethik*, Würzburg 1998, S. 23–46.
Bittner, Rüdiger, Liebe – eine Pflicht? Eine Tugend? Keins von beiden?, in: Sabine A. Döring/Verena Mayer (Hrsg.), *Die Moralität der Gefühle*, Berlin 2002, S. 229–238.
Bowi, Ulrike, *Der Einfluss von Motiven auf Zielsetzung und Zielrealisierung*, Diss. Universität Heidelberg 1990.

Camus, Albert, *Der Mythos von Sisyphos. Ein Versuch über das Absurde*, Hamburg 1959.
Csikszentmihalyi, Mihaly, *Flow. Das Geheimnis des Glücks*, Stuttgart 1992.

Epikur, *Briefe. Sprüche. Werkfragmente*, Stuttgart 1997 (darin bes.: Brief an Menoikeus, Brief an Herodot, Hauptlehrsätze).
Erikson, Erik H., *Identität und Lebenszyklus*, Frankfurt a. M. 1966.

Fenner, Dagmar, *Glück. Grundriss einer integrativen Lebenswissenschaft*, Freiburg/ München 2003.
Fenner, Dagmar, Glück oder Moral? Zur Verhältnisbestimmung von Individual- und Sozialethik, in: *Zeitschrift für philosophische Forschung*, 3/2004, Bd. 58, S. 428–446.
Fenner, Dagmar, Philosophie als Therapie? Geistige Übungen im Zeitalter des Hellenismus, in: *Conceptus. Zeitschrift für Philosophie*, 2004, S. 97–104.

Fenner, Dagmar, *Philosophie contra Psychologie? Zur Verhältnisbestimmung von Philosophischer Praxis und Psychotherapie*, Tübingen/Basel 2005.
Fenner, Dagmar, Der Mensch auf der Suche nach dem Sinn des Lebens. Die menschliche Sinnfrage im Rahmen von Camus' Theorie des Absurden, in: *Allgemeine Zeitschrift für Philosophie*, 1/2006, S. 79–100.
Fenner, Dagmar, Ist die negative Freiheit ein Irrtum? Berlins Konzept „negativer Freiheit" im Kontrast zu Taylors Gegenentwurf „positiver Freiheit", in: *Perspektiven der Philosophie. Neues Jahrbuch* 2006, 32, S. 99–132.
Forschner, Maximilian, *Über das Glück des Menschen*, Darmstadt 1993.
Forschner, Maximilian, Über das Vergnügen naturgemäßen Tuns, in: Joachim Schummer (Hrsg.), *Glück und Ethik*, Würzburg 1998, S. 147–168.
Frankfurt, Harry, Willensfreiheit und der Begriff der Person, in: Peter Bieri (Hrsg.), *Analytische Philosophie des Geistes*, Königstein 1981, S. 287–302.
Frankl, Viktor, *Der Wille zum Sinn*, Bern/Stuttgart/Wien 1992.
Frankl, Viktor, *Logotherapie und Existenzanalyse*, Berlin/München 1994.
Frankl, Viktor, *Der leidende Mensch. Anthropologische Grundlagen der Psychotherapie*, Bern 1996.
Freud, Sigmund, *Das Unbehagen in der Kultur und andere kulturtheoretische Schriften*, Frankfurt a. M. 1994.
Fromm, Erich, *Haben oder Sein. Die seelischen Grundlagen einer neuen Gesellschaft*, München 1987.
Fromm, Erich, *Psychoanalyse und Ethik. Bausteine zu einer humanistischen Charakterologie*, München 1995.
Früchtl, Josef, Spielerische Selbstbeherrschung, in: Holmer Steinfath (Hrsg.), *Was ist ein gutes Leben?*, Frankfurt a. M. 1998, S. 124–148.
Fürstenberg, Friedrich, Soziale Muster der Realisierung von Glückserwartungen, in: Herbert Kundler (Hrsg.), *Anatomie des Glücks*, Köln 1971, S. 58–70.

Galtung, Johan, *Menschenrechte – anders gesehen*, Frankfurt a. M. 1994.
Gerhardt, Gerd, *Kritik des Moralverständnisses*, Bonn 1989.
Gerster, Florian, Ansichten über Lebensqualität, in: Alfred Bellebaum/Klaus Barheier (Hrsg.), *Lebensqualität*, Opladen 1994, S. 235–246.
Gewirth, Alan, *Self-Fulfillment*, Princeton 1998.
Glatzer, Wolfgang/Wolfgang Zapf (Hrsg.), *Lebensqualität in der Bundesrepublik*, Frankfurt a. M./New York 1984, Einleitung, S. 7–12.
Glatzer, Wolfgang, Einkommensverteilung und Einkommenszufriedenheit, in: Wolfgang Glatzer/ Wolfgang Zapf (Hrsg.), *Lebensqualität in der Bundesrepublik*, Frankfurt a. M./New York 1984, S. 45–72.
Griffin, James, *Well-being, Its Meaning, Measurement, And Moral Importance*, Oxford 1986.

Habermas, Jürgen, *Die Einbeziehung des Anderen*, Frankfurt a. M. 1999.
Hadot, Pierre, *Wege zur Weisheit oder Was lehrt uns die antike Philosophie?*, Frankfurt a. M. 1999.
Haußer, Karl, *Identitätsentwicklung*, New York 1983.
Heidegger, Martin, *Sein und Zeit*, Tübingen 1986.
Henecka, Hans Peter, *Grundkurs Soziologie*, 6. Aufl., Opladen 1997.
Heuberger, Frank, *Problemlösendes Handeln. Zur Handlungs- und Erkenntnistheorie von Georg Herbert Mead, Alfred Schütz und Charles Sanders Peirce*, Frankfurt a. M. 1992.
Hillig, Axel (Bearb.), *Die Psychologie* (Schülerduden), Mannheim/Leipzig u.a. 1996.
Höffe, Otfried (Hrsg.), *Einführung in die utilitaristische Ethik*, Tübingen 1992.

Literatur

Höffe, Otfried, Personale Bedingungen eines sinnerfüllten Lebens, in: Rolf Kühn/ Hilarion Petzold (Hrsg.), *Psychotherapie und Philosophie*, Paderborn 1992, S. 395–422.
Höffe, Otfried, *Das Glück*. Kurseinheit 1 des Studienbriefs „Persönliches Glück und politische Gerechtigkeit", Fernuniversität Hagen 2004.
Höffe, Otfried, *Aristoteles*, München 1996.
Höffe, Otfried (Hrsg.), *Lexikon der Ethik*, München 1997.
Höhler, Gertrud, *Das Glück. Analyse einer Sehnsucht*, Düsseldorf 1981.
Hondrich, Karl-Otto, Anspruchsinflation, Wertwandel, Bedürfnismanipulation, in: Karl-Otto Hondrich/Randolph Vollmer (Hrsg.), *Bedürfnisse im Wandel*, Opladen 1983, S. 75–100.
Honneth, Axel, *Kampf um Anerkennung. Zur Grammatik sozialer Konflikte*, Frankfurt a. M. 1998.
Horn, Christoph, *Antike Lebenskunst. Glück und Moral von Sokrates bis zu den Neuplatonikern*, München 1998.
Horn, Christoph, Glück/Wohlergehen, in: Marcus Düwell, Christoph Hübenthal und Micha H. Werner (Hrsg.), *Handbuch Ethik*, Stuttgart/Weimar 2002, S. 375–380.
Horn, Christoph, *Einführung in die politische Philosophie*, Darmstadt 2003.
Hornung, Rainer/Heinz Gutscher, Gesundheitspsychologie. Die sozialpsychologische Perspektive, in: Peter Schwenkmezger/DieterBorgers, *Lehrbuch der Gesundheitspsychologie*, Stuttgart 1994, S. 65–87.
Hossenfelder, Malte, *Epikur*, München 1991.
Hossenfelder, Malte, Die Rolle des Glücksbegriffs in der Moralphilosophie, in: Joachim Schummer (Hrsg.), *Glück und Ethik*, Würzburg 1998, S. 169–188.
Hügli, Anton, Mutmaßungen über den Ort des Glücks in der Ethik der Neuzeit, in: Emil Angehrn/Bernhard Baertschi (Hrsg.), Die Philosophie und die Frage nach dem Glück, Bern/Stuttgart/Wien 1997, S. 33–64.

Inglehart, Ronald, *Kultureller Umbruch. Wertwandel in der westlichen Welt*, Frankfurt a. M./New York 1989.

Kambartel, Friedrich, Universalität als Lebensform, in: Willi Ölmüller (Hrsg.), *Normenbegründung und Normendurchsetzung*, Paderborn 1978, Bd. 2, S. 11–21 (vgl. auch S. 159–183).
Kamlah, Wilhelm, *Philosophische Anthropologie*, Mannheim/Wien/Zürich 1972.
Kant, Immanuel, *Werkausgabe in 12 Bänden*, hrsg. von Wilhelm Weischedel, Frankfurt a. M. 1974, Bd. 3 und 4: Kritik der reinen Vernunft, Bd. 7: Kritik der praktischen Vernunft. Grundlegung zur Metaphysik der Sitten, Bd. 10: Kritik der Urteilskraft.
Kierkegaard, Sören, *Entweder – Oder*, Bd. 1 und 2, München 1986.
Kierkegaard, Sören, *Die Krankheit zum Tode*, Hamburg 1991.
Klages, Helmut, *Wertorientierungen im Wandel*, Frankfurt a. M./New York 1985.
Klein, Stefan, *Die Glücksformel oder Wie die guten Gefühle entstehen*, Reinbek bei Hamburg 2002.
Kleiter, Ekkehard, *Egozentrismus, Selbstverwirklichung und Moral*, Bd. 1, Weinheim 1999.
Krämer, Hans, Selbstverwirklichung, in: Günther Bien (Hrsg.), *Die Frage nach dem Glück*, Stuttgart-Bad Cannstatt 1978, S. 21–44; vgl. in: Holmer Steinfath (Hrsg.), *Was ist ein gutes Leben?*, Frankfurt a. M. 1998, S. 94–123.
Krämer, Hans, *Integrative Ethik*, Frankfurt a. M. 1992.
Krebs, Angelika, Werden Menschen schwanger? Das „gute menschliche Leben" und die Geschlechterdifferenz, in: Holmer Steinfath (Hrsg.), *Was ist ein gutes Leben?*, Frankfurt a. M. 1998, S. 235–247.

Kymlicka, Will, *Politische Philosophie heute. Eine Einführung*, Frankfurt a. M./New York 1997.

Laertius, Diogenes, *Leben und Meinungen berühmter Philosophen*, Hamburg 1998.
Lederer, Katrin, Bedürfnisse – ein Gegenstand der Bedürfnisforschung?, in: Klaus Meyer-Abich/Dieter Birnbacher (Hrsg.), *Was braucht der Mensch, um glücklich zu sein*, München 1979, S. 11–29.
Luckner, Andreas, *Klugheit*, Berlin 2005.
Lückert, Heinz-Rolf/Inge Lückert, *Einführung in die kognitive Verhaltenstherapie. Allgemeine Grundlagen*, München 1994.

MacIntyre, Alasdair, *Der Verlust der Tugend. Zur moralischen Krise der Gegenwart*, Frankfurt a. M. 1995.
Marcuse, Herbert, *Der eindimensionale Mensch. Studien zur Ideologie de fortgeschrittenen Industriegesellschaft*, Frankfurt a. M. 1970.
Maslow, Abraham H., *Motivation und Persönlichkeit*, Olten 1977.
Mayring, Philipp, *Psychologie des Glücks*, Stuttgart/Berlin/Köln 1991.
Mayring, Philipp/Dieter Ulich, *Psychologie der Emotionen*, Stuttgart/Berlin/Köln 1992.
Mead, George H., *Geist, Identität und Gesellschaft*, Frankfurt a. M. 1993.
Meixner, Horst, Manipuliert die Werbung?, in: Klaus Meyer-Abich/Dieter Birnbacher (Hrsg.), *Was braucht der Mensch, um glücklich zu sein*, München 1979, S. 78–100.
Meyer-Abich, Klaus M., Kritik und Bildung der Bedürfnisse, in: Klaus Meyer-Abich/Dieter Birnbacher (Hrsg.), *Was braucht der Mensch, um glücklich zu sein*, München 1979, S. 58–77.
Mill, John Stuart, *Der Utilitarismus*, Stuttgart 1991.

Nietzsche, Friedrich, *Kritische Studienausgabe*, hrsg. von Giorgio Colli/Mazzino Montinari, München 1988, Bd.1: Unzeitgemäße Betrachtungen u. a., Bd. 2: Menschliches, Allzumenschliches I und II.
Nozick, Robert, *Anarchy, State and Utopia*, New York 1974.
Nussbaum, Martha C., Menschliches Tun und soziale Gerechtigkeit, in: Holmer Steinfath (Hrsg.), *Was ist ein gutes Leben?*, Frankfurt a. M. 1998, S. 196–234.
Nussbaum, Martha C., *Gerechtigkeit oder das gute Leben*, Frankfurt a. M. 1999.

Pankoke, Eckart, Modernität des Glücks zwischen Spätaufklärung und Frühsozialismus, in: Alfred Bellebaum/Klaus Barheier (Hrsg.), *Glücksvorstellungen*, Opladen 1997, S. 75–105.
Pauer-Studer, Herlinde, Einleitung zu Martha C. Nussbaum, *Gerechtigkeit oder das gute Leben*, Frankfurt a. M. 1999, S. 7–23.
Pieper, Annemarie, *Geschichte und Ewigkeit bei Sören Kierkegaard. Das Leitproblem der pseudonymen Schriften*, Meisenheim am Glan 1968.
Pieper, Annemarie, *Glückssache. Die Kunst, gut zu leben*, Hamburg 2001.
Platon, *Sämtliche Werke in 10 Bänden*, hrsg. von Karlheinz Hülser, Frankfurt a. M./Leipzig 1991 (zitiert nach der Stephanus-Paginierung), Bd. 1: Apologie des Sokrates u. a., Bd. 2: Gorgias u. a., Bd. 3: Menon, Bd. 4: Philebos u. a., Bd. 5: Politeia.
Prisching, Manfred, Das wohlfahrtsstaatliche Weltbild, in: Alfred Bellebaum/Klaus Barheier (Hrsg.), *Lebensqualität*, Opladen 1994, S. 41–81.

Quante, Michael, *Einführung in die Allgemeine Ethik*, Darmstadt 2003.

Literatur

Rawls, John, *Eine Theorie der Gerechtigkeit*, Frankfurt a. M. 1979.
Rentsch, Thomas, *Die Konstitution der Moralität. Transzendentale Anthropologie und praktische Philosophie*, Frankfurt a. M. 1990.
Rheinberg, Falko, *Motivation*, Stuttgart/Berlin/Köln 1997.
Ricken, Friedo, *Allgemeine Ethik*, Stuttgart/Berlin/Köln 1998.
Rüger, Ulrich/Albert Franz Blomert/Wolfgang Förster (Hrsg.), *Coping. Theoretische Konzepte, Forschungsansätze, Messinstrumente zur Krankheitsbewältigung*, Göttingen 1990.
Sader, Manfred/Hannelore Weber, *Psychologie der Persönlichkeit*, Weinheim/München 1996.
Sartre, Jean-Paul, *Das Sein und das Nichts. Versuch einer phänomenologischen Ontologie*, Reinbek bei Hamburg 1991.
Schaber, Peter, Gründe für eine objektive Theorie des menschlichen Wohls, in: Holmer Steinfath (Hrsg.), *Was ist ein gutes Leben?*, Frankfurt a. M. 1998, S. 149–166.
Schmerl, Christiane, *Sozialisation und Persönlichkeit*, Stuttgart 1978.
Schopenhauer, Arthur, *Die Welt als Wille und Vorstellung*, Bd. 1 und 2 (zitiert nach der Kritischen Edition von Arthur Hübscher), Stuttgart 1987.
Schulze, Gerhard, *Die Erlebnisgesellschaft. Eine Kultursoziologie der Gegenwart*, Frankfurt a. M./New York 1995.
Schulze, Gerhard, *Kulissen des Glücks. Streifzüge durch die Eventkultur*, Frankfurt a. M./New York 1999
Schwenkmezger, Peter, Gesundheitspsychologie. Die persönlichkeitspsychologische Perspektive, in: Peter Schwenkmezger/Dieter Borgers, *Lehrbuch der Gesundheitspsychologie*, Stuttgart 1994, S. 47–64.
Seel, Martin, Das Gute und das Richtige, in: Christoph Menke/Martin Seel (Hrsg.), *Zur Verteidigung der Vernunft gegen ihre Liebhaber und Verächter*, Frankfurt a. M. 1993, S. 219–241.
Seel, Martin, Glück, in: Heiner Hasted/Ekkehard Martens (Hrsg.), *Ethik. Ein Grundproblem*, Reinbek bei Hamburg 1994, S. 145–163.
Seel, Martin, *Versuch über die Form des Glücks*, Frankfurt a. M. 1995.
Seel, Martin, *Ethisch-ästhetische Studien*, Frankfurt a. M. 1996.
Seel, Martin, Wege einer Philosophie des Glücks, in: Joachim Schummer (Hrsg.), *Glück und Ethik*, Würzburg 1998, S. 109–124.
Sen, Amartya, *Der Lebensstandard*, Hamburg 2000.
Seneca, L. Annaeus, *Vom glückseligen Leben und andere Schriften*, Stuttgart 1993.
Sennett, Richard, *Verfall und Ende des öffentlichen Lebens. Die Tyrannei der Intimität*, Frankfurt a. M. 1986.
Singer, Peter, *Praktische Ethik*, Stuttgart 2002.
Spaemann, Robert, *Glück und Wohlwollen. Versuch über Ethik*, Stuttgart 1989.
Spaemann, Robert, Die Zweideutigkeit des Glücks, in: Walther Zimmerli (Hrsg.), *Zweckmäßigkeit und menschliches Glück*, Bamberg 1994, S. 15–34.
Spaemann, Robert, *Philosophische Essays*. Erweiterte Ausgabe, Stuttgart 1994.
Steigleder, Klaus, *Grundlegung der normativen Ethik. Der Ansatz von Alan Gewirth*, Freiburg 1999.
Steiner, Claude, *Wie man Lebenspläne verändert*, Paderborn 2000.
Steinfath, Holmer (Hrsg.), *Was ist ein gutes Leben?*, Frankfurt a. M. 1998.
Steinfath, Holmer, Einführung. Die Thematik des guten Lebens in der gegenwärtigen philosophischen Diskussion, in: ders. (Hrsg.), *Was ist ein gutes Leben?*, Frankfurt a. M. 1998, S. 7–31.
Steinfath, Holmer, Selbstbejahung, Selbstreflexion und Sinnbedürfnis, in: ders. (Hrsg.), *Was ist ein gutes Leben?*, Frankfurt a. M. 1998, S. 73–93.
Steinfath, Holmer, *Orientierung am Guten*, Frankfurt a. M. 2001.

Stemmer, Peter, Was es heißt, ein gutes Leben zu leben, in: Holmer Steinfath (Hrsg.), *Was ist ein gutes Leben?*, Frankfurt a. M. 1998, S. 47–72.

Tatarkiewicz, Wladyslaw, *Über das Glück*, Stuttgart 1984.
Taylor, Charles, *Quellen des Selbst. Die Entstehung der neuzeitlichen Identität*, Frankfurt a. M. 1996.
Taylor, Charles, *Multikulturalismus und die Politik der Anerkennung*, Frankfurt a. M. 1997.
Taylor, Charles, *Negative Freiheit? Zur Kritik des neuzeitlichen Individualismus*, Frankfurt a. M. 1999.
Theunissen, Michael, *Selbstverwirklichung und Allgemeinheit. Zur Kritik des gegenwärtigen Bewußtseins*, Berlin/New York 1982.
Thurnherr, Urs, *Vernetzte Ethik. Zur Moral und Ethik von Lebensformen*, Freiburg 2001.

Ulich, Dieter/Philipp Mayring, *Psychologie der Emotionen*, Stuttgart/Berlin/Köln 1992.

Welsch, Wolfgang, *Zur Aktualität des Ästhetischen*, München 1993.
Wolf, Ursula, *Die Suche nach dem guten Leben. Platons Frühdialoge*, Reinbek bei Hamburg 1996.
Wolf, Ursula, Zur Struktur der Frage nach dem guten Leben, in: Holmer Steinfath (Hrsg.), *Was ist ein gutes Leben?*, Frankfurt a. M. 1998, S. 32–46.
Wolf, Ursula, *Die Philosophie und die Frage nach dem guten Leben*, Reinbek bei Hamburg 1999.
Wolf, Susan, Glück und Sinn. Zwei Aspekte des guten Lebens, in: Holmer Steinfath (Hrsg.), *Was ist ein gutes Leben?*, Frankfurt a. M. 1998, S. 167–195.

Zapf, Wolfgang, Individuelle Wohlfahrt. Lebensbedingungen und wahrgenommene Lebensqualität, in: Wolfgang Glatzer/Wolfgang Zapf (Hrsg.), *Lebensqualität in der Bundesrepublik*, Frankfurt a. M./New York 1984, S. 13–26.
Zeier, Hans, *Arbeit, Glück und Langeweile*, Bern/Göttingen/Toronto/Seattle 1992.

Sachregister

Achtung, vgl. Anerkennung
Altruismus 168
Anerkennung 10, 78, 88, 117, 119, 125, 126, 131, 143, 157–166, 172, 177, 178, 189, 190, 193, 196
- partikulare/sporadische 160, 166
- universelle 160, 162–166

Arbeit 35, 78, 125, 126, 133, 177, 188, 196

Bedürfnis/Grundbedürfnis 7, 28, 33–35, 42, 43, 74, 78, 104, 109, 110, 116–123, 132, 133, 147, 176, 177, 181
- Bedürfnisformation 119–122
- Definition 116, 117
- physiologische Grundbedürfnisse 33, 117–119, 122, 124, 146, 177
- primäre/sekundäre Bedürfnisse 34–36, 38, 42, 118, 119
- wahre/falsche 120, 121

Egoismus/Egozentrismus 13, 168, 186, 193
Ethik, vgl. Philosophie, praktische

Flexibilität 135, 136
Freiheit 24, 25, 27, 29, 40, 43, 48, 49, 54, 55, 61, 82, 83, 97, 104, 107, 127–129, 132, 152, 154–156, 159, 165, 174, 177, 186, 188, 189, 192, 196
- Definition 127–129

Freude 36, 46, 47, 144, 174
Freundschaft 46, 54, 89, 168–172, 178
Frustrationstoleranz 140

Gefühle/Empfindungen 27, 28, 32, 36, 37, 41, 42, 44, 46–54, 58, 61, 72, 84, 90, 103, 106, 107, 111, 118, 119, 125, 126, 136, 137, 139, 140, 144, 167–172, 174, 176
Gelassenheit 135, 136

Geld, vgl. Güter, materielle
Gerechtigkeit 9, 13, 19–21, 27, 29, 125, 157, 162, 164, 168, 181, 184, 185, 187–189, 193–195
Gesundheit 17, 103, 104, 106, 124, 129, 132–139, 159, 176, 188, 191
- psychische 56, 124, 133–140

Glück 7, 9–13, 16, 23, 24, 26, 27, 29, 32, 43–45, 49, 50, 52, 53, 57, 59, 71, 78, 85, 88, 91, 92, 101, 106, 107, 109, 110, 130, 141–146, 148–150, 152, 154, 156–158, 160, 162, 164, 166–173, 178–193, 195, 196
- Definition 144–147
- eudaimonia 16–18, 20, 22, 23, 28, 144, 145
- Glückswürdigkeit/-seligkeit 27
- Subjektivierung/Empirisierung 23, 24, 27, 149
- teleologisches/ästhetisches/prozessuales 71, 79, 85

Grundfähigkeiten 123–132, 176
- Begründungsproblem 130–132, 174

Grundgesetz der Gewöhnung 108, 109

Gute 4, 8, 10, 12, 19, 27, 30, 44, 56, 114, 141, 157, 168, 189, 190, 195
- Definition 114

Güter 17, 29, 52, 103–105, 107, 109–116, 118, 121–123, 125, 127–133, 145, 147, 155, 158, 165, 166, 176, 178, 186, 187
- anthropologische 104, 116–132, 176
- Definition 103–105
- interne 154
- materielle 104–115

Handlung 1, 8, 29, 75, 76, 141, 160
- Definition 1
- intrinsisch/extrinsisch 75–80, 103, 125–127, 130, 175–177

Handlungskompetenzen 73, 74, 137, 138

Sachregister

Hedonismus
- antiker 39–44
- Definition 31
- ethischer 39–58, 174
- hedonistisches Grundparadox 52–54, 145, 174
- hedonistischer Fehlschluss 53, 54
- Kritik 51–58
- naiver/aufgeklärter 51, 55, 174
- negativer 40
- psychologischer 32–39, 53, 174,
- qualitativer/quantitativer 46–49, 54

Ideale 3, 35, 36, 68, 83, 90, 95, 99, 100, 102, 146, 153, 171
Ideologie/ideologische Verzerrungen 95, 110, 111, 131
Intelligenz 125, 134
Interaktion, soziale 66, 125, 128, 129, 132, 147–160, 166, 172, 177

Kollektivismus 147–158
Kommunitarismus/Liberalismus 143, 152–158, 178
Kontrollüberzeugung 72, 136, 137

Lebensform 3–5, 15, 19, 21, 39, 40, 43, 55, 94, 95, 99, 105, 108, 113, 123, 127, 150, 163, 179, 189, 193
Lebenskunst 15, 16
Lebensplan 80, 81, 83, 85–87, 89, 99, 100, 115, 128, 130, 136, 146, 157, 177
  - Erfahrungs-/Revisionsoffenheit 88, 89
  - Skript (Transaktionsanalyse) 85–87
  - strukturelle/dramatische Korrekturen 87–90
Lebensqualität 115, 116
Lebensstandard, vgl. Güter, materielle
Liebe 32, 34, 53, 99, 117, 118, 121, 122, 162, 168, 169, 171, 172, 177, 190, 191
Lust 28, 31, 37, 38, 39, 47, 49, 51, 55–57, 80, 107, 146, 174, vgl. auch Hedonismus
- ästhetischer Genuss 38, 39
- Definition 31, 36
- Kausalmodell 33, 35
- ruhige/bewegte 40
- Sexuallust 32

- sinnlich/geistig 26, 36, 37, 47–49, 55

Moral 10–13, 20, 25–27, 29, 30, 141–144, 146–148, 150, 152, 154, 156, 158–160, 162–173, 178, 179, 182, 183, 186, 190–193, 196
- Definition 10, 142
- konfliktlösend/-verhindernd 29, 158
- universelle/partikulare 116, 119, 142, 143, 160, 162, 164, 166, 167, 178
Motivation 30, 35, 75, 171, 181, 183–185, 187, 188, 194, 195
- intrinsisch/extrinsisch, vgl. Handlung
- Sicherheits-/Wachstums- 35–37

Objektive-Liste-Theorie 112, 123
Optimismus/Pessimismus 15, 43, 78, 134, 135

Pflicht/Neigung 3, 25–28, 95, 166, 190, 191
Phantasie 39, 101, 124, 177
Philosophie, praktische
- antike-moderne Ethik 1, 2, 7, 14, 15, 21–23, 91–95
- deskriptive/normative Ethik 8
- Grundfragen 2, 5, 7, 9, 127
- Sollen 1, 2, 4, 8, 10, 12–14, 21, 45, 163, 168, 169, 174, 178
- Strebens-/Sollensethik 7, 8–14, 16, 20–27, 141–144, 167–173, 178
- Subjektivierung der Ethik 23, 24, 149
Philosophie, theoretische 1, 2, 23
Privatsprachenargument 156, 157

Schmerzen 40, 41, 45, 124
Selbst 9, 76, 91, 92, 96–98, 100, 101, 120, 133, 137, 139, 145, 146, 148, 152, 154, 159, 160, 162, 189, 196
- empirisches/reines 96–98, 100
- faktisches/normatives 98–102
Selbstvertrauen 89, 119, 126, 136–138, 140, 159, 160, 166, 172, 178
Selbstverwirklichung 91–102, 117, 119, 120, 123, 127, 143, 146–153, 159–161, 165–168, 172, 173, 176, 177
Sicherheit 116–118, 162
Sinn 82–84, 86

Sachregister

Solidarität 169
Sozialkompetenzen 125, 138, 139
Spiel 79, 80, 126, 127
Subjektivismus/Objektivismus 103, 112, 176
Sympathie 143, 167–172

Tod/Sterben 3, 41, 42, 71, 103, 173
Tugend 17–21, 26, 28, 78, 91, 105, 170–172, 189–191, 194

Unzufriedenheitsdilemma/Zufriedenheitsparadox 108, 115
Utilitarismus
  – Definition 44
  – egoistischer/universalistischer 40, 44
  – klassischer 44–51
  – Präferenz- 59, 60

Vernunft, praktische 112, 127, 128, 165–167

Weltprobleme 148–151, 157, 169, 177
Werbung 106, 107, 121, 122
Werte 54, 65, 95, 103, 104, 142, 147, 148, 152–157, 166, 169, 178
  – starke/schwache 153–155
  – traditionelle 152–158

Wohlbefinden, subjektives 35, 36, 46, 47, 49–55, 57, 59, 61, 65, 71, 107, 110, 116, 133, 146, 153, 174, 175
Wohlwollen, vgl. Sympathie
Wünsche
  – Definition 60
  – erster/zweiter Ordnung 29, 67–69, 83, 99, 100, 127, 153
  – Informiertheit 62, 63
  – Neurotizität 63, 64
  – Werturteile 59, 64–67

Zeitlichkeit 3, 56–58, 173, vgl. auch Tod/Sterben
Ziel
  – Anspruchsniveau 73, 74, 109, 135, 138
  – Definition 60
  – Konkretheit 71, 72
  – Kontrollmöglichkeit 72
  – Lebensziele/Projekte 3, 6, 18, 40, 76, 81–84, 86, 88, 89, 99, 102, 127, 146
  – Regelungsumfang 80–82
  – Reichweite 71, 80–82, 159, 160, 162, 168, 169, 177

Namenregister

Adler, A. 86, 185
Aristoteles 2, 6, 9, 17–22, 35, 37, 52, 55, 56, 70, 74–78, 92–94, 96, 112, 113, 124, 170, 171, 175, 179–187, 189, 190
Atkinson, J. 73–75, 135

Bentham, J. 40, 44–46, 48, 50, 57, 182, 183
Berne, E. 85

Epikur 40–44, 55

Forschner, M. 17, 49, 180, 181, 183
Frankfurt, H. 67, 68, 184
Frankl, V. 52, 53, 101, 183, 186
Freud, S. 32–36, 181
Fromm, E. 34, 36, 63, 91, 92, 181–185

Gewirth, A. 91, 92, 99, 100, 131, 165, 166, 185–188, 190

Habermas, J. 9, 10, 179
Höffe, O. 10, 75, 89, 95, 100, 136, 145, 148, 149, 151, 168, 182–190
Honneth, A. 159, 160, 163, 166, 189, 190
Horn, C. 20, 21, 180, 182, 184, 189, 190
Hossenfelder, M. 43, 44, 164, 182, 184, 190
Hügli, A. 29

Kant, I. 23–28, 33, 70, 92, 179–181
Kierkegaard, S. 38, 97, 182, 186
Krämer, H. 11, 14, 21–23, 98, 101, 118, 179, 180, 183, 186, 187, 189, 190

Luckner, A. 142, 143

Marcuse, H. 120, 121
Maslow, A. 35, 92, 117, 118, 177, 181, 183, 187, 188
Mead, G. 96, 154, 186
Mill, J. S. 45–49, 54, 74, 92, 182, 183

Nietzsche, F. 9, 57
Nozick, R. 54, 183
Nussbaum, M. 29, 110, 112, 123–126, 128, 130, 132, 152, 155, 177, 181, 187, 188

Pieper, A. 10, 27, 50, 99, 180–183, 185, 186, 188
Platon 14, 19–21, 23, 35, 56, 92, 93, 100, 162, 179, 180, 181, 183

Rawls, J. 29, 74, 81, 84, 85, 184, 185, 189

Schummer, J. 164, 165
Seel, M. 10–12, 59, 61, 65, 69, 78, 79, 84, 85, 118, 123–126, 128, 129, 159, 160, 163, 165, 166, 179, 181, 183–185, 187–190
Sennett, R. 52, 183
Spaemann, R. 57, 168, 169, 180, 183, 184, 190
Steinfath, H. 3, 4, 77, 80

Taylor, C. 152, 153, 155, 156, 161, 189, 190
Thurnherr, U. 147, 148, 179, 182, 183, 189

Wittgenstein, L. 156
Wolf, U. 3, 179–181, 185